New OPIc IM보장

— · 최신 개정판 · —

PAGODA Books

New OPIc IM보장
― · 최신개정판 · ―

초판   1쇄 발행 2014년 1월   2일
개정판 1쇄 발행 2017년 2월 17일
개정판 12쇄 발행 2025년 7월   9일

지 은 이	파고다교육그룹 언어교육연구소
펴 낸 이	박서진
펴 낸 곳	PAGODA Books 파고다북스
출판등록	2005년 5월 27일 제 300-2005-90호
주 소	06614 서울특별시 서초구 강남대로 419, 19층(서초동, 파고다타워)
전 화	(02) 6940-4070
팩 스	(02) 536-0660
홈페이지	www.pagodabook.com
저작권자	ⓒ 2017 자넷김, 김은송

이 책의 저작권은 출판사에 있습니다. 서면에 의한 저작권자와 출판사의 허락 없이
내용의 일부 혹은 전부를 인용 및 복제하거나 발췌하는 것을 금합니다.

Copyright ⓒ 2017 by Janet Kim, Eun-song Kim

All rights reserved. No part of this publication may be reproduced, stored
in a retrieval system, or transmitted, in any form, or by any means, electronic,
mechanical, photocopying, recording or otherwise, without the prior written
permission of the copyright holder and the publisher.

ISBN 978-89-6281-789-8 (13740)

파고다북스	www.pagodabook.com
파고다 어학원	www.pagoda21.com
파고다 인강	www.pagodastar.com
테스트 클리닉	www.testclinic.com

l 낙장 및 파본은 구매처에서 교환해 드립니다.

머리말

OPIc(Oral Proficiency Interview-computer)이란 컴퓨터를 이용해 마치 영어로 면접을 보듯 수험자의 실질적인 영어 말하기 능력을 평가하는 시험입니다. 2013년 3월과 10월, 그리고 2015년 11월, 세 차례에 걸쳐 바뀐 설문조사(Background Survey) 항목을 모두 반영하여 새롭게 출제된 유형과 돌발 주제들을 포함했습니다.

New OPIc IM보장 (최신 개정판)은 배경설문을 시작으로 각각 항목마다 고수의 팁과 고득점 팁을 포함하여 IM 등급부터 IH 이상의 등급을 목표로 하는 수험생을 대상으로 오픽 시험 준비에 필요한 모든 것을 포함했습니다. 특히 다양한 표현법과 함께 브레인 스토밍을 돕는 아이디어 정리, 그리고 질문별 유형 정리하기 및 답변 구성은 수험생 자신이 직접 답변을 만들 수 있도록 구성하였습니다.

특히, 저자가 직접 강의한 무료 동영상 강의를 통해 스피킹 시험인 OPIc에서 꼭 필요한 영어 발음 팁 뿐만 아니라 각 질문마다 준비해야 하는 유형에 대한 설명을 부록으로 포함하고 있습니다. OPIc은 스피킹 시험인 만큼 교재로만 공부하는 것으로 제한하기보다 실제로 연습하는 습관이 중요합니다. 오픽 시험을 준비하는 수험생들을 위해 조금이라도 더 도움을 줄 수 있도록 집필하고 동영상 강의를 만들었습니다.

짧은 시간을 투자해서 많은 양의 답변을 준비하기 위해서는 다양한 표현법들을 응용하는 방법을 익혀야 합니다. 미국에서 직접 사용하는 생소하지 않은 표현법들로 자신 있게 말할 수 있도록 모범 답변을 참고하여 나만의 답변을 구성할 수 있도록 하였습니다.

New OPIc IM보장 (최신 개정판)을 통해 OPIC 시험을 단기간에 정복해서 원하는 목표를 꼭 이루고, 영어 실력 향상에도 도움이 되기를 바랍니다.

저자 Janet 김, 김은송

책의 구성과 특징

PART 1
빈출 주제 파헤치기

빈출 주제란 Background Survey 항목에서 자신이 선택한 주제를 말합니다. 자기소개, 거주지, 여가활동, 취미 및 관심사, 스포츠, 여행과 관련된 사항들을 대비할 수 있도록 17개의 빈출 주제만을 모았습니다. 실제 OPIc에서 자주 출제되는 질문 유형들만 엄선하여, 사전에 미리 대비할 수 있도록 단계별로 안내하고 있습니다. 자신이 선택한 항목에서 출제되는 문제이므로, 미리 다양한 표현을 익혀 답변이 통일성 있고 자연스럽게 흘러갈 수 있도록 유형별 패턴을 꼭 익혀 적용시키도록 합니다. 또한 단기간에 준비를 끝낼 수 있도록 각 주제를 따로 공부하지 말고 비슷한 주제는 묶어서 연습하도록 합니다.

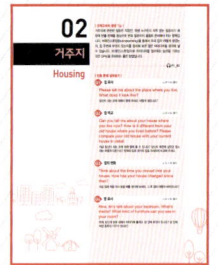

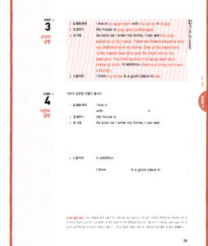

PART 2
돌발 질문 파헤치기

Background Survey 항목과는 무관한 돌발 질문은 OPIc에서 100% 출제되며, 최소 3~10개까지도 출제될 수 있습니다. 자주 등장한 돌발 주제 및 출제 가능한 주제, 총 17개를 담아 모든 돌발 질문에 대비할 수 있도록 구성하였습니다. 돌발 질문은 수험자가 준비되지 않는 상황에서 발휘되는 영어 말하기 능력을 평가할 수 있기에 더욱 채점에 큰 영향을 미치고 있습니다. 주어진 표현과 구성을 이용해서 당황하지 말고 침착하게 자신의 의견을 어필하는 것이 중요합니다.

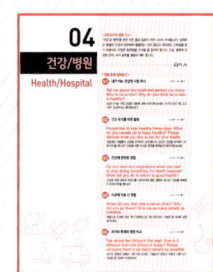

PART 3
Role-Play 파헤치기

보통 3~4문제가 출제되는 Role-Play는 '면접관에게 질문하기, 전화로 질문하기 / 주어진 상황에서 직접 질문하기, 대안 제시하기, 부탁하기'의 4가지 상황으로 구성하였습니다. 질문을 구성하는 패턴과 다양한 표현을 담고 있어, Role-Play의 대부분의 상황을 대비할 수 있습니다. 수험자가 얼마큼 주어진 상황에서 즉흥적으로 문제에 대처할 수 있는지가 평가되므로, 일상생활에서 쓰이는 자연스러운 표현을 이용해 주어진 과제를 모두 수행할 수 있어야 중급 이상의 점수를 받을 수 있습니다. Role-Play인 만큼 억양과 발음에도 신경 쓰고, 최대한 자연스럽게 이야기하도록 합니다.

온라인 모의테스트

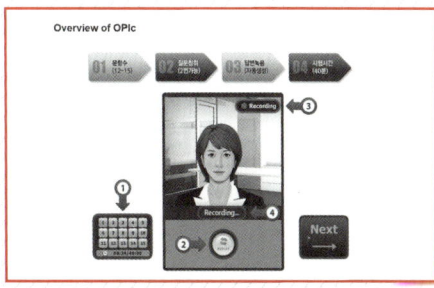

온라인 모의테스트를 통해 실전에서 필요한 순발력, 시간 분배, 발화량, 전달력 등을 충분히 확인하고 연습할 수 있도록 교재의 내용을 테스트화하였습니다. 온라인 모의테스트를 통해 실제 시험 상황을 경험하고 본인의 답변을 녹음해서 모범 답변과 자신의 답변을 비교·보완할 수 있도록 구성하였습니다.

동영상 강의

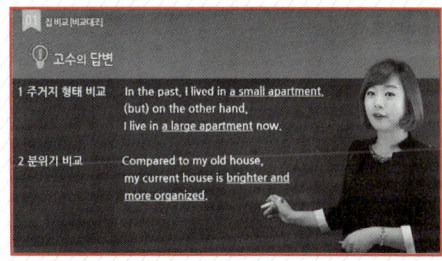

빈출 주제에 대한 핵심 강의 20개를 제공합니다. 각 파트별 저자의 포인트 레슨을 통해 혼자서도 단기간에 IM 등급을 획득할 수 있습니다.

동영상 강의 보는 방법
1. 스마트폰으로 책 속 QR코드 스캔
2. 파고다북스 사이트(www.pagodabook.com)에서 다운로드
3. 유튜브에서 New OPIc IM보장 검색
4. 네이버 TV에서 New OPIc IM보장 검색

목차

PART 1
빈출 주제 파헤치기

01	자기소개 대비	자기소개	19
02	거주지 대비	거주지★	27
03	거주지 대비	동네	37
04	여가 활동 대비	영화 보기	45
05	여가 활동 대비	공연/콘서트 보기	57
06	여가 활동 대비	공원 가기★	65
07	여가 활동 대비	쇼핑하기★	73
08	여가 활동 대비	친구에게 문자 보내기	83
09	여가 활동 대비	TV/리얼리티 쇼 시청하기	91
10	취미 및 관심사 대비	음악 감상하기★	99
11	취미 및 관심사 대비	요리하기	107
12	스포츠 대비	자전거 타기	119
13	스포츠 대비	수영	129
14	스포츠 대비	조깅/걷기★	137
15	스포츠 대비	헬스	149
16	여행 대비	집에서 보내는 휴가	157
17	여행 대비	국내여행/해외여행	165

PART 2
돌발 질문 파헤치기

01	음식/외식★	179
02	인터넷 서핑	189
03	집안일 거들기	197
04	건강/병원	205
05	전화 담소★	217
06	패션	225
07	약속	233
08	호텔	239
09	은행	247
10	명절★	255
11	지형/야외 활동★	263
12	도서관	271
13	테크놀로지	279
14	재활용★	285
15	교통	293
16	가구/가전	301
17	계절/날씨★	311

★가 표시된 토픽은 동영상 강의를 제공합니다.
스마트폰으로 동영상 시청이 가능하도록
QR 코드가 수록되어 있습니다.

PART 3
Role-Playing 파헤치기

01 면접관에게 질문하기 — 320
- 면접관의 집에 관해 질문하기★ — 322
- 면접관의 나라의 교통에 관해 질문하기 — 324
- 캐나다 여행 계획에 관해 질문하기 — 326
- 면접관이 바이올린 켜는 것에 관해 질문하기 — 328
- 면접관이 즐기는 산책에 관해 질문하기 — 330
- 면접관에게 쇼핑에 관해 질문하기★ — 332
- 면접관이 즐겨 보는 TV프로그램에 관해 질문하기 — 334
- 서부 캐나다의 지리에 관해 질문하기 — 336
- 면접관의 가족에 관해 질문하기 — 338
- 이탈리아 음식을 요리하는 것에 관해 질문하기 — 340

02 전화로 질문하기 / 주어진 상황에서 직접 질문하기 — 342
- 식당에 전화해서 예약하기★ — 346
- 영화관에 전화해서 표 예매하기 — 348
- 친구와 조깅을 하기 위해 약속 잡기 — 350
- 사고 싶은 휴대 전화에 대해 전화해서 문의하기★ — 352
- 가구점에 전화해서 문의하기 — 354
- 여행사에 전화해서 문의하기 — 356
- 은행에 가서 계좌 발급받기 — 358
- 헬스장에 전화해서 문의하기 — 360
- 호텔에 전화해서 문의하기 — 362
- 고장 난 물건을 고치기 위해 질문하기 — 364

03 대안 제시하기 — 366
- 친구와의 콘서트 약속을 취소해야 하는 상황에서 대안 제시하기 — 368
- 가구점에 전화해서 대안 제시하기★ — 370
- 여행사에 전화해서 문제된 상황을 설명하고 대안 제시하기★ — 372
- 원하는 기능이 없는 휴대 전화 구매 후 교환하기 — 374
- 차 사고로 명절 식사에 참석 못하는 상황에서 대안 제시하기 — 376

04 부탁하기 — 378
- 새로 개업한 식당에 같이 가자고 부탁하기 — 380
- 식당 예약을 하기 위해 부탁하기 — 382
- 물건을 두고 온 상황에서 부탁하기★ — 384
- 물건을 사용할 수 있도록 부탁하기 — 386
- 좋은 장소를 추천해 달라고 부탁하기★ — 388

OPIc 시험 소개

1. OPIc이란?

OPIc(Oral Proficiency Interview-computer)이란 컴퓨터를 이용해 마치 영어로 면대면 면접을 보듯 수험자의 실질적인 영어 말하기 능력을 측정하는 시험으로서 다양한 상황에서 얼마나 적절하고 자연스럽게 언어를 사용할 수 있는지를 기준으로 평가됩니다. 국내에서는 LG, 삼성, 한화 등 많은 대기업들이 입사와 승진의 목적으로 OPIc을 채택하고 있습니다.

2. OPIc 시험의 특징

❶ 수험자 맞춤형 시험
본 시험에 앞서 배경설문(Background Survey)에서 응시자가 원하는 분야의 주제와 질문의 난이도(Self-assessment)를 선택할 수 있습니다.

❷ 실질적인 말하기 능력 평가
실제 외국인 앞에서 이야기하는 것처럼 질문 청취 후 2~3초 안에 즉흥적으로 답변을 제시할 수 있어야 하며 이러한 말하기 능력을 총체적으로 평가합니다.

❸ 평가 항목
기본적인 언어적 요소인 문법, 어휘, 발음, 강세, 억양 뿐만 아니라 기능적 요소인 답변의 흐름 및 구성방법 측면까지 평가됩니다.

3. OPIc 등급 체계

Level		레벨별 요약 설명
Advanced	Advanced Low	사건을 서술할 때 일관적으로 동사 시제를 관리하고, 사람과 사물을 묘사할 때 다양한 형용사를 사용한다. 적절한 위치에서 접속사를 사용하기 때문에 문장간의 결속력도 높고 문단의 구조를 능숙하게 구성할 수 있다. 익숙하지 않은 복잡한 상황에서도 문제를 설명하고 해결할 수 있는 수준의 능숙도이다.
Intermediate	Intermediate HIGH	개인에게 익숙하지 않거나 예측하지 못한 복잡한 상황을 만날 때, 대부분의 상황에서 사건을 설명하고 문제를 효과적으로 해결하곤 한다. 발화량이 많고, 다양한 어휘를 사용한다.
	Intermediate MID	일상적인 소재뿐 아니라 개인적으로 익숙한 상황에서는 문장을 나열하며 자연스럽게 말할 수 있다. 다양한 문장형식이나 어휘를 실험적으로 사용하려고 하며, 상대방이 조금만 배려해주면 오랜 시간 대화가 가능하다.
	Intermediate LOW	일상적인 소재에서는 문장으로 말할 수 있다. 대화에 참여하고 선호하는 소재에서는 자신감을 가지고 말할 수 있다.
Novice	Novice HIGH	일상적인 대부분의 소재에 대해서 문장으로 말할 수 있다. 개인정보라면 질문을 하고 응답을 할 수 있다
	Novice MID	이미 암기한 단어나 문장으로 말하기를 할 수 있다.
	Novice LOW	제한적인 수준이지만 영어 단어를 나열하며 말할 수 있다.

4. OPIc 화면 구성

오리엔테이션

약 20분

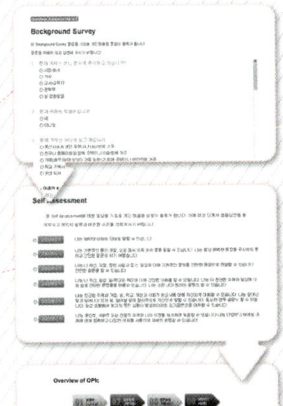

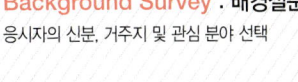
Background Survey : 배경설문
응시자의 신분, 거주지 및 관심 분야 선택

Self-Assessment : 난이도 선택
총 6가지 다른 난이도의 샘플 답변을 듣고,
자신에 실력과 가장 유사하다고 생각되는 레벨 선택

Overview of OPIc : 시험 진행 안내
화면 구성, 문항 청취 및 답변 방법 안내 /
샘플 문제를 풀어 보는 단계

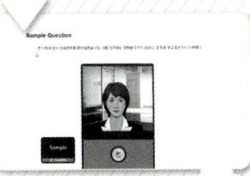

Sample Question : 샘플 질문
실제 답변 방법 연습

1st Session : 본 시험 첫 번째 파트
앞서 선택한 난이도의 문제 출제 / 약 7문제 출제 /
질문 최대 2회 청취 / 문항별 답변 시간 제한 없음

본시험

약 40분

난이도 재조정 : 난이도 변경 옵션
본 시험 두 번째 파트 문제들의 난이도 조정 /
쉬운 질문, 비슷한 질문, 어려운 질문 중 하나 선택

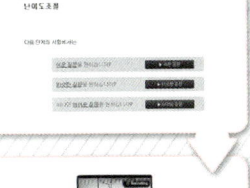

2nd Session : 본 시험 두 번째 파트
변경된 난이도의 문제 출제 / 약 5~8문제 출제 /
첫 번째 파트와 동일한 시험 방식

OPIc 시험 소개

5. Background Survey 화면

New OPIc에 업데이트된 Background Survey 항목입니다. OPIc 시험 공략법 (p.12)의 설문조사 TIP을 참고하여, 아래 항목들에서 어떤 주제에 대한 답변을 구성할지 미리 준비해 보세요.

1. 현재 귀하는 어느 분야에 종사하고 계십니까?
   - □ 사업/회사
   - □ 재택근무/재택사업
   - □ 교사/교육자
   - □ 군복무
   - □ 일 경험 없음

   '사업/회사, 재택근무/재택사업' 선택 시 추가 질문
   1.1 현재 귀하는 직업이 있으십니까?
   - □ 네
   - □ 아니오

   '네' 선택 시 추가 질문
   1.1.1 귀하의 근무 기간은 얼마나 되십니까?
   - □ 첫 직장 – 2개월 미만
   - □ 첫 직장 – 2개월 이상
   - □ 첫 직장 아님 – 경험 많음

   '첫 직장 – 2개월 이상, 첫 직장 아님 – 경험 많음' 선택 시 추가 질문
   1.1.1.1 귀하는 부하 직원을 관리하는 관리직을 맡고 있습니까?
   - □ 네
   - □ 아니오

   '교사/교육자' 선택 시 추가 질문
   1.1 현재 귀하는 어디에서 학생을 가르치십니까?
   - □ 대학 이상
   - □ 초등/중/고등학교
   - □ 평생 교육

   3가지 항목 모두 선택 시 추가 질문
   1.1.1 현재 귀하는 직업이 있으십니까?
   - □ 네
   - □ 아니오

   '네' 선택 시 추가 질문
   1.1.1 귀하의 근무 기간은 얼마나 되십니까?
   - □ 2개월 미만 – 첫 직장
   - □ 2개월 미만 – 교직은 처음이지만 이전에 다른 직업을 가진 적이 있음
   - □ 2개월 이상

   '2개월 이상' 선택 시 추가 질문
   1.1.1.1.1 귀하는 부하 직원을 관리하는 관리직을 맡고 있습니까?
   - □ 네
   - □ 아니오

2. 현재 귀하는 학생이십니까?
   - □ 네
   - □ 아니오

   '네' 선택 시 추가 질문
   2.1 강의를 듣는 목적은 무엇입니까?
   - □ 학위 과정 수업
   - □ 전문 기술 향상을 위한 평생 학습
   - □ 어학수업

   '아니오' 선택 시 추가 질문
   2.2 최근 어떤 강의를 수강했습니까?
   - □ 학위 과정 수업
   - □ 전문기술 향상을 위한 평생 학습
   - □ 어학수업
   - □ 수강 등록 후 5년 이상 지남

3. 현재 귀하는 어디에 살고 계십니까?
   - □ 개인 주택이나 아파트에 홀로 거주
   - □ 친구나 룸메이트와 함께 주택이나 아파트에 거주
   - □ 가족(배우자/자녀/기타 가족 일원)과 함께 주택이나 아파트에 거주
   - □ 학교 기숙사
   - □ 군대 막사

아래의 4~7번 문항에서 12개 이상을 선택해 주시기 바랍니다.

4. 귀하는 여가 활동으로 주로 무엇을 하십니까?
   (두 개 이상 선택)
   - 영화 보기
   - 클럽/나이트클럽 가기
   - 공연 보기
   - 콘서트 보기
   - 박물관 가기
   - 공원 가기
   - 캠핑 가기
   - 해변 가기
   - 스포츠 관람
   - 주거 개선
   - 술집/바에 가기
   - 카페/커피 전문점 가기
   - 게임하기(비디오, 카드, 보드, 휴대 전화 등)
   - 당구 치기
   - 체스 하기
   - SNS에 글 올리기
   - 친구들과 문자 대화하기
   - 시험 대비 과정 수강하기
   - 뉴스를 보거나 듣기
   - TV 시청하기
   - 리얼리티 쇼 시청하기
   - 요리 관련 프로그램 시청하기
   - 쇼핑하기
   - 차로 드라이브하기
   - 스파/마사지숍 가기
   - 구직 활동하기
   - 자원봉사 하기

5. 귀하의 취미나 관심사는 무엇입니까? (한 개 이상 선택)
   - 아이에게 책 읽어 주기
   - 음악 감상하기
   - 악기 연주하기
   - 혼자 노래 부르거나 합창하기
   - 춤추기
   - 글쓰기 (편지, 단문, 시 등)
   - 그림 그리기
   - 요리하기
   - 애완동물 기르기
   - 독서
   - 주식 투자하기
   - 신문 읽기
   - 여행 관련 잡지나 블로그 읽기
   - 사진 촬영하기

6. 귀하는 주로 어떤 운동을 즐기십니까? (한 개 이상 선택)
   - 농구
   - 야구/소프트볼
   - 축구
   - 미식축구
   - 하키
   - 크리켓
   - 골프
   - 배구
   - 테니스
   - 배드민턴
   - 탁구
   - 수영
   - 자전거
   - 스키/스노보드
   - 아이스 스케이트
   - 조깅
   - 걷기
   - 요가
   - 하이킹/트레킹
   - 낚시
   - 헬스
   - 태권도
   - 운동 수업 수강하기
   - 운동을 전혀 하지 않음

7. 당신은 어떤 휴가나 출장을 다녀온 경험이 있습니까?
   (한 개 이상 선택)
   - 국내 출장
   - 해외 출장
   - 집에서 보내는 휴가
   - 국내여행
   - 해외여행

OPIc 시험 소개

6. OPIc 시험 공략법

배경설문
(Background Survey)
주제 선택 Tip

1. 직업
☑ 일 경험 없음

🅣🅘🅟 실제 신분과 상관없이 수험자가 자신 있게 말할 수 있는 항목을 선택합니다. 채점자는 배경설문에서 선택한 항목을 볼 수 없기에 답변과는 무관합니다.

2. 학생 유무
☑ 아니오

3. 거주지
☑ 개인 주택이나 아파트에 홀로 거주

🅣🅘🅟 실제 거주하고 있는 장소나 사람과 상관없이 영어로 말하기 쉬운 항목을 선택합니다.

4. 여가활동
☑ 영화 보기 ☑ 공연 보기 ☑ 콘서트 보기 ☑ 공원 가기 ☑ 쇼핑하기

🅣🅘🅟 자신이 알고 있는 표현법을 다양하게 응용할 수 있도록 비슷한 주제를 선택하도록 합니다. 예를 들면 '영화 보기, 공연 보기, 콘서트 보기'와 같은 항목들은 질문이 출제되는 유형들도 비슷하기 때문에 수험자가 여러 표현을 응용해 쉽게 대답할 수 있습니다.

5. 취미 및 관심사
☑ 음악 감상하기 ☑ 요리하기

🅣🅘🅟 빈출도가 높은 주제들을 선택하여 미리 질문의 유형을 파악해두면 실제 시험장에서 질문이 나왔을 때 당황하지 않고 수험자가 여러 표현을 응용해 쉽게 대답할 수 있습니다.

6. 운동
☑ 수영 ☑ 자전거 ☑ 조깅 ☑ 걷기 ☑ 헬스 ☑ 운동을 전혀 하지 않음

🅣🅘🅟 위와 같이 먼저 비슷한 항목을 선택합니다. 특히 팀워크를 다루는 운동이 아닌 개인적으로 할 수 있는 운동으로 선택해야 다양한 표현을 사용해 쉽게 대답할 수 있습니다. 또한 '운동을 전혀 하지 않음' 항목도 꼭 선택하도록 합니다. 이 항목을 선택하므로 인해 다른 주제의 불필요한 선택을 방지할 수 있습니다.

7. 여행
☑ 국내여행 ☑ 해외여행 ☑ 집에서 보내는 휴가

🅣🅘🅟 국내여행과 해외여행은 비슷한 표현법을 응용해 답할 수 있기 때문에 해외여행을 한 번도 가지 않았어도 선택하여 답변을 준비합시다. '집에서 보내는 휴가'는 '집안일 거들기'와 비슷한 표현법을 응용할 수 있으며, 돌발문제로 출제되는 여가 시간에 하는 활동과도 연결되기 때문에 선택하도록 합니다.

난이도 선택 Tip (Self-Assessment)

난이도는 가장 위에서부터 아래로 1단계에서 6단계로 나뉘어 집니다. 하지만 1, 2단계는 피하도록 권장합니다. 난이도 3부터는 난이도 선택과 관계없이 등급이 수험자의 실력대로 평가됩니다. 일반적으로 3, 4 단계 선택을 추천합니다.

본 Self-Assessment에 대한 응답을 기초로 개인 맞춤형 문항이 출제가 됩니다. 아래 여섯 단계의 샘플답변을 들어보시고, 본인의 실력과 비슷한 수준을 선택하시기 바랍니다.

- 샘플 음성 듣기 ▶ 나는 10단어 이하의 단어로 말할 수 있습니다.
- 샘플 음성 듣기 ▶ 나는 기본적인 물건, 색깔, 요일, 음식, 의류, 숫자 등을 말할 수 있습니다. 나는 항상 완벽한 문장을 구사하지 못하고 간단한 질문도 하기 어렵습니다.
- 샘플 음성 듣기 ▶ 나는 나 자신, 직장, 친한 사람과 장소, 일상에 대한 기본적인 정보를 간단한 문장으로 전달할 수 있습니다. 간단한 질문을 할 수 있습니다.
- 샘플 음성 듣기 ▶ 나는 나 자신, 일상, 일/학교와 취미에 대해 간단한 대화를 할 수 있습니다. 나는 이 친근한 주제와 일상에 대해 쉽게 간단한 문장들을 만들 수 있습니다. 나는 또한 내가 원하는 질문도 할 수 있습니다.
- 샘플 음성 듣기 ▶ 나는 친근한 주제와 가정, 일, 학교, 개인과 사회적 관심사에 대해 자신 있게 대화할 수 있습니다. 나는 일어난 일과 일어나고 있는 일, 일어날 일에 대해 합리적으로 자연스럽게 말할 수 있습니다. 필요한 경우, 설명도 할 수 있습니다. 일상 생활에서 예기치 못한 상황이 발생하더라도 임기응변으로 대처할 수 있습니다.
- 샘플 음성 듣기 ▶ 나는 개인적, 사회적 또는 전문적 주제에 나의 의견을 제시하여 토론할 수 있습니다. 나는 다양하고 어려운 주제에 대해 정확하고 다양한 어휘를 사용하여 자세히 설명할 수 있습니다.

답변 구성 Tip

1. 시제 구성 일반적으로 단순현재시제와 단순과거시제를 중심으로 이야기를 구성하도록 합니다. 현재완료시제나 과거진행형은 경험 이야기를 하는 유형에만 선택적으로 사용하도록 합니다.

2. 답변의 양 OPIc은 각 문제당 제한 시간이 없기 때문에 최대한 내가 할 수 있는 발화량을 확보하도록 해야 합니다. 다만 억지로 답변을 길게 만들기 위해 불필요한 문장을 포함할 경우 감점의 요인이 될 수도 있기 때문에 주의해야 합니다.

3. 유창성 OPIc의 답변은 채점자가 느끼기에 자연스럽게 들려야 하기 때문에 평소에도 반복적으로 소리 내어 답변을 연습해야 합니다.

4. 속도 구성 규칙적인 속도가 상대에게 편안함을 느끼게 해 주므로 너무 느리거나 심하게 버벅거리지 않도록 해야 합니다.

시험장 선택 Tip

1. 오픽 시험은 일반적으로 2일 전에 등록 가능하지만 응시자가 원하는 장소나 시간대를 선택하기 위해서는 미리 오픽 테스트 일정을 확인하도록 합니다.
2. 조용한 곳에서 시험을 보고 싶다면, 사람들이 너무 많이 붐비는 주말을 피해 등록하는 것도 하나의 전략입니다.

학습 플랜

📅 10일 학습 플랜
함께 학습하면 득이 되는 주제별로 묶어서 스케줄표를 구성하였습니다.

Day 1	Day 2	Day 3	Day 4	Day 5
Part 1 01. 자기소개 02. 거주지 03. 동네	**Part 1** 04. 영화 보기 05. 공연/콘서트 보기 09. TV/리얼리티 쇼 시청하기	**Part 1** 06. 공원 가기 07. 쇼핑하기 08. 친구에게 문자 보내기	**Part 1** 10. 음악 감상하기 11. 요리하기	**Part 1** 12. 자전거 타기 13. 수영 14. 조깅/걷기 15. 헬스
Part 2 11. 지형/야외 활동	**Part 2** 02. 인터넷 서핑	**Part 2** 05. 전화 담소 06. 패션	**Part 2** 01. 음식/외식 10. 명절	**Part 2** 04. 건강/병원

Day 6	Day 7	Day 8	Day 9	Day 10
Part 1 16. 집에서 보내는 휴가 17. 국내여행/해외여행 **Part 2** 03. 집안일 거들기 08. 호텔	**Part 2** 07. 약속 09. 은행 12. 도서관 14. 재활용	**Part 2** 13. 테크놀로지 15. 교통 16. 가구/가전 17. 계절/날씨	**Part 3** 01. 면접관에게 질문하기 02. 전화로 질문하기 / 주어진 상황에서 직접 질문하기	**Part 3** 03. 대안 제시하기 04. 부탁하기

📅 20일 학습 플랜

함께 학습하면 득이 되는 주제별로 묶어서 스케줄표를 구성하였습니다.

Day 1	Day 2	Day 3	Day 4	Day 5
Part 1 01. 자기소개 02. 거주지	Part 1 03. 동네 Part 2 03. 집안일 거들기	Part 1 04. 영화 보기 05. 공연/콘서트 보기	Part 1 09. TV/리얼리티 쇼 시청하기	Part 1 06. 공원 가기 07. 쇼핑하기 Part 2 06. 패션

Day 6	Day 7	Day 8	Day 9	Day 10
Part 1 08. 친구에게 문자 보내기 Part 2 05. 전화 담소	Part 1 10. 음악 감상하기	Part 1 11. 요리하기 Part 2 01. 음식/외식	Part 1 12. 자전거 타기 13. 수영	Part 1 14. 조깅/걷기 15. 헬스

Day 11	Day 12	Day 13	Day 14	Day 15
Part 1 16. 집에서 보내는 휴가 17. 국내여행/해외여행	Part 2 04. 건강/병원 07. 약속 09. 은행	Part 2 02. 인터넷 서핑 13. 테크놀로지	Part 2 08. 호텔 12. 도시권 15. 교통	Part 2 11. 지형/야외 활동 17. 계절/날씨

Day 16	Day 17	Day 18	Day 19	Day 20
Part 2 14. 재활용 16. 가구/가전	Part 3 01. 면접관에게 질문하기	Part 3 02. 전화로 질문하기 / 주어진 상황에서 직접 질문하기	Part 3 03. 대안 제시하기	Part 3 04. 부탁하기

PART 1

빈출 주제
파헤치기

01	**자기소개 대비**	자기소개
02	**거주지 대비**	거주지
03	**거주지 대비**	동네
04	**여가 활동 대비**	영화 보기
05	**여가 활동 대비**	공연/콘서트 보기
06	**여가 활동 대비**	공원 가기
07	**여가 활동 대비**	쇼핑하기
08	**여가 활동 대비**	친구에게 문자 보내기
09	**여가 활동 대비**	TV/리얼리티 쇼 시청하기
10	**취미 및 관심사 대비**	음악 감상하기
11	**취미 및 관심사 대비**	요리하기
12	**스포츠 대비**	자전거
13	**스포츠 대비**	수영
14	**스포츠 대비**	걷기/조깅
15	**스포츠 대비**	헬스
16	**여행 대비**	집에서 보내는 휴가
17	**여행 대비**	국내여행/해외여행

01 자기소개

| 오픽고수의 생생 Tip |

자기소개는 OPIc 시험에서 가장 먼저 나오는 질문으로 유일하게 모든 수험자들이 동일하게 받는 질문입니다.

최근에는 자기소개가 점수에 크게 반영이 되지 않으므로 본격적인 질문에 답변하기에 앞선 입을 푼다는 생각으로 임하는 것이 좋습니다. 자기소개의 내용은 너무 길게 설명하지 않아도 됩니다.

채점자에게 응시자가 앞서 체크한 배경설문(Background Survey)에 관한 정보는 주어지지 않으므로 자기소개는 응시자가 선택한 배경설문의 항목과 무관하게 답변해도 됩니다.

Q1 자기소개

Let's start the interview now. Tell me something about yourself.
이제 인터뷰를 시작하겠습니다. 자기 자신에 대해 이야기해 보세요.

STEP 1 유형 분석하기

자기소개는 어떤 것을 말해야 할까요?

자기소개 구성하기
1. 인사말
2. 이름/나이
3. 결혼 여부/가족
4. 현재 신분(전공/하는 일)
5. 취미/여가 활동
6. 성격/장단점
7. 마무리

STEP 2 표현 더하기

결혼 여부/가족
I am not married and living with my family. 결혼은 하지 않았으며 가족과 살고 있다.
I am married with two children. 결혼해서 아이가 둘이다.
I am an only child. 외동이다.
I'm the oldest child in my family. 내가 첫째다.
I'm the youngest in my family. 가족 중에서 내가 가장 어리다.

여가 활동 표현법
In my free time, I like to 동사원형. 한가한 시간에는, ~하는 것을 좋아한다.

취미/여가 활동
read books 책을 읽다   listen to music 음악을 듣다   exercise 운동을 하다   cook 요리를 하다
go shopping 쇼핑을 가다   go hiking 등산을 가다   go jogging 조깅을 가다
get together with friends 친구들과 모이다   travel around my country 우리나라를 여행하다

성격
I have a laid-back personality. 나는 느긋한 성격이다.
I am a hard worker. 나는 뭐든 열심히 한다.
I am outgoing and love to be around people. 나는 활발하고 사람들과 어울리는 것을 좋아한다.

성격 묘사(형용사)

outgoing 활발한 sociable 사교적인 easy-going 성격 좋은 shy 수줍음이 많은
introverted 내성적인 quiet 조용한 friendly 친근한 nice 다정한 positive 긍정적인
hard-working 일/공부를 열심히 하는 talkative 수다스러운 optimistic 낙천적인

학생

학교 재학

I am currently a student at 학교 이름 University majoring in 전공.
현재 ~대학에서 ~을 전공하고 있는 학생이다.

전공을 선택한 이유

I chose this major because 이유. ~ 때문에 이 전공을 선택했다.
I was interested in this field. 이 분야에 관심이 있었다.
My parents wanted me to choose this major. 부모님이 이 전공을 고르기를 원하셨다.
I wanted to work in this field. 이 분야에서 일해 보고 싶었다.

STEP 3 고수의 답변

1	인사말	Hello.
2	이름/나이	My name is Lina Park, and I am 25 years old.
3	결혼 여부/가족	I am not married and living with my family. There are four people in my family; my father, mother, younger brother and me.
4	현재 신분	I am currently a student at Hanguk University majoring in mechanical engineering. I enjoy studying my major because I am interested in machinery, and I would like to work in this field after graduation.
5	취미/여가 활동	In my free time, I like to watch movies and hang out with friends at a bar or a café. My friends and I like to watch action movies. So I often get-together with friends and see a movie with them.
6	성격/장단점	When it comes to my personality, I am outgoing and sociable. So I like to meet new people and make new friends.
7	마무리	Thank you.

STEP 4 나만의 답변

나만의 답변을 만들어 봅시다.

1	인사말	Hello.
2	이름/나이	My name is _____, and I am _____ years old.
3	결혼 여부/가족	I am _____ There are _____ in my family; _____ and me.
4	현재 신분	I am currently a student at _____ majoring in _____. I enjoy studying my major because _____
5	취미/여가 활동	In my free time, I like to _____
6	성격/장단점	When it comes to my personality, I am _____
7	마무리	Thank you.

고수의 답변 해석 | 안녕하세요. 제 이름은 박리나이고 25살입니다. 미혼이고, 가족과 함께 살고 있어요. 제 가족은 아버지, 어머니, 남동생, 그리고 저까지 네 식구입니다. 저는 현재 한국대학교에서 기계 공학을 전공하고 있는 학생입니다. 기계류에 관심이 많아서 전공과목 공부하는 것이 좋고, 졸업 후에는 전공과 관련된 분야에서 일을 하고 싶습니다. 한가한 시간에는, 영화를 보거나 친구들과 술집이나 커피숍에 가는 것을 좋아합니다. 제 친구들과 저는 액션 영화를 좋아해서 종종 함께 모여 영화를 보러 갑니다. 저는 활발하고 사교적인 성격이라서 새로운 사람을 만나거나 새로운 친구를 만드는 것을 좋아합니다. 감사합니다.

STEP 2 표현 더하기

직장인

I have been working for 회사 이름 for 근무 기간 as a 직책 in 부서.
~ 회사에서 ~ 동안 ~서 ~부서에서 일하고 있습니다.
Ex) I have been working for a company for 7 years as a manager in the marketing department.
회사에서 7년간 마케팅 부서의 과장으로 일하고 있습니다.

STEP 3 고수의 답변

1	인사말	Hello.
2	이름/나이	My name is Dong-Su Kim, and I am 40 years old.
3	결혼 여부/가족	I am married with two kids. There are four people in my family; my wife, my two daughters and me.
4	현재 신분	I am currently an office worker. I have been working for Hana electronics for 7 years as a manager in the marketing department.
5	취미/여가 활동	In my free time, I like to watch my favorite TV shows and relax at home. I am usually busy, so I like to stay home to recharge my batteries.
6	성격	When it comes to my personality, I am hardworking and meticulous. So some people call me a workaholic.
7	마무리	Thank you.

STEP 4 나만의 답변

나만의 답변을 만들어 봅시다.

1	인사말	Hello.
2	이름/나이	My name is _____, and I am _____ years old.
3	결혼 여부/가족	I am _____ There are _____ in my family; _____ and me.
4	현재 신분	I am currently _____. I have been working _____
5	취미/여가 활동	In my free time, I like to _____

6 성격/장단점	When it comes to my personality, I am ....
7 마무리	Thank you.

고수의 답변 해석 | 안녕하세요, 제 이름은 김동수이고, 마흔 살입니다. 저는 결혼해 두 자녀가 있습니다. 제 가족은 4명으로 아내와 두 딸, 그리고 저입니다. 저는 사무직이고, 7년간 하나전자 마케팅 부서에서 매니저로 일하고 있습니다. 저는 시간이 나면, 가장 좋아하는 TV프로그램을 보며 집에서 휴식을 취합니다. 바쁜 편이라, 집에서 휴식을 취하며 재충전하는 것을 좋아합니다. 저는 성실하고 꼼꼼한 성격입니다. 그래서 어떤 사람들은 저를 워커홀릭이라 부르기도 합니다. 감사합니다.

STEP 2 표현 더하기

취업 준비생

졸업
I graduated from 학교 이름 University with a degree in 전공 과목 in 졸업한 해.
~학교에서 ~ 학위를 가지고 ~년에 졸업했다.

취업 준비생
I am currently looking for a job in 원하는 직장/분야. 현재 ~ 분야에 취업하려고 하고 있다.
Ex) marketing/engineering/education/design

STEP 3 고수의 답변

1 인사말	Hello.
2 이름/나이	My name is Min-Ji Suh, and I am 25 years old.
3 결혼 여부/가족	I am not married and living with my family in Seoul. There are four people in my family; my father, mother, younger brother and me.
4 현재 신분	I graduated from Hanguk University majoring in English literature. I am currently looking for a job in the education field.
5 취미/여가 활동	In my free time, I like to travel around my country and take a picture of beautiful scenery. I can get rid of stress and it makes me feel relaxed.
6 성격/장단점	When it comes to my personality, I am outgoing, so, I have many friends.
7 마무리	Thank you.

P1_01_01 answer 3

STEP 4 나만의 답변

나만의 답변을 만들어 봅시다.

#	항목	내용
1	인사말	Hello.
2	이름/나이	My name is _____, and I am _____ years old.
3	결혼 여부/가족	I am _____ There are _____ in my family; _____ and me.
4	현재 신분	I graduated from _____ majoring in _____ I am currently _____
5	취미/여가 활동	In my free time, I like to _____
6	성격/장단점	When it comes to my personality, I am _____
7	마무리	Thank you.

고수의 답변 해석 | 안녕하세요. 저는 시민지이고, 25살입니다. 결혼은 하지 않았고, 가족과 함께 서울에서 살고 있습니다. 저희 식구는 아버지, 어머니, 남동생, 그리고 저까지 네 식구입니다. 한국대학교에서 영문학을 전공했고, 지금은 교육 분야의 일자리를 찾고 있습니다. 여가 시간이 날 때면, 우리나라를 돌아다니면서 아름다운 경치의 사진을 찍는 것을 좋아합니다. 스트레스를 풀 수도 있고, 마음이 편안해지기도 합니다. 성격은 굉장히 활발한 편이라 친구가 많습니다. 감사합니다.

02 거주지

Housing

| 오픽고수의 생생 Tip |

거주지에 관련된 질문은 직장인, 학생 누구든지 자주 받는 질문이기 때문에 빈출 문제를 중심으로 번외 질문까지 꼼꼼히 준비해야 하는 항목입니다. 브레인스토밍(Brainstorming)을 통해서 우리 집이 어떻게 생겼는지, 집 주변에 무엇이 있는지를 정리해 보면 많은 아이디어를 생각해 낼 수 있습니다. 브레인스토밍으로 아이디어를 정리하는 습관을 기르는 것은 OPIc을 준비하는 좋은 방법입니다.

 P1_02

| 빈출 문제 살펴보기 |

Q1 집 묘사 p.28 ▶ IM 풀이

Please tell me about the place where you live. What does it look like?

당신이 사는 곳에 대해서 말해 주세요. 어떻게 생겼나요?

Q2 집 비교 p.30 ▶ IM 풀이

Can you tell me about your house where you live now? How is it different from your old house where you lived before? Please compare your old house with your current house in detail.

지금 당신이 사는 곳에 대해 말해 줄 수 있나요? 당신이 예전에 살았던 장소와는 어떻게 다른가요? 현재의 집과 과거의 집을 자세하게 비교해 주세요.

Q3 집의 변화 p.32 ▶ IM 풀이

Think about the time you moved into your house. How has your house changed since then?

지금 집에 처음 이사 왔을 때를 생각해 보세요. 그 후 집이 어떻게 바뀌었나요?

Q4 방 묘사 p.34 ▶ IM 풀이

Now, let's talk about your bedroom. What's inside? What kind of furniture can you see in your room?

이제, 당신의 방에 대해서 이야기해 볼게요. 방 안에 무엇이 있나요? 방 안에 어떤 종류의 가구가 있나요?

 **집 묘사**

Please tell me about the place where you live. What does it look like?
당신이 사는 곳에 대해 말해 주세요. 어떻게 생겼나요?

STEP 1 유형 분석하기

장소 묘사는 어떤 것을 말해야 할까요?

장소 묘사 구성하기

1 이름/위치
2 분위기
3 시설 (보이는 것)
4 느낌/의견

I live in 집 종류 with 함께 사는 사람 in 동네 이름 .
My house is 분위기 .
As soon as I enter 장소 , I can see 보이는 것 .
(또는) There is/are ~로 설명하면 됩니다.

I think 장소 is a good place to (v) .

STEP 2 표현 더하기

집 종류

a house 주택 an apartment 아파트 a studio apartment 원룸 아파트
a town house 연립주택 a three-story-building 3층짜리 건물 a villa 빌라
a detached house 단독주택

집 분위기

quiet 조용한 clean 깨끗한 modern 현대적인 messy 지저분한 spacious 넓은
well-organized 잘 정리된 small 작은 bright 밝은 dark 어두운 cozy 아늑한
comfortable 쾌적한, 편안한 warm 따뜻한

집 시설 (보이는 것)

a master room 안방 two bedrooms 방 두 개 a bathroom 화장실 a study 서재
a dressing room 옷 방 a balcony 베란다 a living room 거실 a kitchen 부엌
an attic 다락방 an entrance of my house 현관

추가 단어

an apartment complex 아파트 단지 buildings 건물들 small stores 작은 상점들
a mountain 산 a park 공원 houses 주택들 schools 학교들 rivers 강들
a highway 고속도로 a walking trail 산책로 a bicycle path 자전거 길 restaurants 식당들
a playground 놀이터 a parking lot 주차장

STEP 3 고수의 답변

1 집 종류/위치 — I live in an apartment with my family in Seoul.
2 집 분위기 — My house is cozy and comfortable.
3 집 시설 — As soon as I enter my home, I can see the cozy entrance of my home. There are three bedrooms and two bathrooms in my home. One of the bedrooms is the master bedroom and the other one is my bedroom. The third bedroom is being used as a dressing room. In addition, there is a living room and a kitchen.
4 느낌/의견 — I think my home is a good place to live.

STEP 4 나만의 답변

나만의 답변을 만들어 봅시다.

1 집 종류/위치 — I live in ____ with ____ in ____
2 집 분위기 — My house is ____
3 집 시설 — As soon as I enter my home, I can see ____

4 느낌/의견 — In addition, ____

I think ____ is a good place to ____

고수의 답변 해석 | 저는 가족들과 함께 서울에 있는 아파트에 살고 있습니다. 저희 집은 아늑하고 편안합니다. 집에 들어서면 바로 아늑한 현관이 보입니다. 저희 집에는 세 개의 침실과 두 개의 화장실이 있습니다. 그중 하나는 안방이고 다른 하나는 저의 방입니다. 세 번째 방은 옷 방으로 사용되고 있습니다. 그리고 거실과 주방도 있습니다. 저희 집은 살기 좋은 곳이라고 생각합니다.

Q2 집 비교

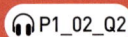 P1_02_Q2

Can you tell me about your house where you live now? How is it different from your old house where you lived before? Please compare your old house with your current house in detail.

당신이 지금 사는 곳에 대해 말해 줄 수 있나요? 당신이 예전에 살았던 장소와는 어떻게 다른가요? 현재의 집과 과거의 집을 자세하게 비교해 주세요.

동영상 강의

STEP 1 유형 분석하기

비교·대조는 어떻게 아이디어를 구상할까요?

비교·대조 구성하기

1 주거지 형태 비교
In the past, I lived in 예전 집 형태 , but on the other hand, I live in 현재 집 형태 now.

2 분위기 비교
Compared to my old house, my current house is 현재 집의 특징 .

3 구조 비교
My old house 예전 집 구조 , but now, my current house 현재 집 구조 .

4 느낌/의견
Overall, 더 좋은 집 is better.

TIP ▶ 두 대상의 공통점과 차이점, 장단점 설명하기
▶ 자신의 생각 또는 의견을 마지막에 언급하기

STEP 2 표현 더하기

비교·대조 표현법

but 그러나 on the other hand 반면에 compared to ~ ~과 비교하면 unlike ~과는 달리
similarities 공통점 differences 차이점

비교급

smaller 더 작은 bigger (높이) 더 큰 larger (크기) 더 큰 cozier 더 아늑한 brighter 더 밝은
darker 더 어두운 neater 더 깔끔한 messier 더 지저분한 more spacious 더 넓은
more comfortable 더 쾌적한/편안한 more stylish 더 멋진 more organized 더 잘 정리된

STEP 3 고수의 답변

1 주거지 형태 비교   In the past, I lived in a small apartment, but on the other hand, I live in a large apartment now.

2 분위기 비교   Compared to my old house, my current house is brighter and more organized.

3 구조 비교   My old house had two bedrooms, but now, my current house has four bedrooms with two bathrooms.

4 느낌/의견   Overall, my current house is better.

🎧 P1_02_02 answer

고득점 따기 TIP ▶
- 고득점을 받기 위해서는 비교·대조하기와 관련된 표현법을 많이 사용하면 좋습니다.
- 과거의 집에 대해서 잘 기억이 나지 않는다고 해도 현재의 집과 다르다는 부분을 강조해서 비교·대조를 한다면 좋은 등급을 받을 수 있습니다.
- 답변이 너무 짧으면 고득점을 받기가 힘들므로 충분한 정보를 말해야 합니다.

STEP 4 나만의 답변

나만의 답변을 만들어 봅시다.

1 주거지 형태 비교   In the past, I lived in _____, (but) on the other hand, I live in _____ now.

2 분위기 비교   Compared to my old house, my current house is _____

3 구조 비교   My old house _____ but now, my current house _____

4 느낌/의견   Overall, _____ is better.

고수의 답변 해석 | 저는 예전에 작은 아파트에 살았지만, 현재는 큰 아파트에 살고 있습니다. 예전의 집과 비교해 보면, 현재 살고 있는 집이 더 밝고, 잘 정돈되어 있습니다. 예전 집은 침실이 두 개였지만, 지금 집은 네 개의 침실과 두 개의 화장실이 있습니다. 전반적으로 저는 지금 사는 곳이 더 좋습니다.

Q3 집의 변화

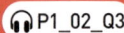

Think about the time you moved into your house. How has your house changed since then?
지금 집에 처음 이사 왔을 때를 생각해 보세요. 그 후 집이 어떻게 바뀌었나요?

STEP 1 유형 분석하기

변화 묘사는 어떤 것을 말해야 할까요?

예전 vs. 현재 비교하기 구성하기

1 집 변화	My house has changed a lot since I first moved in.
2 변화 1	First, 변화 1 .
3 변화 2	Also, 변화 2 . For example, 예 .
4 변화 3	In addition, 변화 3 .
5 느낌/의견	집 변화에 대한 느낌 + 의견 .

TIP
- 두 대상의 공통점과 차이점, 장단점 설명하기
- 자신의 생각 또는 의견을 마지막에 언급하기

STEP 2 표현 더하기

비교 · 대조에 응용할 수 있는 표현법

There are similarities between A and B. A 와 B 사이에는 공통점이 몇 개 있다.
There are differences between A and B. A 와 B 사이에는 차이점이 몇 개 있다.
Both 대상 are 비슷한 점 . 대상 둘 다 ~가 비슷하다.
The advantages of 대상 are 장점 . 그 대상의 장점들은 ~이다.
The disadvantages of 대상 are 단점 . 그 대상의 단점들은 ~이다.

집 변화에 관련된 표현

rearranged 재배치했다   redecorated 다시 꾸몄다   purchased 구입했다   installed 설치했다
shifted (위치를) 옮겼다   changed 바꿨다   moved 이사했다   painted 칠했다   replaced 교체했다

STEP 3 고수의 답변

1 집 변화	My house has changed a lot since I first moved in. I didn't buy many pieces of furniture when I first moved into this house because I liked modern style.
2 변화 1	First, I purchased new furniture like a dressing table and a bookshelf in my room.

3	변화 2	Also, I redecorated my living room. For example, I installed new window-blinds. It made my living room more stylish than before.
4	변화 3	In addition, I rearranged furniture in my house. I shifted my closet from my room to the third bedroom, which is being used as a dressing room. Now, my room looks more spacious.
5	느낌/의견	Now, my house is much better than before.

고득점 따기 TIP ▶

- 고득점을 받기 위해서는 무작정 문장을 외우는 것보다는 처음 이사 왔을 때와 비교하여 현재의 집에 어떠한 변화가 있었는지 아이디어를 먼저 정리하는 것이 더 중요합니다.
- 변화와 관련된 단어들을 집중해서 외우고 응용해서 사용하면 더욱 좋습니다.

STEP 4 나만의 답변

나만의 답변을 만들어 봅시다.

1	집 변화	My house _____ since I first moved in.
2	변화 1	First,
3	변화 2	Also, I _____ For example,
4	변화 3	In addition, _____ Now,
5	느낌/의견	Now, my house is _____ than before.

고수의 답변 해석 | 처음 이사 온 이후, 제 집에는 많은 변화가 있었습니다. 현대적인 스타일을 좋아해서 처음에는 가구를 많이 구입하지 않았습니다. 우선, 저는 제 방에 새 화장대와 책장을 구입했습니다. 그리고, 저는 거실을 다시 꾸몄습니다. 예를 들면, 창문에 새로운 블라인드를 설치했는데, 방이 예전보다 더 멋스러워졌습니다. 이 밖에도, 저는 집 안의 가구들을 다시 배치했습니다. 제 방에 있던 옷장을 옷 방으로 사용 중인 세 번째 방으로 옮겼습니다. 지금은 방이 더 넓어 보입니다. 지금 저희 집은 전보다 훨씬 더 좋아졌습니다.

 **방 묘사**  P1_02_Q4

Now, let's talk about your bedroom. What's inside? What kind of furniture can you see in your room?
이제, 당신의 방에 대해서 이야기해 볼게요. 방 안에 무엇이 있나요? 방 안에 어떤 종류의 가구가 있나요?

STEP 1 유형 분석하기

장소 묘사는 어떤 것을 말해야 할까요?

장소 묘사 구성하기

1 장소/위치   I live in 집 종류 with 함께 사는 사람 in 동네 이름 .
2 분위기   My house is 분위기 .
3 시설 (보이는 것) As soon as I enter 장소 , I can see 보이는 것 .
              (또는) There is/are ~로 설명하면 됩니다.
4 느낌/의견   I think 장소 is a good place to (v) .

STEP 2 표현 더하기

방 분위기

quiet 조용한   clean 깨끗한   modern 현대적인   messy 지저분한   spacious 넓은
well-organized 잘 정리된   small 작은   bright 밝은   dark 어두운   cozy 아늑한
comfortable 쾌적한, 편안한   warm 따뜻한   safe 안전한   relieved 안심이 되는   relaxed 편안한

방에 있는 가구/물건

a desk 책상   a chair 의자   a bookshelf 책장   a dressing table 화장대   a closet 옷장
a drawer (작은) 서랍장   a dresser (큰) 서랍장   a hanger 옷걸이, 옷 거는 옷장   a bed 침대
a sofa 소파

위치 표현

next to ~ 옆에   in front of ~ 앞에   opposite of ~의 맞은편에

STEP 3 고수의 답변

🔊 P1_02_Q4 answer

1	장소/위치	I live in an apartment with my family in Seoul.
2	분위기	My room is cozy and comfortable.
3	시설 (보이는 것)	As soon as I enter my room, I can see a comfortable bed on the left. Right next to the bed, there is a closet. On the right side of my room, there is a desk, a chair, a bookshelf with many books, and a dressing table.
4	느낌/의견	Overall, my room is a good place to relax.

고득점 따기 TIP ▶

- There is/are ~(~이 있다) 문법 사용을 바로 알아 두는 것이 포인트!
  There is 뒤에는 단수명사, There are 뒤에는 복수명사가 나옵니다.
  Ex) There is a desk, and a chair.
  　　There are desks, and a chair.

- 가끔은 '자신의 방' 묘사 대신 '가장 좋아하는 방'에 대해 묘사하기가 출제되는 경우가 있지만, 자신의 방을 가장 좋아하는 방이라고 설정하여 위의 답변을 응용한다면 알맞은 답변이 되겠죠? OPIc은 사실보다는 임기응변이 중요합니다!

STEP 4 나만의 답변

나만의 답변을 만들어 봅시다.

1	장소/위치	I live in _____ with _____ in _____
2	분위기	My room is _____
3	시설 (보이는 것)	As soon as I enter my room, I can see _____ _____ _____ _____
4	느낌/의견	Overall, my room is a good place to _____

고수의 답변 해석 | 저는 가족과 함께 서울에 있는 아파트에 살고 있습니다. 제 방은 아늑하고 편안합니다. 방에 들어서면, 왼쪽에 편안한 침대가 보입니다. 침대 바로 옆에는 옷장이 있습니다. 방의 오른편에는 책상과 의자, 많은 책이 꽂혀 있는 책장과 화장대가 있습니다. 전반적으로 제 방은 휴식을 취하기 좋은 곳입니다.

03 동네

Neighborhood

| 오픽고수의 생생 Tip |

거주지에 관련된 질문은 직장인, 학생뿐만 아니라 누구든지 자주 받는 질문이기 때문에 꼼꼼히 준비해야 하는 항목입니다. 특히 빈출도가 높은 문제들도 준비해야 하지만 번외 질문도 사전에 살펴야 합니다. 동네에 관련된 주제들도 요즘에는 자주 출제되는 번외 질문이기 때문에 집 주변을 묘사하는 연습도 많이 해야 합니다.

🎧 P1_03

| 빈출 문제 살펴보기 |

Q1 동네 묘사   p.38 ▶ IM 풀이

What is your neighborhood like? Where is it located? What kind of amenities are there in your neighborhood? Tell me about a place around your house in detail.

당신의 동네는 어떤가요? 어디에 위치하고 있나요? 어떤 종류의 편의 시설들이 있나요? 집 주변의 장소에 대해 자세히 말해 주세요.

Q2 동네의 변화   p.40 ▶ IM 풀이

How has the place where you live changed or developed? What was the city like?

지금 살고 있는 동네가 어떻게 변화 또는 발전했나요? 그 도시는 어땠었나요?

Q3 동네에서 있었던 가장 기억에 남는 경험   p.42 ▶ IM 풀이

Let's talk about a memorable experience that happened in your neighborhood. When and where did it happen? Why was it interesting or memorable to you?

동네에서 있었던 기억에 남는 경험에 대해 이야기해 볼게요. 언제, 어디서 있었던 일이었나요? 왜 그 일이 재미있거나 기억에 남나요?

Q1 동네 묘사

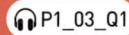

What is your neighborhood like? Where is it located? What kind of amenities are there in your neighborhood? Tell me about a place around your house in detail.

당신의 동네는 어떤가요? 어디에 위치하고 있나요? 어떤 종류의 편의 시설들이 있나요? 집 주변의 장소에 대해 자세히 말해 주세요.

STEP 1 유형 분석하기

장소 묘사는 어떤 것을 말해야 할까요?

장소 묘사 구성하기

1 이름/위치
2 분위기
3 시설 (보이는 것)
4 느낌/의견

I live in 집 종류 with 함께 사는 사람 in 동네 이름 .
My neighborhood is 분위기 .
As soon as I enter 장소 , I can see 보이는 것 .
(또는) There is/are ~로 설명하면 됩니다.
I think 장소 is a good place to (v) .

STEP 2 표현 더하기

동네 분위기

quiet 조용한 clean 깨끗한 crowded with many people 많은 사람들로 붐비는 noisy 시끌벅적한
safe 안전한 peaceful 평온한 lively 활기 넘치는 busy 바쁜 friendly 친근한 crowded 복잡한

동네 편의 시설

parks 공원들 hospitals 병원들 schools 학교들 restaurants 식당들 bars 술집들
coffee shops 커피숍들 banks 은행들 markets 시장들 stores 상점들

추가 표현

I live in a residential area. 나는 주택가에 살고 있다.
I live in an apartment complex. 나는 아파트 단지에 살고 있다.
I live in a small town. 나는 조그만 마을에 살고 있다.
There are many restaurants and bars. 식당과 술집들이 많이 있다.
There are many schools around my house. 집 근처에는 학교들이 많이 있다.

STEP 3 고수의 답변

1 이름/위치   I live in an apartment with my family in Seoul.
2 동네 분위기   My neighborhood is safe and clean because I live in an apartment complex.
3 동네 편의 시설   In my town, there are many amenities such as parks, restaurants, schools, hospitals, banks, markets, and stores. I often go to Han River Park, which is near my house. When I go there, I take a rest along the Han River. In spring, it is a great cherry-blossom place so I can enjoy seeing them at the park.
4 느낌/의견   Overall, my neighborhood is a good place to live.

고득점 따기 TIP ▶
such as 또는 like와 같은 표현법을 사용해서 상세한 정보를 주면 더더욱 좋습니다.

STEP 4 나만의 답변

나만의 답변을 만들어 봅시다.

1 이름/위치   I live in _____ with _____ in _____
2 동네 분위기   My neighborhood is _____
3 동네 편의 시설   In my town, there are many amenities such as _____

I often go to _____
When I go there, _____

4 느낌/의견   Overall, my neighborhood is a good place to _____

고수의 답변 해석 | 저는 가족과 함께 서울에 있는 아파트에 살고 있습니다. 저는 아파트 단지에 살고 있어서 동네가 안전하고 깨끗합니다. 그곳에는 공원과 레스토랑, 학교, 병원, 은행, 시장이나 상점들과 같은 편의 시설이 많이 있습니다. 저는 종종 집 근처의 한강 공원에 갑니다. 그곳에 가면, 한강변에서 휴식을 취합니다. 봄이면, 멋진 벚꽃을 즐길 수 있는 곳이기도 합니다. 전반적으로 우리 동네는 참 살기 좋은 곳입니다.

Q2 동네의 변화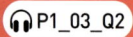

How has the place where you live changed or developed? What was the city like?
지금 살고 있는 동네가 어떻게 변화 또는 발전했나요? 그 도시는 어땠었나요?

STEP 1 유형 분석하기

변화 묘사는 어떻게 준비해야 할까요?

예전 vs. 현재 비교하기 구성하기

1 이름/위치
2 변화 1
3 변화 2
4 변화 3
5 변화 후 느낌

I live 집 종류 with 사람 in 장소 .
The most recent change was that 최근 변화 .
Also, 두 번째 변화 .
In addition, 세 번째 변화 .
Due to the changes, 변화 후 느낌 + 의견 .

TIP ▸ 시제 주의하기 (예전의 일은 무조건 과거시제 또는 과거완료형 사용, 현재의 일은 현재시제만 사용)

STEP 2 표현 더하기

동네 변화
A new subway station was built. 지하철역이 새로 생겼다.
There are more apartments and houses. 아파트와 주택들이 더 생겼다.
I can find new restaurants opened. 새로운 식당들이 생겼다.
A new City Hall was relocated in the heart of the city. 새 시청이 도시 중심부에 자리 잡았다.
Many of the beautiful farms are gone and I can't find a green field anymore in the town. 아름다운 농장들이 많이 사라져서 동네에서 초록빛 초원을 더 이상 찾을 수 없게 되었다.

변화 후
Transportation is more convenient than before. 교통이 전보다 더 편리해졌다.
My town has developed a lot. 우리 동네가 많이 발전했다.
I miss my old town. 예전 동네가 그립다.
I don't like the new town much. 새 동네가 그다지 좋진 않다.

STEP 3 고수의 답변

1	이름/위치	I live in an apartment with my family in Seoul.
2	변화 1	The most recent change was that a new subway station was built near my house.
3	변화 2	Also, there are more apartments and houses than a few years ago.
4	변화 3	In addition, I can find new restaurants opened near my house.
5	변화 후 느낌	Due to the changes, my town has developed a lot, but I miss my old town because it reminds me of my old days.

P1_03_Q2 answer

고득점 따기 TIP ›
고득점을 받기 위해서는 자신의 동네가 변화된 과정을 조금 더 자세히 설명해야 합니다. 예를 들면, 그 변화 때문에 겪었던 경험이나 느낌을 살려서 이야기를 꾸미는 것도 좋은 방법입니다.

STEP 4 나만의 답변

나만의 답변을 만들어 봅시다.

1	이름/위치	I live in _____ with _____ in _____
2	변화 1	The most recent change was that _____
3	변화 2	Also, _____
4	변화 3	In addition, _____
5	변화 후 느낌	Due to the changes, _____

고수의 답변 해석 | 저는 서울에 있는 아파트에서 가족과 함께 살고 있습니다. 가장 최근의 변화는, 집 근처에 새로운 지하철역이 생겼다는 것입니다. 그리고 아파트와 집들이 몇 년 전보다 많아졌습니다. 게다가, 집 근처에 몇몇 음식점들도 생겨났습니다. 이러한 변화들로, 저희 동네도 많은 발전이 있었지만, 저는 옛 기억을 떠올리게 하는 예전의 동네가 그립기도 합니다.

Q3 동네에서 있었던 기억에 남는 경험

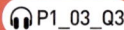 P1_03_Q3

Let's talk about a memorable experience that happened in your neighborhood. When and where did it happen? Why was it interesting or memorable to you?
동네에서 있었던 기억에 남는 경험에 대해 이야기해 볼게요. 언제, 어디서 있었던 일이었나요? 왜 그 일이 재미있거나 기억에 남나요?

STEP 1 유형 분석하기

경험 이야기를 할 때는 어떤 것을 말해야 할까요?

경험 이야기하기 구성하기	
1 시기	I think it was 시기 .
2 일어난 사건	One day, 일어난 일에 대한 설명 .
3 문제 발생	However, I realized something was wrong after a while. 발생한 문제 설명 .
4 문제 해결	문제를 해결한 방법 설명 .
5 느낌	It was 느낌 experience I've ever had in my neighborhood.

TIP ▶ 항상 과거시제 사용하되, 그때의 일을 생동감 있게 표현하고 싶다면 과거진행형 사용하기
▶ 육하원칙을 기본으로 이야기 꾸미기 (언제/어디서/누구와/무엇을/결과)

STEP 2 표현 더하기

동네에서 일이 일어났던 시기

I think it was about a year ago right after I moved into my new apartment.
내 생각엔 1년 전쯤, 새 집으로 이사 오자마자 일어났던 일인 것 같다.

I think it was about two years ago when I was going to a gym to work out.
내 생각엔 2년 전쯤 운동하러 헬스장에 가다가 일어났던 일인 것 같다.

I think it was a few months ago when I was going to work in the morning.
내 생각엔 몇 달 전쯤, 아침 출근길에 일어났던 일인 것 같다.

동네에서 경험한 일

I took a wrong bus on my way home after a long day of work.
퇴근 후, 집에 오는 길에 버스를 잘못 탔다.

I met my middle-school friend, who I hadn't seen for a while.
오랫동안 보지 못했던 중학교 때 친구를 만났다.

I was caught in a shower on my way back home.
집으로 돌아오는 길에 소나기를 만났다.

I met my ex-girlfriend[ex-boyfriend] in my neighborhood.
동네에서 전에 사귄 여자 친구(남자 친구)를 만났다.

STEP 3 고수의 답변

1. 시기 — I think it was right after I moved into my new apartment.
2. 일어난 사건 — One day, I took a bus from a subway station to go home after work. I was very tired and exhausted after a long day of work.
3. 문제 발생 — However, I realized something was wrong after a while. I was going in the wrong direction. I was embarrassed, so I got off the bus right away. The problem was I could not find my way back because the town was new to me.
4. 문제 해결 — I asked people how to get back to the subway station. Then, I took the right bus home. It took more than 2 hours to get home from work.
5. 느낌 — It was the most stressful experience I've ever had in my neighborhood.

고득점 따기 TIP ▶
- 일어났던 사실 이외에 그 순간에 느꼈던 감정이나 느낌을 구체적으로 묘사한다면 더 좋은 점수를 받을 수 있습니다.
- '경험 이야기하기'는 그때의 상황이 생생하게 전달되도록 이야기하면 더욱 재미있는 스토리텔링이 됩니다.

STEP 4 나만의 답변

나만의 답변을 만들어 봅시다.

1. 시기 — I think it was _____
2. 일어난 사건 — One day, _____
3. 문제 발생 — However, I realized something was wrong after a while. _____
4. 문제 해결 — _____
5. 느낌 — It was _____ experience I've ever had in my neighborhood.

고수의 답변 해석 | 새 아파트로 이사 온 직후인 것 같습니다. 어느 날, 일을 마치고 저는 집에 가려고 지하철역에서 버스를 탔습니다. 많은 업무들로 인해 매우 지치고 피곤했습니다. 그런데 얼마 후, 무언가 잘못되었다는 것을 느꼈는데. 잘못된 방향으로 가고 있던 것이었습니다. 당황스러워서 바로 버스에서 내렸습니다. 중요한 것은, 낯선 동네라 집으로 돌아가는 길을 찾지 못했다는 것입니다. 저는 사람들에게 지하철역으로 돌아가는 길을 물었습니다. 그러고는 집에 가는 맞는 버스를 탔습니다. 퇴근해서 집에 가는 데 2시간이 넘게 걸렸습니다. 이곳에 살면서 가장 스트레스를 받았던 경험이었습니다.

04 영화 보기

Movie

| 오픽고수의 생생 Tip |

'영화 보기'를 선택한다면 영화관 묘사, 기억에 남는 영화 소개, 최근에 영화관 갔던 경험, 영화 보기 전후에 하는 일, 좋아하는 영화 장르 소개 등을 말할 수 있어야 합니다. '공연/콘서트 보기' 항목과 비슷한 문제가 출제되니 조금만 응용해 말한다면 두 가지 항목을 한 번에 공략할 수 있습니다.

🎧 P1_04

| 빈출 문제 살펴보기 |

Q1 영화관 묘사 p.46 ▶ IM 풀이

Tell me about a movie theater you often go to. Where is it? What does it look like?
자주 가는 영화관에 대해서 말해 보세요. 어디에 있나요? 어떻게 생겼나요?

Q2 좋아하는 영화 장르와 이유 p.48 ▶ IM 풀이

What is your favorite type of movie and why?
가장 좋아하는 영화 장르는 무엇이며, 왜 좋아하나요?

Q3 영화 보기 전후에 하는 일 p.50 ▶ IM 풀이

What is your typical day when you go to the theater? What do you do before and after you watch a movie?
극장에 갈 때 일반적으로 어떤 하루를 보내나요? 영화 보기 전후에는 무엇을 하나요?

Q4 기억에 남는 영화 p.52 ▶ IM 풀이

Can you tell me about a memorable movie you have seen? What is the movie about? Who is the main actor or actress?
기억에 남는 영화에 대해서 말해 줄 수 있나요? 어떤 내용인가요? 주인공이 누구인가요?

Q5 최근 영화관 경험 p.54 ▶ IM 풀이

When was the last time you went to a movie theater? Who did you go with? What did you see? What was it about?
마지막으로 영화관에 간 것은 언제였나요? 누구랑 갔나요? 어떤 영화를 보았나요? 어떤 내용이었나요?

Q1 영화관 묘사

Tell me about a movie theater you often go to. Where is it? What does it look like?
자주 가는 영화관에 대해서 말해 보세요. 어디에 있나요? 어떻게 생겼나요?

STEP 1 유형 분석하기

장소 묘사는 어떤 것을 말해야 할까요?

장소 묘사 구성하기
1. 이름/위치
2. 분위기
3. 시설 (보이는 것)
4. 느낌/의견

I often go to 영화관 이름 near my house.
It is 분위기 .
As soon as I enter 장소 , I can see 보이는 것 .
(또는) There is/are ~로 설명하면 됩니다.
I think it is a good place to (v) .

STEP 2 표현 더하기

영화관 이름
a local theater 동네 극장

영화관 분위기
crowded with people 사람들로 붐비는 quiet 조용한 noisy 시끄러운 lively 활기찬
clean and modern 깨끗하고 편안한 full of ~ ~로 가득 찬

영화관 시설
screening rooms with comfortable seats 편안한 좌석이 있는 상영관 a box office 매표소
a snack bar 스낵바 restrooms 화장실 people waiting in line 줄 서 있는 사람들
ticket machines 티켓 발매기 a coffee shop 커피숍 convenient facilities 편리한 시설
an arcade 오락실 movie posters 영화 포스터 staff 직원

추가 표현
The theater is connected to a department store. 그 극장은 백화점과 연결되어 있다.
The staff is friendly and helpful. 직원들은 상냥하고 친절하다.
They give a discount for students. 학생 할인을 해 준다.
I can see people waiting in line. 줄을 서서 기다리는 사람들을 볼 수 있다.

STEP 3 고수의 답변

1 영화관 이름/위치   I often go to GGV theater near my house.
2 영화관 분위기   It is always crowded with many people.
3 영화관 시설   As soon as I enter the theater, I can see a box office, a snack bar, an arcade, and restrooms. In addition, there are many screening rooms with comfortable seats. Also, the staff is friendly and helpful.
4 느낌   I think it is a good place to enjoy watching movies.

🎧 P1_04_Q1 answer

고득점 따기 TIP ▶
고득점을 받기 위해서는 보이는 시설만 묘사하는 것보다 영화관에서 일하는 직원 및 표를 받기 위해 기다리는 사람들도 함께 묘사하는 것이 좋습니다.

STEP 4 나만의 답변

나만의 답변을 만들어 봅시다.

1 영화관 이름/위치   I often go to _____ near my house.
2 영화관 분위기   It is _____
3 영화관 시설   As soon as I enter _____, I can see _____

In addition, _____

Also, _____

4 느낌   I think it is a good place to _____

고수의 답변 해석 | 저는 집 근처에 있는 GGV 극장에 자주 갑니다. 그곳은 항상 많은 사람들로 붐빕니다. 극장에 들어서면, 매표소와 스낵바, 오락실과 화장실이 보입니다. 그리고 그곳에는 편안한 의자가 놓인 상영관들이 많이 있습니다. 그리고 직원들도 상냥하고 친절합니다. 그곳은 영화를 즐기기에 좋은 장소라고 생각합니다.

Q2 좋아하는 영화 장르와 이유

🎧 P1_04_Q2

What is your favorite type of movie and why?
가장 좋아하는 영화 장르는 무엇이며, 왜 좋아하나요?

STEP 1 유형 분석하기

이유는 어떻게 말해야 할까요?

이유/설명 구성하기

1. 좋아하는 영화 장르
2. 이유 1
3. 이유 2
4. 이유 3
5. 마무리

I like to watch 〔영화 장르〕 and there are several reasons why.
First of all, I like them because 〔이유 1〕.
Also, 〔이유 2〕.
In addition, 〔이유 3〕.
So, for these reasons, I like 〔영화 장르〕.

STEP 2 표현 더하기

영화 장르
romance movies 로맨틱한 영화   action movies 액션 영화   comedies 코미디 영화
horror movies 공포 영화   blockbusters 흥행작   science fiction movies 공상 과학 영화
thriller movies 스릴러 영화   chick-flicks 여성 취향 영화   historical movies 역사 영화
animation 만화 영화

좋아하는 이유
get rid of stress 스트레스를 풀다   have simple story-lines 줄거리가 간단하다
easy to understand 이해하기 쉬운   crack me up 배꼽 빠지게 웃기다
be packed with exciting action scenes 신나는 액션 장면들로 가득하다
learn the meaning of true love 진실한 사랑의 의미를 배우다
be over the moon 매우 행복하다   it reminds me of ~ ~를 기억나게 하다
cheer me up when I feel depressed[sad/gloomy]
내 기분이 우울할 때(슬플 때/침울할 때) 기분 좋게 해 주다

48

STEP 3 고수의 답변

1 좋아하는 영화 장르   I like to watch action movies and there are several reasons why.
2 이유 1   First of all, I like them because they have simple story-lines. So, they are easy to understand.
3 이유 2   Also, they are packed with exciting action scenes. So, I can get rid of stress by watching them.
4 이유 3   In addition, action movies take my mind off the worries and stresses I have.
5 마무리   So, for these reasons, I like action movies.

고득점 따기 TIP
고득점을 받기 위해서는 각각의 이유에 예시, 설명 등 부연 설명을 충분히 해 주는 것이 좋습니다. 꼭 한 가지 종류의 영화만 언급하기보다는 좋아하는 여러 종류의 영화를 언급해도 좋습니다.

STEP 4 나만의 답변

나만의 답변을 만들어 봅시다.

1 좋아하는 영화 장르   I like to watch _____ and there are several reasons why.
2 이유 1   First of all, I like them because they _____
3 이유 2   Also, _____
4 이유 3   In addition, _____
5 마무리   So, for these reasons, I like _____

고수의 답변 해석 | 저는 몇 가지 이유 때문에 액션 영화 보는 것을 좋아합니다. 일단, 액션 영화들은 단순한 이야기를 다루는데, 그래서 이해하기가 쉽습니다. 그리고 흥미진진한 액션 장면들이 많아서 그것들을 보고 있으면 스트레스가 풀립니다. 게다가 액션 영화를 보고 있을 때면, 걱정과 근심이 사라집니다. 이러한 이유들로, 액션 영화가 좋습니다.

Q3 영화 보기 전후에 하는 일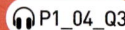

What is your typical day when you go to the theater? What do you do before and after you watch a movie?

극장에 갈 때 일반적으로 어떤 하루를 보내나요? 영화 보기 전후에는 무엇을 하나요?

STEP 1 유형 분석하기

활동 묘사를 이야기할 때는 어떤 것을 말해야 할까요?

활동 묘사 구성하기

1 영화 관람 전 활동
2 영화 관람 후 활동

First, I usually 주로 하는 활동 .
When I get to the theater, 영화관에 도착해서 하는 활동 .
After the movie, I usually 영화 관람 후 주로 하는 활동 .

TIP ▶ 현재시제 사용하기
▶ 다양한 표현법 구사하기

STEP 2 표현 더하기

영화 보기 전에 하는 일

go online 인터넷에 접속하다 a recent release 최근 개봉 영화
purchase movie tickets 영화표를 구매하다 have a cup of coffee 커피를 마시다
purchase popcorn and a soda 팝콘과 탄산음료를 구매하다 look around ~ ~을 둘러보다
check the review of the movie 영화의 감상평을 확인하다 check out ~ ~를 확인하다
meet my friends at a coffee shop 친구들을 커피숍에서 만나다 take a walk 산책하다
grab some snacks 간식을 먹다 find my seat 자리를 찾다
turn off my cell phone 휴대 전화를 끄다 look around the theater 극장을 둘러보다
chat with my friend at a coffee shop 친구와 커피숍에서 수다 떨다

영화를 본 후에 하는 일

go to the restroom 화장실에 가다 go out for dinner 저녁을 먹으러 나가다
talk about the movie with my friends 친구들과 영화에 대해서 이야기하다
go for a drink 술 한잔 하러 가다 go back home 집에 돌아가다
go for something to eat 무언가 먹으러 가다 catch up with ~ ~와 회포를 풀다
find a good restaurant 좋은 음식점을 찾다 have a cup of coffee 커피를 마시다
chat about a movie and other topics 영화와 다른 주제들에 대해 수다 떨다
spend time talking about the movie actors and actresses
영화 배우들에 대해 이야기하며 시간을 보내다

STEP 3 고수의 답변

1 영화 관람 전 활동 First, I usually go online to check out the recent releases. After choosing a movie, I check the review of the movie and book tickets in advance. When I get to the theater, I purchase some popcorn and a soda just in case I get hungry.

2 영화 관람 후 활동 After the movie, I usually go to the restroom and go out for dinner with friends. While having dinner, I'd like to talk about the movie with my friends.

P1_04_Q3 answer

고득점 따기 TIP ▸
- 고득점을 받기 위해서는 특정 활동들을 하는 이유도 같이 설명하는 것이 좋습니다.
- 혹시 영화를 같이 보는 동행인이 있다면 그 사람과 같이 보는 이유를 설명하고, 혼자 영화를 보는 것을 즐긴다면 그 이유를 말하는 것이 좋습니다.
- 영화관에서 별로 하는 일이 없다고 해도 다양한 표현법으로 답변을 꾸미면 고득점을 받는 데 도움이 됩니다.

STEP 4 나만의 답변

나만의 답변을 만들어 봅시다.

1 영화 관람 전 활동 First, I usually _____

After choosing a movie, _____

When I get to the theater, _____

2 영화 관람 후 활동 After the movie, I usually _____

_____

_____

고수의 답변 해석 | 먼저 저는 주로 인터넷으로 최근 개봉 영화를 확인합니다. 영화를 고르면, 영화평을 살펴보고 미리 표를 예매합니다. 극장에 가면, 배가 고플 수도 있으니, 팝콘과 탄산음료를 구입합니다. 영화 관람이 끝난 후, 주로 화장실에 갔다가 친구들과 함께 저녁을 먹으러 갑니다. 저녁을 먹으며 친구들과 영화에 대해 이야기 나누는 것을 좋아합니다.

Q4 기억에 남는 영화

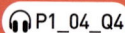 P1_04_Q4

Can you tell me about a memorable movie you have seen? What is the movie about? Who is the main actor or actress?
기억에 남는 영화에 대해서 말해 줄 수 있나요? 어떤 내용인가요? 주인공이 누구인가요?

STEP 1 유형 분석하기

경험 이야기를 할 때는 어떤 것을 말해야 할까요?

경험 이야기하기 구성하기

1 기억에 남는 영화
2 영화 속 주인공
3 영화 줄거리
4 느낌

My memorable movie is 영화 제목 .
 남자 배우 1 was the main actor and
 여자 배우 2 was the main actress in the movie.
The movie was about 영화 내용 .
The story of the movie was 느낌 .

TIP ▸ 과거시제 사용하되, 그때의 상황을 생생하게 전달하기 위해서 과거진행형 문장도 함께 포함하기
▸ 그 사건과 관련된 느낌이나 의견 제시하기

STEP 2 표현 더하기

영화의 기본 정보
a memorable movie 기억에 남는 영화　a main actor 남자 주인공　a main actress 여자 주인공
has a happy ending 해피엔딩이다　a romance movie 로맨틱한 영화　an action movie 액션 영화
a Hollywood blockbuster film 할리우드 블록버스터 영화　a chick-flick 여성 취향 영화

관람 후 느낀 점
be inspired with courage 용기를 불어넣다
become a big fan of the main actor 남자 주인공의 팬이 되다
feel touched and thrilled 감동과 스릴을 느끼다　learn a lesson that ~ ~의 교훈을 배우다
remind me of ~ ~를 기억나게 하다　be enchanted 매료되다

STEP 3 고수의 답변

1	기억에 남는 영화	My memorable movie is *Twins Light* Series.
2	영화 속 주인공	Robert Pattison was the main actor and Kristen Stewart was the main actress in the movie.
3	영화 줄거리	The movie was about a love story between a human being and a vampire. They fall in love and she's willing to give up her life as a human being to love a vampire. In the end, they finally make a family.
4	느낌	The story of the movie was not realistic, but dynamic. While watching it, the movie made me feel touched and thrilled at the same time. It was a great movie.

고득점 따기 TIP ▶
- 동사를 사용할 때는 시제 사용을 주의해야 합니다. 만약, 줄거리 설명을 처음부터 과거시제로 이야기를 꾸몄다면 이야기가 끝날 때까지 과거시제를 사용하는 것이 좋습니다.
- 내용을 자세히 이야기할수록 등급을 높게 받을 수 있습니다. 하지만! 너무 상세하게 묘사하다 보면 내용이 길어질 수도 있으니 주의하는 것이 좋습니다.

STEP 4 나만의 답변

나만의 답변을 만들어 봅시다.

1	기억에 남는 영화	My memorable movie is _____
2	영화 속 주인공	_____ was the main actor and _____ was the main actress in the movie.
3	영화 줄거리	The movie was about _____
		_____
		_____
		_____
4	느낌	The story of the movie was _____
		While watching it, the movie made me feel _____
		It was a great movie.

고수의 답변 해석 | 가장 기억에 남는 영화는 〈Twins Light〉 시리즈입니다. Robert Pattison과 Kristen Stewart가 남녀 주인공입니다. 영화는 인간과 뱀파이어의 사랑을 다룬 이야기입니다. 그들이 사랑에 빠지는데, 그녀는 뱀파이어를 사랑하기 위해 인간으로서의 삶을 포기하게 됩니다. 결국, 그들은 가족이 됩니다. 영화의 이야기는 현실성이 없지만, 역동적이었습니다. 영화를 보는 내내 감동도 있었고, 흥분이 되기도 했습니다. 멋진 영화입니다.

Q5 최근에 영화관에 갔던 경험

🎧 P1_04_Q5

When was the last time you went to a movie theater? Who did you go with? What did you see? What was it about?
마지막으로 영화관에 간 것은 언제였나요? 누구랑 갔나요? 어떤 영화를 보았나요? 어떤 내용이었나요?

STEP 1 유형 분석하기

최근 경험을 이야기할 때는 어떤 것을 말해야 할까요?

최근 경험 이야기하기 구성하기

1 최근 영화 관람 시기/동행인
2 관람 전에 한 일
3 보게 된 영화
4 영화 내용과 특징
5 관람 후에 한 일
6 그날에 대한 느낌

I went to the movies about 시기/동행인 .
When we got together, 관람 전에 한 일 .
We felt like seeing, so we chose 선택한 영화 .
The movie was about 영화 내용 .
After wacthing the movie, 관람 후에 한 일 .
Overall, 그날에 대한 소감 및 의견 .

TIP ▶ 육하원칙을 이용해서 빠뜨리지 않고 모든 질문에 대답하기
▶ 특별한 경험이 아니어도 좋으니 그날 한 활동들을 시간의 흐름에 따라서 순서대로 묘사하기
▶ 영화 보기 전후에 하는 일을 과거시제로 말해 보는 연습을 많이 하기

STEP 2 표현 더하기

영화 보기 전후에 하는 일
get together 만나다 go to the movies 영화를 보러 가다 grab a bite to eat 요기하다
go online 인터넷에 접속하다 strongly recommend 강력 추천하다
worth the ticket price 티켓 가격의 값어치를 하다 look around 둘러보다
be packed with exciting action scenes 신나는 액션 장면으로 가득 차 있다
over dinner 저녁을 먹으며

STEP 3 고수의 답변

🎧 P1_04_Q5 answer

1 최근 영화 관람 시기/동행인
I went to the movies about a week ago with my best friend.

2 관람 전에 한 일
When we got together, we went online and checked some movie reviews.

3 보게 된 영화
We felt like seeing an action movie, so we chose Robert Downey's *Iron Woman 3*, since it had good reviews.

4	영화 내용과 특징	The movie was about a superhero saving the world. It was packed with exciting action scenes, so it was worth the ticket price.
5	관람 후에 한 일	After watching the movie, we went to a nearby restaurant to grab a bite to eat, and we talked about the good and bad things about the movie over dinner.
6	그날에 대한 느낌	Overall, we had a great day, and I would strongly recommend the movie to other people.

고득점 따기 TIP ▶
- 앞 질문과 반복되는 질문이 자주 나오므로 동일한 답변을 피하기 위해 앞 질문에서 언급한 내용은 As I told you earlier 또는 As I mentioned already 등을 이용해 반복을 하는 상황이라는 것을 알려 줍니다.
- 영화의 내용을 설명하기보다는 영화관에 간 날의 경험에 중점을 두어 이전 답변과의 반복을 줄이도록 합니다.

STEP 4 나만의 답변

나만의 답변을 만들어 봅시다.

1	최근 영화 관람 시기/동행인	I went to the movies about _____
2	관람 전에 한 일	When we got together, _____
3	보게 된 영화	We felt like seeing _____, so we chose _____
4	영화 내용과 특징	The movie was about _____ It was packed with _____ scenes, so it was worth the ticket price.
5	관람 후에 한 일	After watching the movie, _____
6	그날에 대한 느낌	Overall, _____

고수의 답변 해석 | 일주일 전, 가장 친한 친구와 영화를 보러 갔습니다. 만나서, 인터넷으로 영화 리뷰를 살펴보았습니다. 액션 영화가 보고 싶어서, 평이 좋았던 Robert Downey의 〈Iron Woman 3〉를 골랐습니다. 그 영화는 슈퍼영웅이 지구를 구한다는 내용입니다. 신나는 액션 장면으로 가득 차 있어서, 티켓 가격이 아깝지 않았습니다. 영화를 본 후, 요기를 하러 근처 레스토랑으로 갔습니다. 저녁을 먹으며, 영화의 좋은 점과 나쁜 점에 대해서 이야기를 나누었습니다. 정말 멋진 하루였습니다. 그리고 다른 사람에게 그 영화를 꼭 추천하고 싶습니다.

05 공연/콘서트 보기

Play/Concert

| 오픽고수의 생생 Tip |

OPIc에서 여가 활동은 콤보 문제(1개의 주제로 3~4문제 연속 질문)로 주로 출제됩니다. '공연 보기'와 '콘서트 가기'는 같이 한 번에 묶어서 준비를 하는 게 좋습니다. 표현법이 비슷하기 때문에 문장들을 서로 응용하면서 사용하면 됩니다. '공연/콘서트 보기'는 '영화 보기' 콤보와 마찬가지로 장소 묘사, 행동 묘사, 경험 이야기하기가 주로 출제되므로 반복되는 표현들을 확인해 두면 더 좋습니다.

 P1_05

| 빈출 문제 살펴보기 |

Q1 자주 가는 공연장 묘사   p.58 ▶ IM 풀이

You indicated in the survey that you like to go to a concert. Please describe the place you like the most. Where is it? What does it look like? Why do you like that place? Please give me as many details as possible.

당신은 배경설문에서 콘서트에 가는 것을 좋아한다고 했어요. 가장 좋아하는 장소를 묘사해 주세요. 어디에 있나요? 어떻게 생겼나요? 왜 그 장소를 좋아하나요? 가능한 한 자세히 알려 주세요.

Q2 공연 보기 전후에 하는 일   p.60 ▶ IM 풀이

You indicated in the survey that you like to go to plays. Who do you usually like to go with? How often do you see a play? What do you usually do before the play? What about after? Please tell me about your routine in detail.

당신은 배경설문에서 연극 보러 가는 것을 좋아한다고 했어요. 누구와 주로 가나요? 얼마나 자주 공연을 보러 가나요? 공연을 보기 전에 주로 무엇을 하나요? 공연 후에는요? 일상에 대해 자세히 설명해 주세요.

Q3 콘서트에 관심을 갖게 된 계기

How did you first become interested in going to a concert? Why did you like it? Please tell me about your first concert experience in detail.

콘서트 가는 것에 어떻게 처음 관심을 갖게 되었나요? 왜 좋아하게 되었나요? 처음 콘서트를 본 경험에 대해서 자세히 말해 주세요.

Q4 기억에 남는 공연   p.62 ▶ IM 풀이

Can you tell me about the most memorable concert you have seen? When was it? Who was the performer? Why was it so memorable? Please tell me about it in detail.

이제까지 본 콘서트 중에 가장 기억에 남는 콘서트에 대해 말해 줄 수 있나요? 언제였나요? 공연자는 누구였나요? 왜 기억에 남았나요? 자세히 말해 주세요.

 **Q1** 자주 가는 공연장 묘사

You indicated in the survey that you like to go to a concert. Please describe the place you like the most. Where is it? What does it look like? Why do you like that place? Please give me as many details as possible.

당신은 배경설문에서 콘서트에 가는 것을 좋아한다고 했습니다. 가장 좋아하는 장소를 묘사해 주세요. 어디에 있나요? 어떻게 생겼나요? 왜 그 장소를 좋아하나요? 가능한 한 자세히 알려 주세요.

STEP 1 유형 분석하기

장소 묘사는 어떤 것을 말해야 할까요?

장소 묘사 구성하기

1 이름/위치
2 분위기
3 시설 (보이는 것)

4 느낌/의견

I often go to 공연장 located in 도시/장소 .
This place is 분위기 .
As soon as I enter 장소 , I can see 보이는 것 .
(또는) There is/are ~로 설명하면 됩니다.
I think 장소 is a good place to (v) .

STEP 2 표현 더하기

공연장 종류
Seoul Art Center 예술의 전당 an outdoor theater 야외 극장
a small theater located in Daehangno 대학로에 있는 소극장
Olympic Stadium 올림픽 경기장

공연장 분위기
quiet 조용한 clean 깨끗한 small 작은 large 큰 bright 밝은 dark 어두운
comfortable 쾌적한 warm 따뜻한 huge 거대한 crowded 복잡한, 붐비는

공연장 시설 (보이는 것)
many seats 많은 좌석들 colorful lights 화려한 조명들 a stage 무대 screens 전광판
backdrops (무대의) 배경 props 소품들 audience 청중 stage equipment 무대 장치
musical instrument 악기

추가 단어
an auditorium 공연장 a concert hall 콘서트 홀 a theater 극장 a small theater 소극장
a venue 공연장 a performance 공연 a play 연극 a concert 콘서트 a show 공연
a musical 뮤지컬

STEP 3 고수의 답변

1 공연장 이름/위치   I often go to Seoul Arts Center located in Seoul.
2 공연장 분위기   This place is large and crowded with people.
3 공연장 시설 (보이는 것)   As soon as I enter the place, I can see many seats, big screens, a stage, and many colorful lights.
4 느낌   Whenever I attend a concert there, I feel excited.
     Overall, I think it is a good place to enjoy concerts.

🎧 P1_05_Q1 answer

고득점 따기 TIP ▶
고득점을 받기 위해서는 공연장 안에서 보이는 부분만 묘사하는 것보다는 그 주변에 보이는 건물이나 주위 환경을 함께 묘사하는 것이 좋습니다.

STEP 4 나만의 답변

나만의 답변을 만들어 봅시다.

1 공연장 이름/위치   I often go to _____ located in _____
2 공연장 분위기   This place is _____
3 공연장 시설 (보이는 것)   As soon as I enter _____, I can see _____

4 느낌   Whenever I attend a concert there, I feel _____
     Overall, I think it is a good place to _____

고수의 답변 해석 | 저는 종종 서울에 있는 예술의 전당에 갑니다. 매우 넓고 사람들로 붐비는 곳입니다. 입구에 들어서면 많은 좌석들과 큰 화면, 무대와 다양한 색깔의 조명들이 보입니다. 콘서트에 갈 때마다 정말 신이 납니다. 전반적으로 그곳은 콘서트를 즐기기에 좋은 장소인 것 같습니다.

Q2 공연 보기 전후에 하는 일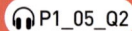

You indicated in the survey that you like to go to plays. Who do you usually like to go with? How often do you see a play? What do you usually do before the play? What about after? Please tell me about your routine in detail.

당신은 배경설문에서 연극 보러 가는 것을 좋아한다고 했습니다. 누구와 주로 가나요? 얼마나 자주 공연을 보러 가나요? 공연을 보기 전에 주로 무엇을 하나요? 공연 후에는요? 일상에 대해 자세히 설명해 주세요.

STEP 1 유형 분석하기

활동 묘사를 이야기할 때는 어떤 것을 말해야 할까요?

활동 묘사 구성하기
1 빈도
2 공연 보기 전
3 공연 본 후

I go to plays `공연을 보는 빈도`.
Before the plays, `공연 보기 전 주로 하는 일`.
After the plays, `공연 본 후 주로 하는 일`.

TIP › 현재시제 사용하기
› 다양한 숙어 및 표현법 사용하기

STEP 2 표현 더하기

빈도를 나타내는 어휘
once a week 일주일에 한 번 twice a week 일주일에 두 번 once a year 일 년에 한 번
twice a year 일 년에 두 번 three times a year 일 년에 세 번 once in a while 아주 가끔
every two years 2년에 한 번 almost every weekend 거의 매주 주말마다

연극/공연 보기 전 하는 일
check the review of the play 공연의 리뷰를 확인하다 turn-off my phone 휴대 전화를 꺼두다
book tickets online in advance 미리 온라인으로 표를 예매하다 take a walk 산책하다
have a meal 밥을 먹다 grab some snacks 간식을 먹다 find my seat 내 좌석을 찾다
look around the venue 공연장을 둘러보다 go to the restroom 화장실을 들르다
meet my friends at a coffee shop 커피숍에서 친구들과 만나다

연극/공연 본 후 하는 일
go to the restroom 화장실을 들르다
talk about the play with my friends 친구와 공연에 대해서 이야기하다
go for a drink 술을 마시러 가다 grab some snacks 간식을 먹다 go back home 집에 가다
write a review about the play on my blog 블로그에 공연에 대해서 리뷰를 쓰다
spend time talking about the performers and the story of the play
공연자들과 공연의 내용에 대해 이야기하는 데 시간을 보내다
find a famous restaurant 맛집을 찾다 go out for dinner 저녁 먹으러 나가다
chat about the play and other shows 그 공연과 다른 공연들에 대해서 수다 떨다

STEP 3 고수의 답변

1 빈도 I go to plays once or twice a year with my friends.

2 공연 보기 전 Before the play, I usually check the review and book tickets in advance. Then, I have a meal just in case I get hungry.

3 공연 본 후 After the play, I usually go to the restroom and go out for dinner with friends. While having dinner, I like to talk about the play with my friends.

🎧 P1_05_Q2 answer

고득점 따기 TIP ▸
공연을 보기 전과 본 후에 딱히 하는 일이 없다고 해도 답변이 너무 짧아지면 점수에 영향이 있을 수 있으므로 공부한 표현법을 다양하게 충분히 사용해야 합니다.

STEP 4 나만의 답변

나만의 답변을 만들어 봅시다.

1 빈도 I go to plays _____ with _____

2 공연 보기 전 Before the play, _____

3 공연 본 후 After the play, _____

고수의 답변 해석 | 저는 일 년에 한두 번 정도 친구들과 함께 연극을 보러 갑니다. 연극을 관람하기 전, 먼저 평을 확인하고, 미리 표를 예매합니다. 그리고 혹시 배가 고플까 싶어 먼저 식사를 합니다. 공연이 끝난 후에는 보통 화장실에 들렀다가 친구들과 함께 저녁을 먹으러 갑니다. 저녁을 먹으면서 친구들과 함께 연극에 대한 이야기를 나눕니다.

Q4 기억에 남는 공연 🎧 P1_05_Q4

Can you tell me about the most memorable concert you have seen? When was it? Who was the performer? Why was it so memorable? Please tell me about it in detail.

이제까지 본 콘서트 중에 가장 기억에 남는 콘서트에 대해 말해 줄 수 있나요? 언제였나요? 공연자는 누구였나요? 왜 기억에 남았나요? 자세히 말해 주세요.

STEP 1 유형 분석하기

경험 이야기를 할 때는 어떤 것을 말해야 할까요?

경험 이야기하기 구성하기

1. 시기 — It was `공연을 본 시기` .
2. 장소/동행인 — The concert was held `장소` .
   I went there with `동행인` .
3. 특별했던 이유 — It was very special because `이유` .
4. 느낌 — The concert made me feel `느낌` .

TIP
- 육하원칙을 이용해서 빠뜨리는 내용 없이 모든 질문에 대답하기
- 특별한 경험이 아니어도 좋으니 그날 한 활동들을 시간의 흐름에 따라서 순서대로 묘사하기
- 과거시제를 잊지 말고 꼭 사용하기

STEP 2 표현 더하기

그 공연이 특별했던 이유

He is my favorite singer. 그는 내가 가장 좋아하는 가수이다.
It was the first concert in my life. 내 생애 처음으로 갔던 콘서트였다.
They had a special event during the show. 공연 중에 특별한 이벤트가 있었다.
I was called up to the stage. 나는 무대에 올라갔었다.
I got a free concert ticket from one of my friends. 친구 중 한 명에게서 공짜 표를 받았다.
My ticket was won in a raffle. 추첨으로 티켓을 받았다.

STEP 3 고수의 답변

🎧 P1_05_Q4 answer

1. 시기 — It was 2 years ago. I went to a concert by Psy.
2. 장소/동행인 — The concert was held at Olympic Stadium in Seoul.
   I went there with my best friend.
3. 특별했던 이유 — It was very special because Psy is my favorite singer, and it was the first concert in my life. Also, I was sitting very close to the stage. I moved to the music while enjoying the concert.

4 느낌 The concert made me feel excited and happy. I will never forget that evening. If I have a chance, I want to go to his concert again.
(I don't want to see his concert again because 이유.)

고득점 따기 TIP ▶
- 공연의 내용을 설명하기보다는 공연을 본 날의 경험에 포인트를 주어서 이전 답변과의 반복을 줄이도록 합니다.
- '첫 공연/콘서트'에 대한 질문이 돌발로 가끔 출제되는 경우가 있습니다. 그럴 때 당황하지 말고, '기억에 남는 공연'과 동일한 답변을 사용해도 좋습니다. 다만, "It was the first concert in my life"라는 문장을 잊지 말고 꼭 포함해서 답변을 만들어야 합니다.

STEP 4
나만의 답변

나만의 답변을 만들어 봅시다.

1 시기	It was _____ I went to _____
2 장소/동행인	The concert was held _____ I went there with _____
3 특별했던 이유	It was very special because _____ _____ _____
4 느낌	The concert made me feel _____ I will never forget that evening. If I have a chance, I want to go to _____ again. (I don't want to see _____ again because _____)

고수의 답변 해석 ┃ 2년 전, 싸이 콘서트에 갔습니다. 서울의 올림픽 경기장에서 있었던 공연이었는데, 가장 친한 친구와 함께 갔습니다. 싸이는 제가 가장 좋아하는 가수이고, 생애 처음으로 간 콘서트여서 매우 특별했습니다. 게다가 저는 무대와 굉장히 가까운 곳에 앉았습니다. 공연이 진행되는 동안 음악에 몸을 맡기고 즐거운 시간을 보냈습니다. 공연으로 인해 정말 흥분되고 기분이 좋아졌습니다. 그날 저녁을 절대 잊을 수 없을 것 같습니다. 기회가 된다면, 다시 한 번 그의 콘서트에 가고 싶습니다.

06 공원 가기
Park

| 오픽고수의 생생 Tip |

OPIc에서 여가 활동은 콤보 문제(1개의 주제로 3~4문제 연속 질문)로 주로 출제됩니다. '공원 가기'와 관련된 질문에서는 집 주변에 있는 공원 한 곳을 정한 후에 그 장소에 대해서 묘사하는 장소 묘사와 공원에서 자주 하는 행동 묘사, 그리고 공원에서 있었던 경험 이야기하기를 중심으로 준비하면 됩니다.

🎧 P1_06

| 빈출 문제 살펴보기 |

Q1 자주 가는 공원 묘사 p.66 ▶ IM 풀이

You indicated in the survey that you enjoy going to a park. Which park do you like to go to? Who do you usually go to the park with? Please describe your favorite park in detail.

당신은 배경설문에서 공원 가는 것을 즐긴다고 했지요. 어떤 공원을 자주 가나요? 누구와 주로 공원을 가나요? 당신이 좋아하는 공원을 자세히 묘사해 주세요.

Q2 공원에서 주로 하는 일 묘사 p.68 ▶ IM 풀이

Can you tell me what you usually do at the park? Describe your typical day at a park from the beginning to the end.

공원에서 주로 무엇을 하는지 말해 줄 수 있나요? 처음부터 끝까지 공원에서의 일상을 묘사해 주세요.

Q3 최근에 공원에 갔던 경험 p.70 ▶ IM 풀이

When was the last time you went to a park? Who did you go with? Please tell me a full story of what happened at the park from the beginning to the end.

최근에 공원에 간 것은 언제였나요? 누구와 같이 갔었나요? 처음부터 끝까지 공원에서 있었던 일을 말해 주세요.

Q1 자주 가는 공원 묘사

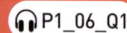 P1_06_Q1

You indicated in the survey that you enjoy going to a park. Which park do you like to go to? Who do you usually go to the park with? Please describe your favorite park in detail.

당신은 배경설문에서 공원 가는 것을 즐긴다고 했지요. 어떤 공원을 자주 가나요? 누구와 주로 공원을 가나요? 당신이 좋아하는 공원을 자세히 묘사해 주세요.

STEP 1 유형 분석하기

장소 묘사는 어떤 것을 말해야 할까요?

장소 묘사 구성하기

1. 이름/위치
2. 분위기
3. 시설 (보이는 것)
4. 느낌/의견

I often go to 공원 이름 located in 도시/장소 .
장소 is 분위기 .
As soon as I enter 장소 , I can see 보이는 것 .
(또는) There is/are ~로 설명하면 됩니다.

I think it is a good place to (v) .

STEP 2 표현 더하기

공원의 분위기

peaceful 평화로운   lively 활기 넘치는   quiet 조용한   clean 깨끗한   small 작은   large 큰   huge 거대한   crowded 복잡한, 붐비는

공원의 시설 (보이는 것)

trees and flowers 나무와 꽃들   many benches 많은 벤치   a lake 호수
a bicycle path 자전거 도로   a walking path 산책로   public restrooms 공중화장실
a snack bar 매점   a fountain 분수   a basketball court 농구장   a soccer field 축구장
a baseball ground 야구장   exercise equipment 운동 기구   gardens 정원
some people exercising 운동하는 사람들   public pools 수영장   playgrounds 놀이터
BBQ and picnic facilities 바비큐 및 피크닉 시설   a sculpture 조각   a statue 동상

추가 표현

This park is surrounded by an apartment complex. 이 공원은 아파트 단지로 둘러싸여 있다.
It takes about 10 minutes on foot from my house. 집에서 걸어서 10분 정도 걸린다.

STEP 3 고수의 답변

1	공원 이름/위치	I often go to Seokchon Lake Park which is located in front of my apartment complex. It only takes 10 minutes on foot from my house.
2	공원 분위기	The park is quiet and peaceful.
3	공원 시설	As soon as I enter the park, I can see a small fountain in front of the entrance, public restrooms, trees and flowers. In addition, there are many benches, exercise equipment, a basketball court and a soccer field.
4	느낌/의견	I think it is a good place to exercise.

STEP 4 나만의 답변

나만의 답변을 만들어 봅시다.

1	공원 이름/위치	I often go to _____ located in _____
2	공원 분위기	The park is _____
3	공원 시설	As soon as I enter the park, I can see _____
4	느낌/의견	I think it is a good place to _____

고수의 답변 해석 | 저는 종종 아파트 단지 앞에 있는 석촌호수 공원에 갑니다. 집에서 걸어서 10분밖에 걸리지 않고, 조용하고 평화로운 공원입니다. 공원을 들어서면, 입구 앞에 작은 분수가 보이고, 공중화장실, 나무와 꽃들도 볼 수 있습니다. 그리고 많은 벤치와 운동 기구, 농구장과 축구장도 있습니다. 그곳은 운동을 하기에 좋은 곳인 것 같습니다.

Q2 공원에서 주로 하는 일 묘사

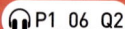

동영상 강의

Can you tell me what you usually do at the park? Describe your typical day at a park from the beginning to the end.
공원에서 주로 무엇을 하는지 말해 줄 수 있나요? 처음부터 끝까지 공원에서의 일상을 묘사해 주세요.

STEP 1 유형 분석하기

활동 묘사를 이야기할 때는 어떤 것을 말해야 할까요?

활동 묘사 구성하기

1 주로 가는 공원
2 함께 가는 사람
3 하는 행동
4 느낌

I often go to 장소 .
I usually go to the park with 주로 함께 가는 사람 .
When I go to the park, I usually 행동 .
I think this park is a good place to (v) .

TIP ▶ 현재시제 사용하기
　　▶ 다양한 표현법 사용하기

STEP 2 표현 더하기

공원에서 주로 하는 일

take a walk 산책하다　go jogging 조깅하다　go on a picnic 소풍 가다
go on a date 데이트하다　enjoy nature and the weather 자연과 날씨를 즐기다
take a picture 사진을 찍다　have a meal 밥을 먹다
have a conversation with my friends 친구들과 이야기하다
enjoy being alone 혼자 있는 것을 즐기다　ride a bicycle 자전거를 타다
have a relaxing time 편안한 시간을 보내다　lie down on the grass 잔디에 눕다
sit and talk about daily life 앉아서 평소 생활에 대해 이야기하다
take a nap 낮잠을 자다　read a book on the bench 벤치에서 책을 읽다
go cherry blossom viewing 벚꽃 구경을 가다

STEP 3 고수의 답변

1	주로 가는 공원	I often go to Seokchon Lake Park which is near my house.
2	함께 가는 사람	I usually go to the park with my younger sister because we can have a conversation while exercising together.
3	하는 행동	When I go to the park, I usually take a walk. Sometimes, I ride a bicycle. When the weather is good, I go on a picnic with my friends and enjoy eating snacks with them.
4	느낌	I think it is a good place to enjoy my free time.

고득점 따기 TIP ▶
공원에서 딱히 하는 일이 없다고 해도 답변이 너무 짧아지면 점수에 영향이 있을 수 있으므로 공부한 표현법을 다양하게 충분히 사용해야 합니다. 특히, 연결 부분에서 많이 사용할 수 있는 접속사를 사용합니다.
Ex) in addition, moreover, sometimes, in spring, in fall, when the weather is good

STEP 4 나만의 답변

나만의 답변을 만들어 봅시다.

1	주로 가는 공원	I often go to _____
2	함께 가는 사람	I usually go to the park with _____
3	하는 행동	When I go to the park, I usually _____ Sometimes, _____ When the weather is good, _____
4	느낌	I think it is a good place to _____

고수의 답변 해석 ▶ 저는 종종 집 근처 석촌호수 공원에 갑니다. 운동하는 동안 이야기를 나눌 수 있어, 여동생과 함께 갑니다. 대부분 공원에 가면 산책을 하는데 가끔은 자전거도 타고, 날씨가 좋을 때에는 친구들과 소풍을 가서 함께 간식을 즐깁니다. 그곳은 여가 시간을 즐기기에 좋은 곳인 것 같습니다.

Q3 최근에 공원에 갔던 경험

When was the last time you went to a park? Who did you go with? Please tell me a full story of what happened at the park from the beginning to the end.

최근에 공원에 간 것은 언제였나요? 누구와 같이 갔었나요? 처음부터 끝까지 공원에서 있었던 일을 말해 주세요.

STEP 1 유형 분석하기

경험 이야기를 할 때는 어떤 것을 말해야 할까요?

경험 이야기하기 구성하기

1 언제/어디서/누구와
2 그날의 날씨
3 있었던 일
4 배운 점/느낌

시기 , I went to 장소 with 함께한 사람 .
On that day, the weather was 날씨 .
At the park, 있었던 일 묘사 .
I learned a lesson which was 배운 점/느낌 .

TIP ▸ 육하원칙을 이용해서 빠뜨리는 내용 없이 모든 질문에 대답하기
▸ 특별한 경험이 아니어도 좋으니 그날 한 활동들을 시간의 흐름에 따라서 순서대로 묘사하기
▸ 과거시제를 잊지 말고 꼭 사용하기

STEP 2 표현 더하기

공원에서 있었던 일

I was caught in a shower. 소나기를 만났다.
I met one of my high-school friends at the park. 공원에서 고등학교 친구 중 한 명을 만났다.
I met my ex-girlfriend at the park. 공원에서 예전 여자 친구를 만났다.
I sprained my ankle jogging along the track. 트랙을 따라 조깅하던 중에 발목을 삐었다.
I was bitten by mosquitoes at the park. 공원에서 모기에게 물렸다.
My bag was stolen by someone at the park. 공원에서 누군가가 내 가방을 훔쳐 갔다.
I lost my wallet on the bench. 벤치에서 내 지갑을 잃어버렸다.
I found some cash under the bench. 벤치 밑에서 현금을 발견했다.

STEP 3 고수의 답변

1 언제/어디서/누구와 Last week, I went to Seokchon Lake Park near my house with my younger sister.
2 그날의 날씨 On that day, the weather was nice but cold.
3 있었던 일 At the park, my sister and I planned to go jogging because we were on a diet, and we wanted to stay healthy. Then, we started jogging after stretching our muscles. But unfortunately, we had to leave the park because we were caught in a shower. We were disappointed that we couldn't exercise.
4 배운 점/느낌 I learned a lesson which was that I should check the weather before going out.

P1_06_Q3 answer

고득점 따기 TIP
공원에서 있었던 경험을 중심으로 이야기하는 것도 좋지만 중간중간에 그 상황에 대한 느낌이나 의견도 포함해서 말한다면 더 좋은 등급을 받는 데 도움이 됩니다.

STEP 4 나만의 답변

나만의 답변을 만들어 봅시다.

1 언제/어디서/누구와 _____, I went to _____ near my house with _____
2 그날의 날씨 On that day, the weather was _____
3 있었던 일 At the park, _____
_____
_____
_____
4 배운 점/느낌 I learned a lesson which was _____
_____

고수의 답변 해석 | 지난주, 저는 여동생과 함께 집 근처의 석촌호수 공원에 갔습니다. 그날은 날씨는 좋았지만, 추웠습니다. 우리는 건강을 위해서 다이어트를 하는 중이라, 공원에서 조깅을 하기로 했습니다. 근육을 풀고 조깅을 하기 시작했습니다. 그런데 안타깝게도 소나기가 내려 공원을 나서야만 했습니다. 운동을 계속할 수 없어 실망스러웠습니다. 외출하기 전에는 꼭 일기예보를 확인해야 한다는 것을 느꼈습니다.

07 쇼핑하기

Shopping

| 오픽고수의 생생 Tip |

만약 쇼핑을 즐기지 않는다 해도 최소한의 이유는 제시해야 합니다. 가능한 한 최근에 쇼핑했던 경험의 기억을 되살려 이야기를 전달하고 쇼핑의 종류나 장소는 한두 군데를 미리 정해 놓고 시험을 준비하세요.

🎧 P1_07

| 빈출 문제 살펴보기 |

Q1 자주 가는 상점 묘사
p.74 ▶ IM 풀이

Can you tell me about the store you often go to? Which store do you visit regularly? Describe the place you like for shopping.

당신이 자주 가는 상점에 대해서 이야기해 볼 수 있나요? 어떤 상점을 정기적으로 방문하나요? 쇼핑하기 좋아하는 장소를 묘사해 보세요.

Q2 쇼핑하는 습관 묘사
p.76 ▶ IM 풀이

Tell me about your shopping habits. Where do you go shopping? How often do you go shopping? Who do you usually go with? What do you usually buy?

당신의 쇼핑하는 습관에 대해서 말해 보세요. 어디에서 쇼핑하나요? 얼마나 자주 쇼핑하나요? 누구와 함께 가나요? 무엇을 주로 사나요?

Q3 기억에 남는 쇼핑 경험
p.78 ▶ IM 풀이

Describe the most memorable experience you once had while shopping. When was it? Who were you with? Provide as many details as possible.

쇼핑할 때 겪었던 가장 기억에 남는 경험을 묘사해 보세요. 언제였나요? 누구와 함께였나요? 가능한 한 자세하게 알려 주세요.

Q4 쇼핑하다 겪은 문제
p.80 ▶ IM 풀이

Sometimes, people face difficulties while shopping. What unexpected difficulties did you experience? What was the problem and how did you handle the issue? Tell me as many details as possible.

때때로 사람들은 쇼핑하는 동안 어려움을 겪기도 하지요. 어떤 예상치 못한 어려운 경험을 했나요? 무엇이 문제였고, 어떻게 그 문제를 해결했나요? 가능한 한 자세히 설명해 주세요.

Q1 자주 가는 상점 묘사

Can you tell me about the store you often go to? Which store do you visit regularly? Describe the place you like for shopping.
당신이 자주 가는 상점에 대해서 이야기해 볼 수 있나요? 어떤 상점을 정기적으로 방문하나요? 쇼핑하기 좋아하는 장소를 묘사해 보세요.

동영상 강의

STEP 1 유형 분석하기

장소 묘사는 어떤 것을 말해야 할까요?

장소 묘사 구성하기
1 이름/위치
2 분위기
3 시설
4 느낌/의견

I often go to 상점 종류 near my home.
It is 분위기 .
It has everything from 물건 종류 to 또 다른 종류의 물건 .
I think it is a good place for (v)ing .

STEP 2 표현 더하기

상점 종류
a department store 백화점 a shopping mall 쇼핑몰
an underground shopping center 지하상가 a street market 노점
a flea market 벼룩시장 a supermarket 슈퍼마켓 a retail shop 소매점 a local shop 동네 가게

상점 분위기
clean and modern 깨끗하고 현대적인 noisy 시끄러운 lively 활기찬
crowded with people 사람들로 붐비는 relaxing 편안한

상점에서 파는 물건
accessories 액세서리 cosmetics 화장품 bath products 욕실 용품
basic necessities 생활필수품 furniture 가구 shoes 신발 clothing 옷

상점이 좋은 이유
It takes ~ minutes on foot from my home. 집에서 걸어서 ~분 정도 걸린다.
They change sale items every week. 매주 세일 제품이 바뀐다.
I can get different things at a discounted price. 할인된 가격에 다른 물건들을 살 수 있다.
The quality of the products is good. 상품의 품질이 좋다.

STEP 3 고수의 답변

1	상점 종류/위치	I often go to a retail shop near my home.
2	상점 분위기	It is always crowded with a lot of people.
3	상점에서 파는 물건	It has everything from brand-name cosmetics to bath products.
	상점이 좋은 이유 1	I like this store because it only takes 2 minutes on foot from my home and
	상점이 좋은 이유 2	they change sale items every week, so I can get different things at a discounted price.
	상점이 좋은 이유 3	Also, the quality of the products is good and
	상점이 좋은 이유 4	the price is reasonable compared to other retail shops.
	상점을 가는 빈도	I go there almost every other day on my way back home from work.
	주로 구입하는 물건	I often purchase drinks, snacks, cosmetics, and basic necessities.
4	느낌/의견	I think it is a good place for shopping.

고득점 따기 TIP ▸
장소 묘사에서는 그 장소가 왜 좋은지를 강조해서 여러 가지 이유를 말하게 되면 고득점을 받을 수 있습니다.

STEP 4 나만의 답변

나만의 답변을 만들어 봅시다.

1	상점 종류/위치	I often go to _____ near my home.
2	상점 분위기	It is _____
3	상점에서 파는 물건	It has everything from _____ to _____
	상점이 좋은 이유 1	I like this store because _____
	상점이 좋은 이유 2	_____
	상점이 좋은 이유 3	Also, _____
	상점이 좋은 이유 4	_____
	상점을 가는 빈도	I go there _____
	주로 구입하는 물건	I often purchase _____
4	느낌/의견	I think it is a good place for shopping.

고수의 답변 해석 | 저는 집 근처 소매상에 자주 갑니다. 그곳은 항상 많은 사람들로 붐빕니다. 유명 회사 제품 화장품부터 목욕 용품까지 모든 게 다 있습니다. 전 이 상점을 좋아하는데 집에서 걸어서 2분밖에 걸리지 않기 때문입니다. 그리고 매주 세일하는 품목들도 바뀌어서 다양한 물건을 할인된 가격으로 살 수 있습니다. 또한 상품의 품질도 좋고 가격도 다른 소매상점들과 비교했을 때 합리적입니다. 전 거의 이틀에 한 번 퇴근길에 가곤 합니다. 주로 음료나 과자, 화장품과 생활필수품들을 삽니다. 저는 그곳이 쇼핑하기에 좋은 장소라고 생각합니다.

Q2 쇼핑하는 습관 묘사

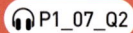 P1_07_Q2

Tell me about your shopping habits. Where do you go shopping? How often do you go shopping? Who do you usually go with? What do you usually buy?

당신의 쇼핑하는 습관에 대해서 말해 보세요. 어디에서 쇼핑하나요? 얼마나 자주 쇼핑하나요? 누구와 함께 가나요? 무엇을 주로 사나요?

STEP 1 유형 분석하기

활동 묘사는 어떤 것을 말해야 할까요?

활동 묘사 구성하기

1 쇼핑하는 시기
2 함께 쇼핑하는 사람/이유
3 자주 가는 장소
4 그 장소가 좋은 이유
5 주로 구입하는 물건
6 느낌/의견

I usually go shopping 시기 .
I like shopping with 동행인 because 이유 .
I often go to 장소 .
이유 .
I often buy 물건 .
I think it is a good place for V(ing) .

TIP ▸ 현재시제 사용하기
　▸ 평범한 일상이라도 구체적으로 묘사하기
　▸ 다양한 표현법 구사하기

STEP 2 표현 더하기

쇼핑하는 시기

on weekends 주말에 on weekdays / during the week 주중에 during holidays 휴일에 after pay day 월급 받은 후 during my trip 여행하는 중에 in my free time 시간 여유가 될 때 once a month 한 달에 한 번 twice a month 한 달에 두 번 every two weeks 2주에 한 번씩 when the season changes 계절이 바뀔 때

상점이 좋은 이유

I can get a discount if I pay in cash. 현금 할인을 받을 수 있다.
There are many small stores. 작은 상점들이 많다.
They have many different kinds of clothes and accessories. 다양한 옷과 액세서리가 많다.
The price is reasonable compared to other retail shops. 다른 소매점에 비해 가격이 저렴하다.
The shop owner is nice and friendly. 가게 주인이 상냥하고 친절하다.

STEP 3 고수의 답변

1	쇼핑하는 시기	I usually go shopping in my free time.
2	함께 쇼핑하는 사람/이유	I like shopping with my younger sister because she recommends matching clothes for me.
3	자주 가는 장소	I often go to an underground shopping center at Kangnam Station.
4	그 장소가 좋은 이유 1	There are many small stores and many different kinds of clothes and accessories.
5	그 장소가 좋은 이유 2	Also, I can get a discount if I pay in cash.
6	주로 구입하는 물건	I often buy new clothes and accessories like earrings there.
7	느낌/의견	I think it is a good place for shopping.

고득점 따기 TIP ▸
- 쇼핑을 평소에 자주 하지 않는다면 아주 가끔 쇼핑을 한다고 해도 괜찮습니다. 대신 부가적으로 쇼핑에 왜 관심이 없는지도 함께 설명하면 좋습니다.
- 쇼핑을 특별히 좋아하지 않는다 해도 다양한 표현법을 사용해서 답변을 꾸미면 고득점을 받는 데 도움이 됩니다.

STEP 4 나만의 답변

나만의 답변을 만들어 봅시다.

1	쇼핑하는 시기	I usually go shopping _____
2	함께 쇼핑하는 사람/이유	I like shopping with _____ because _____
3	자주 가는 장소	I often go to _____
4	그 장소가 좋은 이유 1	_____
5	그 장소가 좋은 이유 2	Also, _____
6	주로 구입하는 물건	I often buy _____
7	느낌/의견	I think it is a good place for shopping.

고수의 답변 해석 | 서는 한가할 때 주로 쇼핑을 합니다. 제 여동생과 쇼핑하는 걸 좋아하는데 그녀는 저에게 잘 어울리는 옷들을 추천해 주기 때문입니다. 저는 강남역 지하상가에 자주 갑니다. 거기엔 많은 작은 상점들과 다양한 종류의 옷들과 액세서리들이 있습니다. 또한 현금으로 계산하게 되면 할인도 받을 수 있습니다. 저는 주로 새로운 옷들과 귀고리 같은 액세서리들을 구매합니다. 저는 이곳이 쇼핑하기에 좋은 장소라고 생각합니다.

Q3 기억에 남는 쇼핑 경험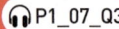

Describe the most memorable experience you once had while shopping. When was it? Who were you with? Provide as many details as possible.
쇼핑할 때 겪었던 가장 기억에 남는 경험을 묘사해 보세요. 언제였나요? 누구와 함께였나요? 가능한 한 자세하게 알려 주세요.

STEP 1 유형 분석하기

경험 이야기를 할 때는 어떤 것을 말해야 할까요?.

경험 이야기하기 구성하기

1 쇼핑을 갔던 시기
2 쇼핑을 함께 간 사람/목적
3 쇼핑 중에 경험했던 일
4 느낌/의견

I remember it was 시기 .
I went to 장소 with 함께 간 사람 for 목적 .
있었던 일 설명 .
It was a 느낌 day.

TIP ▸ 육하원칙을 이용해서 빠뜨리는 내용 없이 모든 질문에 대답하기
▸ 특별한 경험이 아니어도 좋으니 그날 한 활동들을 시간의 흐름에 따라서 순서대로 묘사하기
▸ 과거시제를 잊지 말고 꼭 사용하기

STEP 2 표현 더하기

쇼핑을 갔던 시기
a month ago 한 달 전 a few days ago 며칠 전 a few weeks ago 몇 주 전

쇼핑 중에 경험했던 일
I bought some products at a reasonable price. 물건을 저렴하게 구입했다.
I got a jacket for half price. 재킷을 반값에 구입했다.
I met an old friend while shopping. 쇼핑하다가 옛 친구를 만났다.
I left my item I bought at the shop. 내가 산 물건을 가게에 두고 왔다.
I lost my wallet. 지갑을 잃어버렸다.

STEP 3 고수의 답변

1 쇼핑을 간 시기 — I remember it was about a month ago.
2 쇼핑을 함께 간 사람/목적 — I went to a supermarket with my sister to shop for groceries and a bottle of wine.
3 쇼핑 중에 경험했던 일 — I enjoyed trying free samples of cheese, fruit, and small bread pieces. They were all free and they made us so happy. My sister and I were looking for some daily wine bottles at a reasonable price. One of the staff explained to us we could use credit card points for purchasing the wine bottle. The staff checked how many points I had and I had enough points to buy one bottle. So, I bought my favorite wine for free on that day.
4 느낌/의견 — It was a lucky day.

P1_07_Q3 answer

고득점 따기 TIP
당시 기분을 생생하게 묘사해 봅시다. 실망했다거나 무서웠거나 기뻤던 감정들을 여러 가지 형용사와 부사를 이용해 묘사한다면 듣는 사람이 이야기를 더욱 생생하게 느낄 수 있습니다.

STEP 4 나만의 답변

나만의 답변을 만들어 봅시다.

1 쇼핑을 간 시기 — I remember it was _____
2 쇼핑을 함께 간 사람/목적 — I went to _____ with _____
3 쇼핑 중에 경험했던 일 — _____
4 느낌/의견 — It was a _____ day.

고수의 답변 해석 | 제가 기억하기로는 한 달 전쯤이었습니다. 제 여동생과 함께 식료품과 와인을 사기 위해 슈퍼마켓에 갔습니다. 저는 치즈, 과일, 직은 빵 조각들의 무료 샘플들을 즐겼습니다. 모두 무료였고 저희를 행복하게 했습니다. 제 동생과 저는 합리적인 가격의 와인들을 찾고 있었습니다. 직원 중 한 명이 우리가 와인을 구매하기 위해 신용카드 포인트를 사용할 수 있다고 설명해 주었습니다. 그 직원은 제가 얼마만큼의 포인트들을 가지고 있는지 확인해 주었고 저는 한 병의 와인을 사기에 충분한 포인트를 가지고 있었습니다. 그래서 저는 그날 가장 좋아하는 와인을 무료로 구매할 수 있었습니다. 운수 좋은 날이었습니다.

Q4 쇼핑하다 겪은 문제

🎧 P1_07_Q4

Sometimes, people face difficulties while shopping. What unexpected difficulties did you experience? What was the problem and how did you handle the issue? Tell me as many details as possible.

때때로 사람들은 쇼핑하는 동안 어려움을 겪기도 하지요. 어떤 예상치 못한 어려운 경험을 했나요? 무엇이 문제였고, 어떻게 그 문제를 해결했나요? 가능한 한 자세히 설명해 주세요.

STEP 1 유형 분석하기

문제 해결에 대해 이야기할 때는 어떤 것을 말해야 할까요?

문제 해결에 대한 이야기하기 구성하기

1. 쇼핑을 갔던 시기
2. 쇼핑 중에 겪은 어려움
3. 문제 해결 방법
4. 느낌/의견

There are a few difficult situations while shopping. In my case, I went shopping 시기 . 쇼핑 중에 겪은 어려움 . 문제를 해결했던 방법 설명 . I was 느낌 with my purchase.

STEP 2 표현 더하기

쇼핑 중에 겪은 어려움

I spend too much money. 돈을 너무 많이 소비한다.
I have a hard time choosing what to get. 무엇을 살지 선택을 잘 못한다.
Some stores have a no-refund policy. 어떤 상점들은 환불 규정이 없다.
Some stores overcharge their prices. 어떤 상점들은 바가지를 씌운다.

문제 해결 방법

make a list of what I need 내가 필요한 것에 대한 리스트를 작성한다
try it on before paying for it 결제하기 전에 입어 본다
take a picture of the item and ask my friend 물건 사진을 찍어 친구에게 물어본다
read the refund policy carefully before purchasing it 구매 전 환불 규정을 자세히 읽어 본다
compare items with other stores 다른 가게들과 상품을 비교한다

STEP 3 고수의 답변

1	쇼핑을 갔던 시기	There are a few difficult situations while shopping. In my case, I went shopping last week to get shoes for the new season.
2	쇼핑 중에 겪은 어려움	There were so many attractive shoes and I had a hard time choosing what to get. Whenever I go shopping, my sister helps me choose items. However, she was not with me on that day.
3	문제 해결 방법	So, I took pictures of pairs of shoes and sent them to my sister. She responded right away and I could finally purchase my new shoes.
4	느낌/의견	I was happy with my purchase.

고득점 따기 TIP ›
문제를 해결한 경험은 당시 기분이나 생각을 구체적으로 묘사하는 것이 좋습니다. 문제가 발생했을 때와 해결될 때의 당시 절박했던 느낌을 다양한 표현을 통해 생생히 묘사해 보세요.

STEP 4 나만의 답변

나만의 답변을 만들어 봅시다.

1	쇼핑을 갔던 시기	There are a few difficult situations while shopping. In my case, I went shopping _____
2	쇼핑 중에 겪은 어려움	_____
3	문제 해결 방법	_____
4	느낌/의견	I was _____ with my purchase.

고수의 답변 해석 | 쇼핑하는 데 몇 가지 어려움이 있습니다. 제 경우를 말씀드리자면, 지난주에 새 계절에 필요한 신발을 사려고 쇼핑을 갔습니다. 정말 멋진 신발들이 많이 있었고 무엇을 고를지 어려웠습니다. 제가 쇼핑을 갈 때마다 여동생이 상품을 선택할 때 도와주곤 했는데, 그날은 여동생이 옆에 없었습니다. 그래서 여러 신발들의 사진을 찍어서 동생에게 보냈습니다. 동생은 곧바로 답해 주었고 그제야 새 신발을 구입할 수 있었습니다. 구입한 물건이 아주 마음에 들었습니다.

08

친구에게 문자 보내기

Texting messages

| 오픽고수의 생생 Tip |

'문자 보내기'는 아주 평범한 주제이지만 오히려 평범할수록 말할 거리들이 없다는 점을 감안해 미리 말할 아이디어와 표현법을 익혀 두어야 합니다.

 P1_08

| 빈출 문제 살펴보기 |

Q1 휴대 전화 묘사   p.84 ▶ IM 풀이

Can you describe the cell phone you use to send text messages? What does it look like? Why do you use it to send text messages?

당신이 문자 보낼 때 사용하는 휴대 전화를 묘사할 수 있나요? 어떻게 생겼나요? 왜 문자 보낼 때 그것을 사용하나요?

Q2 문자 보내는 내용, 빈도, 사람   p.86 ▶ IM 풀이

What do you usually text about? How often do you text messages? Who do you usually text with?

보통 어떤 내용의 문자를 보내나요? 얼마나 자주 문자를 보내나요? 누구와 주로 문자하나요?

Q3 과거와 현재의 문자 보내는 습관   p.88 ▶ IM 풀이

How have your texting habits changed over time? How did you text messages five years ago? How about now?

시간이 지나면서 문자를 보내는 습관이 어떻게 바뀌었나요? 5년 전에는 어떻게 문자를 했었나요? 지금은요?

Q1 휴대 전화 묘사

 P1_08_Q1

Can you describe the cell phone you use to send text messages? What does it look like? Why do you use it to send text messages?
당신이 문자 보낼 때 사용하는 휴대 전화를 묘사할 수 있나요? 어떻게 생겼나요? 왜 문자 보낼 때 그것을 사용하나요?

STEP 1 유형 분석하기

사물 묘사는 어떻게 준비해야 할까요?

사물 묘사 구성하기

1 기기 종류
2 기기 이름
3 색상/생김새
4 사용 목적
5 느낌

When I send text messages, I use `기기 종류`.
My phone is `기기 이름`.
`색상/생김새 묘사`.
I use my phone for many purposes.
For example, `사용 목적`.
That's why I like to use `기기` to send messages.

TIP ▸ 그 사물을 자세히 관찰하기
　　▸ 사물의 생김새, 특징, 기능에 대해서 자세히 묘사하기

STEP 2 표현 더하기

문자 보낼 때 사용하는 기기

a cell phone 휴대 전화　a laptop computer 노트북 컴퓨터
a desktop computer 데스크톱 컴퓨터　a portable device 휴대용 기기

생김새

light 가벼운　heavy 무거운　handy 편리한　easy to carry 가지고 다니기 쉬운
thin 얇은　huge 거대한　a medium-sized phone 중간 사이즈의 휴대 전화

기기의 사용 목적

send a text message 문자를 보내다　take a picture 사진을 찍다　shoot videos 동영상을 찍다
surf the Internet 인터넷을 하다　book movie tickets 영화 표를 예매하다
search for information 정보를 검색하다　listen to music 음악을 듣다
play games 게임을 하다　read online articles 온라인 기사를 읽다
read online novels 인터넷 소설을 읽다　check an email 이메일을 확인하다
send an email 이메일을 보내다　chat with friends 친구들과 채팅하다

STEP 3 고수의 답변

1 문자 보낼 때 쓰는 기기 — When I send text messages, I use three devices. They are my phone, an ePad, and my laptop computer. I mostly use my phone because it's handy, and I carry it with me all the time.
2 기기 이름 — My phone is a Samsong Kalaxy LTE made by Samsong which is the largest corporation in Korea.
3 색상/생김새 — It's white, and I have a navy-colored case. My phone is light and thin, so it's easy to carry anywhere.
4 사용 목적 — I use my phone for many purposes. For example, I send a text message, take a picture, surf the Internet, book movie tickets, and search for information.
5 느낌 — That's why I like to use my phone to send messages.

고득점 따기 TIP ›
사물의 생김새만 묘사하지 말고, 사물을 만든 회사를 간단히 소개하거나 그 사물을 사용하는 목적까지 더 자세히 묘사하면 더욱 좋습니다.

STEP 4 나만의 답변

나만의 답변을 만들어 봅시다.

1 문자 보낼 때 쓰는 기기 — When I send text messages, I use _____
2 기기 이름 — My phone is _____
3 색상/생김새 — _____
4 사용 목적 — I use my phone for many purposes. For example, _____
5 느낌 — That's why I like to use _____ to send messages.

고수의 답변 해석 | 저는 세 가지 방법으로 문자를 보냅니다. 휴대 전화과 ePad, 그리고 노트북 컴퓨터를 사용합니다. 거의 대부분은 휴대 전화를 사용하는데, 그 이유는 편리하고 항상 가지고 다니기 때문입니다. 저는 한국에서 가장 큰 기업인 삼송에서 제조하는 삼송 Kalaxy LTE를 사용합니다. 흰색의 휴대 전화으로 남색 케이스를 씌워 사용합니다. 가볍고 얇아서 어디든 가지고 다니기가 좋습니다. 저는 휴대 전화으로 여러 가지 일을 하는데, 예를 들어, 문자를 보내거나 사진 촬영, 인터넷 검색, 영화 표 예매, 그리고 정보 검색 등을 합니다. 그래서 저는 문자를 보낼 때 휴대 전화를 사용하는 것을 좋아합니다.

Q2 문자 보내는 내용, 빈도, 사람

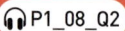 P1_08_Q2

What do you usually text about? How often do you text messages? Who do you usually text with?

보통 어떤 내용의 문자를 보내나요? 얼마나 자주 문자를 보내나요? 누구와 주로 문자하나요?

STEP 1 유형 분석하기

정보 전달하기는 어떻게 준비해야 할까요?

정보 전달하기 구성하기

1. 문자 보내는 빈도 — I send messages 빈도 .
2. 사용하는 프로그램 — I usually use 기기/프로그램 to send messages.
3. 문자 보내는 사람 1 — When I send text messages, I mostly text with 사람 . We always talk about 문자 내용 .
4. 문자 보내는 사람 2 — Sometimes, I text with 가끔 문자 보내는 사람 .
5. 문자 보내는 사람 3 — I also text with 문자 보내는 사람 .
6. 느낌/의견 — I think texting is interesting, but sometimes I spend too much time on it.

STEP 2 표현 더하기

문자 보내는 사람
friends 친구들 family 가족 co-workers 직장 동료들 classmates 반 친구들
schoolmates 학교 친구들 group members 그룹 멤버들 church members 교회 친구들
professors 교수님들 instructors 강사들 cousins 사촌들 relatives 친척들

문자 내용
daily life 일상생활 work 일 other friends 다른 친구들 current issues 최근 뉴스
job offer 일자리 family matter 가족 일 boy-friend 남자 친구 girl-friend 여자 친구
homework 숙제 projects 프로젝트 résumé 이력서 future 미래 love 연애 dream 꿈

STEP 3 고수의 답변

1. 문자 보내는 빈도 — I send text messages every day.
2. 문자 보내는 프로그램 — I usually use a phone application called Choco-talk to send messages. It is a free mobile messenger application, so I can use it for free.

P1_08_Q2 answer

3	문자 보내는 사람 1	When I send text messages, I mostly text with my friends. We always talk about daily life, work, other friends, and current issues.
4	문자 보내는 사람 2	Sometimes, I text with my co-workers. We have a group chatting room and we discuss many topics about work in the room.
5	문자 보내는 사람 3	I also text with my family members. We have a family chatting room and talk about family matters.
6	느낌/의견	I think texting is interesting, but sometimes I spend too much time on it.

고득점 따기 TIP

- 문자를 평소에 많이 보내지 않는다면 그나마 아주 가끔 보내는 사람들이 누군지 곰곰이 생각해 보고 간단히라도 내용을 전달합니다. 그리고 부가적으로 문자를 왜 잘 보내지 않는지도 함께 설명하는 게 좋습니다.
- 최근 들어 특별히 생각했던 고민거리나 이슈를 친구와 대화하듯 자연스럽게 덧붙이면 좋습니다.

STEP 4 나만의 답변

나만의 답변을 만들어 봅시다.

1	문자 보내는 빈도	I send text messages _____
2	문자 보내는 프로그램	I usually use _____ to send messages.
3	문자 보내는 사람 1	When I send text messages, I mostly text with _____ We always talk about _____
4	문자 보내는 사람 2	Sometimes, I text with _____
5	문자 보내는 사람 3	I also text with _____
6	느낌/의견	I think texting is interesting, but sometimes I spend too much time on it.

고수의 답변 해석 | 저는 매일 문자를 보냅니다. 주로 초코톡이라는 어플을 사용해서 문자를 보냅니다. 무료 모바일 메신저 앱으로 무료로 사용할 수 있습니다. 저는 대부분 친구들과 문자를 주고받습니다. 우리는 항상 하루 일과와 일, 다른 친구들이나 최신 뉴스들에 관한 이야기를 나눕니다. 가끔은 직장 동료들과도 문자를 하는데, 그룹 채팅방에서 업무와 관련된 많은 이야기들을 합니다. 그리고 가족들과도 가족 채팅방을 만들어 집안일에 대해 이야기를 나눕니다. 문자 보내는 것은 재미도 있지만, 가끔은 너무 많은 시간을 보내는 게 아닌가 생각합니다.

Q3 과거와 현재의 문자 보내는 습관

How have your texting habits changed over time? How did you text messages five years ago? How about now?

시간이 지나면서 문자를 보내는 습관이 어떻게 바뀌었나요? 5년 전에는 어떻게 문자를 했었나요? 지금은요?

STEP 1 유형 분석하기

변화 묘사는 어떻게 준비해야 할까요?

예전 vs. 현재 비교하기 구성하기
1 서론
2 예전 습관
3 현재 습관
4 느낌/의견

There are some changes of my texting habits over the years.messages.
When I was 시기, 있었던 습관 .
But now, 현재의 습관 .
I think it made my life easier to keep in touch with others.

TIP ▶ 시제 주의하기 (예전 일은 무조건 과거시제 또는 과거완료형, 현재 일은 현재시제만 사용)
▶ 이전 질문에서 배웠던 표현법을 다양하게 응용하기

STEP 2 표현 더하기

예전 습관
I used to send messages during class. 나는 수업 시간에 문자를 보내곤 했었다.
I liked to send a text message while driving. 운전 중에 문자 보내는 것을 좋아했었다.
When I sent text messages, I wrote the letter 'u' for 'you'.
문자를 보낼 때 'you' 대신 'u'로 썼다.
I didn't send that many text messages to others.
사람들에게 문자를 그닥 많이 보내지 않았었다.

현재 습관
I send text messages to others every minute. 매 순간마다 사람들에게 문자를 보낸다.
I don't send text messages while driving. 운전 중에 문자를 보내지 않는다.
I spend too much time on texting. 문자 보내는 데 시간을 너무 많이 보낸다.
I don't use a shortened word when I send text messages.
문자 보낼 때 줄임말을 사용하지 않는다.

STEP 3 고수의 답변

1 서론	There are some changes of my texting habits over the years.
2 예전 습관	When I was in college, I didn't send that many text messages to others. I called them instead. That was because text messages cost too much for a college student.
3 현재 습관	But now, I often send text messages to others. That's because I can use a free phone application called Choco-talk. I can also make a group chatting room using this application.
4 느낌/의견	I think it made my life easier to keep in touch with others. But sometimes, I feel like I am spending too much time on it.

고득점 따기 TIP ▶
시제 요소는 큰 감점의 요인이 될 수 있기 때문에 과거에 일어났던 일은 항상 '과거시제'로, 현재에 있는 부분은 '현재시제'로 구분해서 말하는 연습을 해야 합니다.

STEP 4 나만의 답변

나만의 답변을 만들어 봅시다.

1 서론	There are some changes of my texting habits over the years.
2 예전 습관	When I was _____
3 현재 습관	But now, _____
4 느낌/의견	I think it made my life easier to keep in touch with others. _____

고수의 답변 해석 | 지난 몇 년간 문자 보내는 습관에 몇 가지 변화가 있습니다. 대학에 다닐 때에는 사람들에게 그다지 많은 문자를 보내지 않았고, 대신 직접 통화를 했습니다. 그때는 문자 요금이 대학생에겐 비싼 편이었기 때문입니다. 그러나 지금은 초코톡이라는 무료 메신저 어플을 사용하면서 문자를 자주 보냅니다. 게다가 그 어플을 통해 단체로 문자를 주고받을 수도 있습니다. 좀 더 쉽게 다른 사람들과 연락을 주고받을 수 있게 만들어 준 것 같습니다. 그러나 때로는, 내가 너무 많은 시간을 문자에 낭비하는 게 아닌가 하는 생각이 들기도 합니다.

09
TV/리얼리티 쇼 시청하기
Reality TV Show

| 오픽고수의 생생 Tip |

'TV/리얼리티 쇼 시청하기' 주제는 평범한 주제이지만 오히려 평범할수록 말할 거리가 없다는 점을 감안해 미리 이야기할 아이디어와 표현법을 익혀 두어야 합니다. 특히 TV 종류나 가장 좋아하는 리얼리티 쇼는 평소에 관심이 없다고 해도 오픽 시험을 위해서는 마음속에 생각해 두고 있어야 합니다.

 P1_09

| 빈출 문제 살펴보기 |

Q1 좋아하는 TV 프로그램과 이유 p.92 ▶ IM 풀이

Is there a TV program you enjoy watching? What kind of program is it? Why do you enjoy watching it?

즐겨보는 텔레비전 프로그램이 있나요? 어떤 종류의 프로그램 인가요? 왜 즐겨 보나요?

Q2 TV 프로그램의 변화 p.94 ▶ IM 풀이

When did you first watch TV shows? How have TV shows changed over the years? Describe in detail.

처음으로 텔레비전 쇼를 시청한 게 언제인가요? 지난 몇 년 동안 텔레비전 쇼들이 어떻게 바뀌었나요? 자세히 묘사하세요.

Q3 리얼리티쇼 방송 장소 묘사 p.96 ▶ IM 풀이

You indicated in the survey that you enjoy watching reality shows. Where does your favorite show take place? What does it look like? Provide as many details as possible.

당신은 설문조사에서 리얼리티 쇼를 즐겨 본다고 응답했습니다. 당신이 가장 좋아하는 쇼는 어디서 촬영되나요? 그곳은 어떻게 생겼나요? 가능한 한 자세히 알려 주세요.

 **Q1 좋아하는 TV 프로그램과 이유** 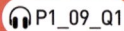 P1_09_Q1

Is there a TV program you enjoy watching? What kind of program is it? Why do you enjoy watching it?
즐겨보는 텔레비전 프로그램이 있나요? 어떤 종류의 프로그램 인가요? 왜 즐겨 보나요?

STEP 1 유형 분석하기

이유는 어떻게 말해야 할까요?

이유/설명 구성하기
1. 좋아하는 프로그램
2. 이유 1
3. 이유 2
4. 이유 3
5. 마무리

I like watching 좋아하는 프로그램 종류 .
First of all, I like them because 이유 1 .
Also, 이유 2 .
In addition, 이유 3 .
So, for these reasons, I like 프로그램 종류 .

STEP 2 표현 더하기

프로그램 종류
reality shows 리얼리티 쇼 variety shows 버라이어티 쇼 documentary 다큐멘터리
news 뉴스 music show 음악 방송 debate program 토론 프로그램
education program 교육 방송 cooking program 요리 프로그램

시청하는 시기
every Sunday 매주 일요일 while having dinner 저녁 식사를 하면서 on weekends 주말에
in my free time 여유 있을 때 after work 퇴근 후에 late at night 밤 늦게

시청하는 이유
I can laugh aloud. 크게 웃을 수 있다. It gives useful information. 유용한 정보를 준다.
Celebrities are filmed living their everyday lives. 유명한 사람들의 일상생활이 촬영된다.

STEP 3 고수의 답변

1 프로그램 종류/설명   I like watching reality shows. One of my favorite programs is a Korean TV show called *Superman*. The program introduces how the relationship between a father and his child becomes intimate throughout their life style.
2 시청하는 시기/사람   I watch the show every Sunday with my family.
3 이유 1   I really like watching it because I can laugh aloud
4 이유 2   and it gives some information on how to build a good relationship with parents and children.
5 이유 3   In addition, in reality shows, celebrities are filmed living their everyday lives.
6 마무리   So, for these reasons, I like reality shows.

고득점 따기 TIP ▶
고득점을 받기 위해서는 각각의 이유에 예시, 설명 등 부연 설명을 충분히 해 주는 것이 좋습니다. 꼭 한 가지 종류의 TV 프로그램만 언급하기보다는 여러 종류의 프로그램을 언급해도 좋습니다.

STEP 4 나만의 답변

나만의 답변을 만들어 봅시다.

1 프로그램 종류/설명   I like watching _____
   One of my favorite programs is _____

2 시청하는 시기/사람   I watch the show _____ with _____
3 이유 1   I really like watching it because _____

4 이유 2 _____

5 이유 3   In addition, _____
6 마무리   So, for these reasons, I like _____

고수의 답변 해석 | 저는 리얼리티 쇼를 즐겨 봅니다. 제가 제일 좋아하는 프로그램들 중 하나는 〈슈퍼맨〉이라는 한국 텔레비전 쇼입니다. 이 프로그램은 일상생활 속에서 아빠와 아들의 관계가 어떻게 친밀해지는지를 보여 주는 프로그램입니다. 저는 매주 일요일에 가족과 함께 이 쇼를 시청합니다. 제가 이 쇼를 시청하기 좋아하는 이유는 크게 웃을 수 있기 때문입니다. 그리고 부모와 아이들이 어떻게 좋은 관계를 쌓을 수 있는지에 대한 정보도 얻을 수 있습니다. 덧붙여서 말하자면, 이런 리얼리티 쇼에서는 연예인들의 일상생활도 촬영됩니다. 이러한 이유들 때문에 저는 리얼리티 쇼를 좋아합니다.

Q2 TV 프로그램의 변화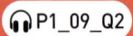

When did you first watch TV shows? How have TV shows changed over the years? Describe in detail.

처음으로 텔레비전 쇼를 시청한 게 언제인가요? 지난 몇 년 동안 텔레비전 쇼들이 어떻게 바뀌었나요? 자세히 묘사하세요.

STEP 1 유형 분석하기

변화 묘사는 어떻게 준비해야 할까요?

예전 vs. 현재 비교하기 구성하기

1 처음 TV를 본 시기
2 과거 vs. 현재 비교 1
3 과거 vs. 현재 비교 2
4 느낌/의견

I guess I first started watching TV shows 시기 .
I remember 과거 but 현재 now.
Also, 과거 . On the other hand, 현재 nowadays.
I think broadcasting industry has developed in many areas.

TIP ▸ 시제 주의하기 (예전 일은 무조건 과거시제 또는 과거완료형을, 현재 일은 현재시제만 사용)
▸ 이전 질문에서 배웠던 표현법을 다양하게 응용하기

STEP 2 표현 더하기

처음 TV를 본 시기
when I was a teenager 10대일 때 when I was young 어릴 적에
when I visited my friend's house 친구 집에 놀러 갔을 때

과거의 TV 프로그램
simple 단조로운 monochrome screen 흑백 화면 unfamiliar 생소한 unrealistic 비현실적인

현재의 TV 프로그램
imaginative 공상적인 realistic 현실적인 impressive 인상적인

추가 표현
It takes place in a broadcasting station. 방송국에서 촬영된다.
It takes place in various locations. 다양한 장소에서 촬영된다.
People can watch TV shows online. 인터넷으로 TV 쇼를 볼 수 있다.
There are many TV channels including cable TV shows. 케이블 TV를 포함한 많은 채널들이 있다.
Korean people love to watch foreign TV shows. 한국사람들은 외국 TV 쇼 보는 것을 좋아한다.

STEP 3 고수의 답변

1 처음 TV를 본 시기   I guess I first started watching TV shows when I was a teenager. My mom didn't allow me to watch TV shows so I watched them every time I visited my friend's house.

2 과거 vs. 현재 비교 1   I remember the setting of the show was very simple but the setting looks more impressive now.

3 과거 vs. 현재 비교 2   Also, it used to take place in a broadcasting station. On the other hand, it takes place in various locations nowadays.

4 느낌/의견   I think broadcasting industry has developed in many areas.

고득점 따기 TIP ▶
과거에 일어났던 일은 항상 '과거시제', 현재에 일어나는 일들은 '현재시제'를 구분해서 말하는 연습을 많이 해야 합니다. 시제 요소는 큰 감점의 요인이 될 수가 있습니다.

STEP 4 나만의 답변

나만의 답변을 만들어 봅시다.

1 처음 TV를 본 시기   I guess I first started watching TV shows ___

2 과거 vs. 현재 비교 1   I remember ___
but ___ now.

3 과거 vs. 현재 비교 2   Also, ___
On the other hand, ___ nowadays.

4 느낌/의견   I think broadcasting industry has developed in many areas

고수의 답변 해석 | 처음 텔레비전 쇼를 본 게 아마 십 대 때였던 것 같습니다. 엄마가 텔레비전 쇼를 못 보게 하셔서 친구 집에 갈 때마다 볼 수 있었습니다. 쇼의 세팅이 아주 단순했던 걸로 기억하는데 지금은 더 좋아진 것 같습니다. 또한 예전에는 쇼를 방송국에서만 촬영했었는데 요즘엔 다양한 장소에서 촬영됩니다. 다양한 방면에서 방송 산업이 발달되었다고 생각합니다.

Q3 리얼리티쇼 방송 장소 묘사

 P1_09_Q3

You indicated in the survey that you enjoy watching reality shows. Where does your favorite show take place? What does it look like? Provide as many details as possible.

당신은 설문조사에서 리얼리티 쇼를 즐겨 본다고 응답했습니다. 당신이 가장 좋아하는 쇼는 어디서 촬영되나요? 그곳은 어떻게 생겼나요? 가능한 한 자세히 알려 주세요.

STEP 1 유형 분석하기

내가 좋아하는 촬영장 묘사는 어떤 것을 말해야 할까요?

장소 묘사 구성하기
1. 이름/위치
2. 분위기
3. 시설 (보이는 것)
4. 느낌/의견

My favorite show takes place in 장소 .
The setting is 분위기 .
It has 보이는 것 .
I think TV shows today make viewers feel more comfortable.

STEP 2 표현 더하기

TV 프로그램 촬영 장소
a local station 지방 방송국   a broadcasting station 방송국   a private house 가정집
foreign country 해외   recreation area 휴양지   a remote island 무인도

분위기
clean and modern 깨끗하고 현대적인   noisy 시끄러운   lively 활기찬
unfamiliar 생소한   unrealistic 비현실적인   imaginative 공상적인   realistic 현실적인
impressive 인상적인   crowded with people 사람들로 붐비는   relaxing 편안한

시설 (보이는 것)
shooting equipment 촬영 장비   show host 사회자   guests/casts 출연진
production crew 제작진   props 소품들   beaches and trees 해변과 나무들

STEP 3 고수의 답변

1	TV 프로그램 촬영 장소	As I mentioned earlier, TV shows usually take place in various locations such as in a park, in a random building, or even in a foreign country. My favorite show takes place in a house of the guest.
2	촬영장의 분위기	The setting is realistic and it looks similar to my home.
3	시설 (보이는 것)	It has two or three bedrooms with a living room and a kitchen.
4	느낌	I think TV shows today make viewers feel more comfortable while watching the show.

고득점 따기 TIP ▸
답변의 문장을 외우기보다는 내가 좋아하는 TV 프로그램의 촬영장 이미지를 머릿속에 그리면서 설명하면 쉽고 자세하게 대답할 수 있습니다.

STEP 4 나만의 답변

나만의 답변을 만들어 봅시다.

1	TV 프로그램 촬영 장소	As I mentioned earlier, TV shows usually take place in various locations such as in a park, in a random building, or even in a foreign country. My favorite show takes place in _____
2	촬영장의 분위기	The setting is _____
3	시설 (보이는 것)	It has _____
4	느낌	I think TV shows today make viewers feel more comfortable while watching the show.

고수의 답변 해석 | 제가 앞에서 이야기했듯이, 텔레비전 쇼는 공원에서, 아무 건물에서나, 심지어 해외 같은 다양한 장소에서 촬영됩니다. 제가 가장 좋아하는 쇼는 게스트 하우스에서 촬영합니다. 이런 세팅은 현실적이고 저의 집과 비슷합니다. 두세 개의 방과 거실, 그리고 부엌이 있습니다. 요즘의 텔레비전 쇼들은 시청자들이 더 편안한 마음으로 시청할 수 있게 하는 것 같습니다.

10 음악 감상하기
Music

| 오픽고수의 생생 Tip |

'음악 감상'은 '노래 부르기'와 맥락을 같이하는 주제라고 볼 수 있습니다. 즉, 즐겨 부르는 노래나 즐겨 듣는 음악을 같은 장르로 준비한다면 음악 감상을 준비할 때 익혀 두었던 다양한 표현을 이용하여 한 번에 두 가지 주제를 공략할 수 있습니다.

🎧 P1_10

| 빈출 문제 살펴보기 |

Q1 음악 듣는 시기, 장소, 기기 p.100 ▶ IM 풀이

You indicated in the survey that you like to listen to music. When and where do you usually listen to music? What device do you use to listen to it?

당신은 배경설문에서 음악 듣는 것을 좋아한다고 했습니다. 보통 언제, 어디서 음악을 듣나요? 음악을 듣기 위해 어떤 기기를 사용하나요?

Q2 좋아하는 음악 장르와 가수 p.102 ▶ IM 풀이

What kind of music do you like? Who is your favorite singer or composer?

어떤 음악을 좋아하나요? 제일 좋아하는 가수나 작곡가는 누구인가요?

Q3 음악에 관심 갖게 된 계기와 음악 취향 변화 p.104 ▶ IM 풀이

How did you first become interested in music? Has your taste in music changed over the years?

처음에 어떻게 음악에 관심을 갖게 되었나요? 시간이 지나면서 음악적 취향이 변했나요?

Q1 음악 듣는 시기, 장소, 기기

동영상 강의

You indicated in the survey that you like to listen to music. When and where do you usually listen to music? What device do you use to listen to it?

당신은 배경설문에서 음악 듣는 것을 좋아한다고 했습니다. 보통 언제, 어디서 음악을 듣나요? 음악을 듣기 위해 어떤 기기를 사용하나요?

STEP 1 유형 분석하기

사물 묘사는 어떻게 아이디어를 구상할까요?

사물 묘사 구성하기
1 장소/시기
2 기기
3 느낌

I listen to music 장소/시기 .
I like to use my 기기 to listen to music.
I think it is a good device to enjoy music.

TIP ▸ 하나 이상의 장점 언급하기
　　 ▸ 사물에 관한 전반적인 의견으로 마무리하기

STEP 2 표현 더하기

음악을 듣는 때

when I commute 통학(통근)할 때 when I'm on my way somewhere 어딘가 가는 길일 때
before I go to sleep 자기 전에 when I feel bored 지루할 때
when I clean my house 집 청소를 할 때 during my workout 운동 중에
when I'm stressed out 스트레스 받을 때

음악을 듣는 이유

to kill time 시간을 때우려고 to relieve boredom 지루함을 달래기 위해
to ease my mind 마음을 편하게 하려고 to get rid of my stress 스트레스를 풀려고

음악을 듣는 장소

on the subway 지하철에서 on the bus 버스에서 on the street 길에서
at the gym 헬스장에서 at home 집에서 in my bedroom 내 방에서

사용하는 기기

an mp3 player MP3 플레이어 a smart phone 스마트폰 a computer 컴퓨터
a device (gadget) 기기

기기의 장점

I can carry it easily. 쉽게 가지고 다닐 수 있다. It has a large capacity. 용량이 크다.
It has good sound quality. 음질이 좋다. It's handy. 간편하다. It's light. 가볍다.
I can do other things at the same time while listening to music.
음악을 들으면서 동시에 다른 것들도 할 수 있다.

100

STEP 3 고수의 답변

1	음악을 듣는 때/장소	I listen to music on the subway when I commute. I have a long commute. So, I listen to music to kill time.
2	사용하는 기기	I like to use my smart phone to listen to music. It's handy and light, so I can carry it easily. Also, it has a large capacity, so I can store many songs on it.
3	느낌	I think it is a good device to enjoy music.

P1_10_Q1 answer

고득점 따기 TIP ▶
고득점을 받기 위해서는 아이디어를 완전히 발전시키는 연습을 하는 것이 좋습니다.
'아이디어 → 예시/설명 → 결론'으로 아이디어를 발전시키는 연습을 하도록 합니다.
Ex) It's handy and light. It's even lighter than my mp3 player. So, I can carry it easily.
그것은 편리하고 가볍다. 내 MP3보다 훨씬 더 가볍다. 그래서 쉽게 가지고 다닐 수 있다.

STEP 4 나만의 답변

나만의 답변을 만들어 봅시다.

1	음악을 듣는 때/장소	I listen to music _____
2	사용하는 기기	I like to use my _____ to listen to music. _____
3	느낌	I think it is a good device to enjoy music.

고수의 답변 해석 | 저는 출퇴근길에 음악을 듣습니다. 출퇴근 시간이 길어, 시간을 때우기 위해 음악을 듣습니다. 스마트폰으로 음악 듣는 것을 좋아합니다. 작고 가벼워 휴대하기가 쉽습니다. 또한, 용량이 커서 많은 음악을 저장할 수 있습니다. 음악을 즐기기에 좋은 기기인 것 같습니다.

Q2 좋아하는 음악 장르와 가수

What kind of music do you like? Who is your favorite singer or composer?
어떤 음악을 좋아하나요? 제일 좋아하는 가수나 작곡가는 누구인가요?

STEP 1 유형 분석하기

인물 묘사는 어떻게 준비해야 할까요?

인물 묘사 구성하기
1. 좋아하는 음악 장르/이유
2. 좋아하는 가수/이유
3. 느낌/의견

My favorite kind of music is 장르/이유 .
My favorite singer is 좋아하는 가수/이유 .
I think 가수에 대한 느낌/의견 .

STEP 2 표현 더하기

좋아하는 음악 장르

Korean pop 가요   rock 록   dance music 댄스 음악   ballads 발라드
Korean ballads 한국 발라드   hip-hop 힙합   jazz 재즈   classical music 클래식

그 장르가 좋은 이유

It is powerful and full of energy. 힘이 있고 에너지가 넘친다.
It puts me in a good mood. 기분을 좋게 해 준다.
It makes me dance. 나를 춤추게 만든다.
It's fun and not too serious. 재미있고 심각하지 않다.
I can empathize with the lyrics. 가사와 공감할 수 있다.

그 가수가 좋은 이유

has a unique voice 음색이 독특하다
has a soft but strong voice 부드럽지만 강한 목소리를 가지고 있다
is a great singer 노래를 정말 잘하다   is a great dancer 춤을 정말 잘 추다
writes songs as well 작곡까지 하다   sings real emotion 진짜 감정을 노래하다
has a powerful voice 파워풀한 목소리이다   writes his own music 직접 자신의 음악을 쓰다
always shows special performances 항상 특별한 공연을 보여 주다

STEP 3 고수의 답변

1 좋아하는 음악 장르/이유
My favorite kind of music is Korean pop. I like to listen to it because it's fun and it makes me dance.

2 좋아하는 가수
My favorite singer is a Korean pop singer called "Jung Hyang Park." I like her because she has a unique voice. She has a soft but strong voice. Also, her lyrics are very touching.

3 느낌/의견
I think she's very talented and I would highly recommend her songs to others.

고득점 따기 TIP ▸
고득점을 받기 위해서는 but, although, even though, so, however, also, because, and 등을 이용하여 하나의 문장에 여러 정보를 제시하고 단문이 아닌 중문으로 표현할 수 있어야 합니다.

STEP 4 나만의 답변

나만의 답변을 만들어 봅시다.

1 좋아하는 음악 장르/이유
My favorite kind of music is _____
I like to listen to it because _____

2 좋아하는 가수
My favorite singer is _____

I like _____ because _____

3 느낌/의견
I think _____

고수의 답변 해석 | 저는 가요를 가장 좋아합니다. 재미있고, 저를 춤추게 만들기 때문에 좋아합니다. 제가 가장 좋아하는 가수는 박정향입니다. 그녀를 좋아하는 이유는, 그녀의 독특한 목소리 때문입니다. 그녀는 부드럽지만 강렬한 목소리를 가지고 있습니다. 그리고 그녀의 노래 가사에는 감동이 있습니다. 그녀는 정말 재능 있는 가수이고, 그래서 다른 사람들에게도 꼭 그녀의 노래를 추천하고 싶습니다.

Q3 음악에 관심 갖게 된 계기와 음악 취향 변화 🎧 P1_10_Q3

How did you first become interested in music? Has your taste in music changed over the years?
처음에 어떻게 음악에 관심을 갖게 되었나요? 시간이 지나면서 음악적 취향이 변했나요?

STEP 1 유형 분석하기

좋아하게 된 계기/변화는 어떻게 아이디어를 구상할까요?

계기/변화 구성하기

1. 좋아하는 음악 장르
2. 좋아하게 된 시기/계기
3. 이전에 좋아했던 장르
4. 느낌/의견

My favorite kind of music is 장르 .
I first became interested in 장르 + 시기 .
However, when I was younger, I wasn't crazy about 현재 좋아하는 장르 . Instead, I was a big fan of 예전에 좋아했던 장르 + 좋아했던 이유 .
Now, 느낌/의견 .

STEP 2 표현 더하기

좋아하는 음악 장르
Korean ballads 한국 발라드 hip-hop 힙합 jazz 재즈 classical music 클래식

좋아하게 된 계기
when I went to a (장르) concert (장르) 콘서트에 갔을 때
when my friend gave a (장르) CD 친구가 (장르) CD를 줬을 때
when I first heard it at a club 클럽에서 처음 들었을 때
when I saw a concert by (가수 이름) on TV (가수 이름)의 콘서트를 TV에서 봤을 때
when I heard it played in a store 가게에서 틀은 것을 들었을 때
when my friend recommended it 친구가 추천했을 때

추가 표현
I got into ~. ~에 빠지게 되었다. I am a big fan of ~. ~을 엄청 좋아한다.
I was blown away by ~. ~에 감탄했다.
I can't imagine living without ~. ~ 없이 사는 것을 상상할 수 없다.

STEP 3 고수의 답변

1	좋아하는 음악 장르	As I've already said, my favorite kind of music is Korean pop.
2	좋아하게 된 시기	I first became interested in K-pop when I went to a K-pop concert ten years ago.
3	계기	It was a concert by many famous K-pop singers and I was blown away by their amazing voices and performances. It was beyond description. Since then, I got into Korean pop music.
4	예전에 좋아했던 장르	However, when I was younger, I wasn't crazy about K-pop. Instead, I was a big fan of rock. I liked rock music because it helped me relieve my stress of studying.
5	느낌/의견	Now, I am a big fan of both rock and Korean pop. I can't imagine living without them.

고득점 따기 TIP
- 경험 당시의 기분이나 받았던 인상을 생생하게 묘사해 봅시다.
- 예전에 좋아했던 장르도 왜 좋아했었는지 이유를 제시해 봅시다.

STEP 4 나만의 답변

나만의 답변을 만들어 봅시다.

1	좋아하는 음악 장르	As I've already said, my favorite kind of music is _____
2	좋아하게 된 시기	I first became interested in _____
3	계기	_____ Since then, I got into _____
4	예전에 좋아했던 장르	However, when I was younger, I wasn't crazy about _____. Instead, I was a big fan of _____
5	느낌/의견	Now, _____

고수의 답변 해석 | 앞서 말했듯이, 제가 가장 좋아하는 음악은 가요입니다. 10년 전 처음 K팝 콘서트에 가면서 가요에 관심을 갖게 되었습니다. 여러 가수들이 함께한 공연이었는데, 그들의 대단한 노래 실력과 공연하는 모습에 감동을 받았습니다. 정말 이루 말할 수 없는 멋진 공연이었습니다. 그날 이후, 가요에 푹 빠졌습니다. 어릴 적에는 가요를 그렇게까지 좋아하진 않았습니다. 사실 록 음악을 좋아했는데, 학업에 지친 피로를 날려 주었기 때문입니다. 현재는, 록과 가요 없이는 살 수 없을 만큼 둘 다 좋아합니다.

11 요리하기

Cooking

| 오픽고수의 생생 Tip |

'요리하기'는 처음에는 조금 어려운 듯 하나 한 번 표현을 익혀 두면 우리나라의 유명한 음식, 주식, 인기 요리 등을 설명해야 되는 돌발 문제들도 같이 응용해서 대답할 수 있는 주제입니다. 복잡한 요리 과정을 담은 음식을 설명하기보다 간단한 요리에 자신만의 팁을 제시하는 쪽으로 답변을 준비한다면 문법 실수나 버벅거림을 줄일 수 있습니다.

🎧 P1_11

| 빈출 문제 살펴보기 |

Q1 요리하는 패턴   p.108 ▶ IM 풀이

You indicated in the survey you like to cook. How often do you cook food? When do you normally cook? What food do you like to cook? Who do you usually cook for?

당신은 배경설문에서 요리하는 것을 좋아한다고 했습니다. 얼마나 자주 요리를 하나요? 보통 언제 요리하나요? 어떤 음식을 요리하기 좋아하나요? 누구를 위해 주로 요리하나요?

Q2 좋아하는 요리 소개 및 이유   p.110 ▶ IM 풀이

What types of things do you enjoy cooking and why do you like cooking them?

어떤 종류의 것들을 즐겨 요리하며, 왜 그것들을 요리하기 좋아하나요?

Q3 요리 방법   p.112 ▶ IM 풀이

I'd like to know about the recipe. Pick one of the foods you like to cook and give me a detailed description of its recipe.

요리 방법에 대해 알고 싶어요. 요리하기 좋아하는 음식을 골라서 만드는 방법에 대해 구체적으로 설명해 보세요.

Q4 요리에 관심을 가지게 된 계기   p.114 ▶ IM 풀이

How did you begin to become interested in cooking at first? How did you learn to cook some foods?

어떻게 처음 요리에 관심을 갖게 되었나요? 요리를 어떻게 배우게 되었나요?

Q5 요리와 관련된 경험   p.116 ▶ IM 풀이

Please tell me about one of the unexpected or interesting events that you've experienced when you were cooking. What happened? Tell me about your experience with details, including what kind of food you cooked, and what was wrong with it.

요리하는 중에 있었던 예상치 못했던 일이나 흥미로웠던 사건을 경험한 일에 대해 얘기해 보세요. 어떤 일이 있었나요? 어떤 음식을 요리했는지, 무엇이 잘못되었는지를 포함해서 구체적으로 그 경험에 대해 이야기해 주세요.

Q1 요리하는 패턴

🎧 P1_11_Q1

You indicated in the survey you like to cook. How often do you cook food? When do you normally cook? What food do you like to cook? Who do you usually cook for?

당신은 배경설문에서 요리하는 것을 좋아한다고 했습니다. 얼마나 자주 요리를 하나요? 보통 언제 요리하나요? 어떤 음식을 요리하기 좋아하나요? 누구를 위해 주로 요리하나요?

STEP 1 유형 분석하기

패턴 묘사는 어떻게 말해야 할까요?

패턴 묘사 구성하기

1. 요리하는 시기
2. 좋아하는 요리/이유
3. 누구에게/이유
4. 느낌/의견

I usually cook 시기 .
I like to make 좋아하는 요리/이유 .
I normally cook it for 사람 because 이유 .
요리에 대한 느낌 .

TIP ▶ 언제, 얼마나 자주 하는지부터 언급하기
▶ 육하원칙으로 질문을 연상하면서 한 가지씩 답변하기
▶ 자신의 생각 또는 의견을 마지막에 언급하기

STEP 2 표현 더하기

요리하는 시기
on weekends 주말에 in my free time 여유가 있을 때 once in a while 어쩌다 한 번
when I am bored 지루할 때 on weekdays / during the week 주중에

좋아하는 요리
instant noodles 라면 (kimchi) fried rice (김치) 볶음밥 kimchi stew 김치찌개
kimchi pancakes 김치 부침개 hot noodle soup (국물 있는) 국수

좋아하는 이유
easy to make 만들기 쉬운 nutritious 영양가가 풍부한 tasty 맛있는
quick and easy 빠르고 쉬운 good for your health 몸에 좋은

요리해 주는 대상
my little brother – He doesn't know how to cook. 남동생 – 요리할 줄 모른다.
myself – when I feel like eating something special 나 자신에게 – 무언가 특별한 걸 먹고 싶을 때
my family – They like to eat my special food.
우리 가족 – 내가 만든 특별한 음식을 먹는 것을 좋아한다.

STEP 3 고수의 답변

🔊 P1_11_01 answer

1	요리하는 시기	I usually cook once or twice on weekends.
2	좋아하는 요리	I like to make fried rice at home because it's easy to make and nutritious.
3	누구에게/이유	I normally cook it for my little brother because it's his favorite food and he doesn't know how to cook.
3	느낌/의견	I enjoy cooking for my family because I can make them happy with my food.

고득점 따기 TIP ▶
답변을 풍성하게 만들기 위해서는 한 가지 경우만 설명하는 것이 아니라 여러 다른 상황도 같이 언급해 보는 것이 좋습니다. 예를 들어 '동생에게 종종 라면을 끓여 준다'라고 했다면 '주중에 특별한 음식을 먹고 싶을 때 나를 위한 요리도 종종 한다'라고 언급하는 것도 좋은 방법입니다.

STEP 4 나만의 답변

나만의 답변을 만들어 봅시다.

1	요리하는 시기	I usually cook _____
2	좋아하는 요리	I like to make _____
3	누구에게/이유	I normally cook it for _____ because _____
3	느낌/의견	_____

고수의 답변 해석 | 저는 대개 주말에 한두 번씩 요리를 합니다. 요리하기 쉽고 영양가가 높은 볶음밥을 집에서 즐겨 만듭니다. 주로 남동생을 위해서 요리를 해 주는데, 볶음밥은 동생이 가장 좋아하는 음식이지만, 그는 요리를 못하기 때문입니다. 저는 가족을 위해 요리하는 것을 즐기는데, 가족들이 제가 요리한 음식을 먹으며 행복해 하기 때문입니다.

Q2 좋아하는 요리 소개 및 이유

🎧 P1_11_Q2

What types of things do you enjoy cooking, and why do you like cooking them?
어떤 종류의 것들을 즐겨 요리하며, 왜 그것들을 요리하기 좋아하나요?

STEP 1 유형 분석하기

이유는 어떻게 말해야 할까요?

이유/설명 구성하기

1. 음식 1 + 이유 1
2. 이유 2
3. 음식 2
4. 이유 1
5. 마무리

First of all, I like to cook 음식1 because 이유1 .
Also, 이유2 .
Another dish I like to cooks is 음식2 .
This is because 이유1 .
So, for these reasons, I like to make 음식1 and 음식2 .

STEP 2 표현 더하기

좋아하는 이유
easy to make 만들기 쉬운   nutritious 영양가가 풍부한   full of vitamins 비타민이 풍부한
tasty 맛있는   flavorful 풍미 있는   quick and easy 빠르고 쉬운   hearty 푸짐한
a crowd-pleaser 많은 사람이 좋아함   not time-consuming 시간 소모가 적은
a cheap meal 싼 한 끼 식사   good for you 몸에 좋은
I usually have all of the ingredients in the house. 보통 집에 재료가 다 있다.

STEP 3 고수의 답변

🎧 P1_11_Q2 answer

1. 음식 1 + 이유 1 — First of all, I like to cook fried rice because it's easy to make. All you need to do is just fry all the vegetables and rice together.
2. 이유 2 — Also, it's good for you because it has a lot of vegetables.
3. 음식 2 — Another dish I like to cook is instant noodles.

4	이유 1	This is because it's a cheap meal. A packet of instant noodles only costs two dollars in my country. Anyone can cook this.
5	마무리	So, for these reasons, I like to make fried rice and instant noodles.

고득점 따기 TIP ▸
- 고득점을 위해서는 몇 가지의 재료, 구입처, 만드는 절차를 근거로 제시하는 것이 좋습니다.
- 같은 표현이라도 패러프레이징(paraphrasing)을 통해 이유를 정리하는 것도 좋은 방법입니다.
  Ex) It's easy to make. All you need to do is just fry all the vegetables and rice together.
  So, it's not time-consuming.

STEP 4 나만의 답변

나만의 답변을 만들어 봅시다.

1	음식 1 + 이유 1	First of all, I like to cook _____ because _____
2	이유 2	Also, _____
3	음식 2	Another dish I like to cook is _____
4	이유 1	This is because _____
5	마무리	So, for these reasons, I like to make _____

고수의 답변 해석 | 무엇보다 저는 볶음밥을 요리하기 좋아하는데, 그 이유는 만들기 쉽기 때문입니다. 그냥 밥과 채소를 넣고 함께 볶기만 하면 됩니다. 게다가, 채소가 많이 들어가 몸에도 좋습니다. 제가 요리하기 좋아하는 또 다른 음식은 라면입니다. 저렴한 음식이라 좋아하는데, 우리나라에서는 라면 한 봉지에 2달러 정도(2,000원)밖에 하지 않습니다. 누구나 이 요리를 할 수 있습니다. 이런 이유로 저는 볶음밥과 라면을 즐겨 요리합니다.

Q3 요리 방법

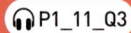 P1_11_Q3

I'd like to know about the recipe. Pick one of the foods you like to cook and give me a detailed description of its recipe.
요리 방법에 대해 알고 싶어요. 요리하기 좋아하는 음식을 골라서 만드는 방법에 대해 구체적으로 설명해 보세요.

STEP 1 유형 분석하기

과정 설명은 어떻게 준비해야 할까요?

과정 설명 구성하기

1. 음식 소개
2. 과정 1
3. 과정 2
4. 과정 3

I like to cook 요리 because it is delicious and easy to make.
First, you need to 첫 번째 과정 .
Next, 두 번째 과정 .
Finally, 마지막 과정 , and it is all done!

TIP ▶ 현재시제 사용하기
　▶ 별다른 과정이 없어도 재료 구입부터 구체적으로 설명하기
　▶ 과정마다 자신만의 팁을 넣어 특별한 요리법처럼 재치 있게 묘사하기

STEP 2 표현 더하기

요리 방법

cook noodles in boiling water 끓는 물에 국수를 삶다　chop up vegetables 채소를 잘게 썰다
add[throw in] 넣다　marinate the meat 고기를 양념에 재다
prepare the ingredients 재료를 준비하다　garnish it with ~ ~로 고명을 올리다
parboil the vegetables 채소를 데치다　stir-fry it until it is cooked 익을 때까지 볶다
cook a little more and turn off the heat 좀 더 익히고 불을 끄다
stir-fry for 2 minutes at high heat[at low heat]. 센 불에[약한 불에] 2분간 볶다
season with the soy sauce 간장으로 간을 맞추다　grill the meat 고기를 굽다
mix the vegetables and the rice 채소와 밥을 섞다

추가 표현

make sure not to overcook[undercook] the noodles
국수를 과하게 익히지[설 익히지] 않도록 해라
If it's too salty[bland], you can add more water[soy sauce].
너무 짜면[싱거우면] 물[간장]을 더 넣을 수 있다.
If you want, you can add cheese or rice cake. 원한다면 치즈나 떡을 넣어도 된다.

STEP 3 고수의 답변

1	음식 소개	I like to cook spaghetti because it is delicious and easy to make.
2	과정 1	First, you need to cook pasta noodles in boiling water. Cook the noodles for ten minutes at high heat.
3	과정 2	Next, chop up onions and fry them. When the onions turn yellow, add the canned spaghetti sauce and boil them.
4	과정 3	Finally, throw in the noodles, and it is all done!

고득점 따기 TIP ▶
- 각각의 단계를 이야기할 때 꼭 기억해야 할 것이나 나만의 특별한 방법은 어떤 것이 있는지도 같이 설명해 봅시다.
- 본격적으로 요리를 시작하기 전에 재료 준비나 다른 준비 절차가 있다면 이야기해 봅니다.

STEP 4 나만의 답변

나만의 답변을 만들어 봅시다.

1	음식 소개	I like to cook _____ because it is delicious and easy to make.
2	과정 1	First, you need to _____
3	과정 2	Next, _____
4	과정 3	Finally, _____, and it is all done!

고수의 답변 해석 | 저는 맛있고 조리하기 쉬운 스파게티를 즐겨 만듭니다. 먼저 파스타 면을 끓는 물에 삶습니다. 강한 불에 10분간 면을 익힙니다. 그리고, 양파를 잘게 썰어 살짝 볶습니다. 양파가 노랗게 익을 즈음, 통조림에 든 스파게티 소스를 넣고 끓입니다. 마지막으로 면을 넣으면 완성입니다!

Q4 요리에 관심을 가지게 된 계기

How did you begin to become interested in cooking at first? How did you learn to cook some foods?
어떻게 처음 요리에 관심을 갖게 되었나요? 요리를 어떻게 배우게 되었나요?

STEP 1 유형 분석하기

좋아하게 된 계기는 어떻게 말할까요?

계기 구성하기
1 관심 갖게 된 시기
2 가르쳐 준 사람
3 계기/느낀 점
4 달라진 점
5 현재 상황

I started cooking when I was 시기 .
사람 taught me how to cook.
One day, 계기 .
Since I started cooking, 달라진 점 .
Now, 현재 상황 .

STEP 2 표현 더하기

관심 갖게 된 시기
when I was in middle school 중학교 때 when I was in my teens 십 대 일 때
when I was ten 열 살 때 ten years ago 십 년 전에 when I was in college 대학에 다닐 때
last year 작년에

가르쳐 준 사람
My mom taught me how to cook. 엄마가 요리를 가르쳐 주었다.
I taught myself how to cook. 요리하는 법을 독학했다.
I searched the web for recipes. 요리법을 찾기 위해 인터넷을 검색했다.

계기
I wanted to eat something delicious. 무언가 맛있는 것을 먹고 싶었다.
I wanted to help my mother. 엄마를 도와 드리고 싶었다.
I didn't feel like eating out. 별로 외식을 하고 싶지 않았다.
It was my mother's birthday, and I wanted to make something special for her.
어머니 생신이셨고 무언가 특별한 것을 만들어 드리고 싶었다.

STEP 3 고수의 답변

1 관심 갖게 된 시기 — I started cooking when I was in middle school.
2 가르쳐 준 사람 — My mother taught me how to cook.
3 계기/느낀 점 — One day, I wanted to eat something delicious, so I asked my mother to teach me how to cook fried rice. It was easy to make, and it tasted great.
4 달라진 점 — Since I started cooking, I became healthier.
5 현재 상황 — Now, I cook once a week because I am very busy, but it is still my favorite hobby.

P1_11_Q4 answer

고득점 따기 TIP ▶
요리에 관심 갖게 된 사건을 더욱 구체적으로 묘사해 보는 것도 좋습니다. 그 당시 느꼈던 기분이나 받은 인상들을 묘사해 봅니다.

STEP 4 나만의 답변

나만의 답변을 만들어 봅시다.

1 관심 갖게 된 시기 — I started cooking _____
2 가르쳐 준 사람 — _____ taught me how to cook.
3 계기/느낀 점 — One day, _____
4 달라진 점 — Since I started cooking, _____
5 현재 상황 — Now, I cook _____

고수의 답변 해석 | 저는 중학교 때 처음 요리를 시작했습니다. 어머니께서 요리를 가르쳐 주셨습니다. 어느 날, 맛있는 걸 먹고 싶었던 저는 어머니에게 볶음밥 만드는 법을 가르쳐 달라고 했습니다. 요리하는 것도 쉬웠고, 맛도 좋았습니다. 요리를 하면서부터, 저는 더욱 건강해졌습니다. 지금은, 바빠서 일주일에 한 번밖에 요리를 못하지만, 가장 좋아하는 취미가 되었습니다.

Q5 요리와 관련된 경험

Please tell me about one of the unexpected or interesting events that you've experienced when you were cooking. What happened? Tell me about your experience with details, including what kind of food you cooked, and what was wrong with it.

요리하는 중에 있었던 예상치 못했던 일이나 흥미로웠던 사건을 경험한 일에 대해 얘기해 보세요. 어떤 일이 있었나요? 어떤 음식을 요리했는지, 무엇이 잘못되었는지를 포함해서 구체적으로 그 경험에 대해 이야기해 주세요.

STEP 1 유형 분석하기

경험 이야기를 할 때는 어떤 것을 말해야 할까요?

경험 이야기하기 구성하기

1. 언제/무엇을
2. 계기
3. 문제 발생
4. 문제 해결
5. 결과/느낌

시기 , I cooked 요리한 음식 .
요리를 하게 된 계기 .
However, 발생한 문제 설명 .
문제 해결 방법 설명 .
결과/느낌 .

TIP
- 서론 – 언제, 어떤 계기로, 어떤 요리를 하게 되었는지 서론에 언급하기
- 본론 – 발생한 문제와 해결 방법 제시하기
- 결론 – 당시 느꼈던 기분 및 결과로 이야기 마무리 짓기

STEP 2 표현 더하기

요리 문제

It tasted funny. 맛이 이상했다.
It was too salty[bland/sweet/spicy]. 너무 짰다[밍밍했다/달았다/매웠다].
The meat[rice] wasn't cooked. 고기가[밥이] 익지 않았었다.
The noodles were overcooked. 국수가 너무 익었다.
I added sugar instead of salt. 소금 대신 설탕을 넣었다.
I burned my hand. 손을 데었다.

해결 방법 및 결과

I had to make a new one. 새롭게 만들어야만 했었다.
I had to throw it away. 버려야만 했었다.
I threw it away and decided to eat out. 버리고 외식하기로 했다.
I treated her to a nice dinner. 그녀에게 근사한 저녁을 대접했다.

STEP 3 고수의 답변

1 언제/무엇을 — Last week, I cooked hot-noodle-soup.
2 계기 — It was my mother's birthday, so I wanted to cook something for her.
3 문제 발생 — However, the soup tasted funny, and I realized I had added sugar instead of salt. On top of that, the noodles were overcooked, so I had to throw it away.
4 문제 해결 — Instead of eating at home, we went to her favorite restaurant, and I treated her to a nice dinner.
5 결과/느낌 — She thanked me and we had a great time.

고득점 따기 TIP ▶
- 문제를 해결하기 위해 사용했던 여러 가지 해결책을 제시하는 것도 좋은 답변이 됩니다. 각각의 해결책을 선택한 이유도 함께 언급해 보세요.
- 문제를 해결한 경험은 당시 기분을 구체적으로 묘사하는 것이 좋습니다. 문제 발생 시 또는 해결 후의 당시 기분을 목소리를 과장해서 재미있게 묘사해 보세요.

STEP 4 나만의 답변

나만의 답변을 만들어 봅시다.

1 언제/무엇을 _____, I cooked
2 계기 _____
3 문제 발생 However, _____
4 문제 해결 _____
5 결과/느낌 _____

고수의 답변 해석 | 지난주, 저는 국수를 만들었습니다. 어머니의 생신이라, 어머니를 위해 요리를 해 드리고 싶었습니다. 그런데 국물 맛이 이상했습니다. 알고 보니 제가 소금 대신 설탕을 넣었던 것입니다. 게다가 면을 너무 익히는 바람에, 그냥 버려야 했습니다. 집에서 식사를 하는 대신, 우리는 어머니가 가장 좋아하는 음식점에 갔고, 저는 어머니에게 맛있는 저녁을 대접했습니다. 어머니는 고마워하셨고, 우리 모두 즐거운 시간을 보냈습니다.

12
자전거 타기

Riding a bicycle

| 오픽고수의 생생 Tip |

OPIc에서 '운동'을 선택할 때는 주로 개인적으로 할 수 있는 운동을 선택합니다. 축구, 야구, 배드민턴 같은 구기 종목은 규칙(rule)을 묘사해야 되는 유형이 포함되어 있어 더욱 답변이 어렵고 복잡해집니다. '자전거 타기'는 '조깅, 걷기, 수영' 등과 마찬가지로 개인적으로 할 수 있는 운동이기에 답변을 준비할 때 앞서 이용했던 표현을 응용해서 말하면 됩니다. 추가적으로 자신의 자전거 묘사까지 간단히 준비하도록 합니다.

🎧 P1_12

| 빈출 문제 살펴보기 |

Q1 자전거 묘사 p.120 ▶ IM 풀이

You indicated in the survey that you ride a bicycle. What does your bicycle look like? Describe your bicycle for me in detail.

당신은 배경설문에서 자전거를 탄다고 했습니다. 당신의 자전거는 어떻게 생겼나요? 당신의 자전거를 자세하게 설명해 주세요.

Q2 자전거를 타는 시기와 좋아하는 이유 p.122 ▶ IM 풀이

When do you usually go bike-riding? How often do you ride a bicycle? Why do you like it?

보통 언제 자전거를 타나요? 얼마나 자주 자전거를 타며 자전거 타기를 왜 좋아하나요?

Q3 자전거 타기에 관심을 갖게 된 계기 p.124 ▶ IM 풀이

When did you learn how to ride a bicycle and who taught you? How did you first become interested in riding a bicycle? Were there any changes since you have started riding a bicycle?

언제 자전거 타는 것을 배웠고, 누가 가르쳐 주었나요? 어떻게 자전거 타는 것에 처음 관심을 갖게 되었나요? 처음 자전거를 탄 이후로 변한 것이 있나요?

Q4 자전거를 타면서 겪은 경험 p.126 ▶ IM 풀이

Please describe a memorable experience you had while you were riding a bicycle. When and where did it happen? Who were you with?

자전거를 타면서 겪은 기억에 남는 경험에 대해 이야기해 주세요. 언제, 어디서 그 일이 있었나요? 누구와 함께 있었나요?

Q1 자전거 묘사

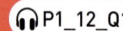

You indicated in the survey that you ride a bicycle. What does your bicycle look like? Describe your bicycle for me in detail.
당신은 배경설문에서 자전거를 탄다고 했습니다. 당신의 자전거는 어떻게 생겼나요? 당신의 자전거를 자세하게 설명해 주세요.

STEP 1 유형 분석하기

사물 묘사는 어떻게 준비해야 할까요?

사물 묘사 구성하기

1. 종류/구입 시기 — I have 자전거 종류. I bought it 구입 시기.
2. 색상 — It is 색상.
3. 장단점 — 사물의 장단점 묘사.
4. 느낌/의견 — Overall, 느낌 + 의견.

TIP
- 색/형태/크기/구입 시기/갖게 된 계기/상태 등을 다양하게 이야기 구성하기
- 장단점 설명하기
- 사물에 관한 전반적인 의견으로 마무리하기

STEP 2 표현 더하기

자전거 종류

a road bike 도로용 자전거　a mountain bike 산악자전거　a folding bike 접이식 자전거
a standard bike 기본 자전거　a used bike 중고 자전거　a tandem bike 2인용 자전거
a single-speed bicycle 1단 기어 자전거　a 10-speed bike 10단 기어 자전거

구입처

I bought it on the Internet. 인터넷에서 구매했다.　It was my birthday gift. 생일 선물이었다.

색깔

silver stripes 은색 줄무늬　a blue frame 파란 프레임　black and white 검은색과 하얀색이 섞인

장점

It is in good condition. 상태가 좋다.　It runs well. 잘 굴러간다.
It has a comfortable seat. 안장이 편하다.　It looks cute. 귀엽다.
The handle bars turn smoothly. 핸들이 부드럽게 돌아간다.

느낌/의견

I am satisfied with my bicycle. 내 자전거에 만족한다.
I am satisfied with my purchase. 내 구매에 만족한다.
I don't like my bicycle. 내 자전거가 싫다.

STEP 3 고수의 답변

1 종류/구입 시기   I have an old road bike. I bought it on the Internet seven years ago.
2 색상   It is black and white, with silver stripes.
3 장단점   I like this bike because even though it is old, it is in good condition. It runs well, has a comfortable seat, and the handle bars turn smoothly.
4 느낌/의견   Overall, I am satisfied with my bicycle.

고득점 따기 TIP ▶
- 자전거를 구입하게 된 계기/가격/할인 등도 함께 이야기해 봅시다.
- 장점 외에도 단점도 함께 이야기해 봅시다.

STEP 4 나만의 답변

나만의 답변을 만들어 봅시다.

1 종류/구입 시기   I have _____
                    I bought it _____
2 색상   It is _____
3 장단점   _____
4 느낌/의견   Overall, _____

고수의 답변 해석 | 7년 전 인터넷에서 구입한 오래된 도로용 자전거가 있습니다. 그것은 검은색과 흰색이 섞여 있고 은색 무늬가 있는 자전거입니다. 제가 이 자전거를 좋아하는 이유는, 오래되었음에도 불구하고 상태가 좋기 때문입니다. 바퀴도 잘 돌고, 안장도 편안하며, 핸들도 부드럽게 돌아갑니다. 그래서 저는 전반적으로 제 자전거에 만족하고 있습니다.

Q2 자전거를 타는 시기와 좋아하는 이유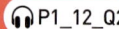

When do you usually go bike-riding? How often do you ride a bicycle? Why do you like it?
보통 언제 자전거를 타나요? 얼마나 자주 자전거를 타며 자전거 타기를 왜 좋아하나요?

STEP 1 유형 분석하기

이유 및 설명은 어떤 것을 말해야 할까요?

이유/설명 구성하기
1. 누구와/어디서/언제
2. 자전거 타는 이유 1
3. 자전거 타는 이유 2
4. 느낌/의견

I usually ride a bicycle 같이 가는 사람 + 장소 + 시기 .
I go biking-riding to 자전거 타는 이유 1 .
Also, 자전거 타는 이유 2 .
I think bike riding is a good way to stay healthy.

STEP 2 표현 더하기

자전거를 타는 이유

to get my daily exercise 매일 운동을 하기 위해
to spend time with my friends and stay fit at the same time
친구들과 시간도 보내고 동시에 건강도 유지하기 위해
to lose weight 살을 빼기 위해 to cool off in the summer 여름에 더위를 식히기 위해
to stay healthy 건강을 유지하기 위해 to get rid of stress 스트레스를 풀기 위해
It's a good way to cool off in the summer. 여름에 더위를 식히기에 좋은 방법이다.
It's a good way to build your muscles and strength. 근육과 체력을 기르기에 좋은 방법이다.
It's a good way to relieve your stress. 스트레스를 풀기에 좋은 방법이다.
I feel refreshed after riding a bicycle. 자전거를 타고 나면 상쾌하다.
I can burn a lot of calories when I ride a bicycle.
자전거를 타면 칼로리를 많이 태울 수 있다.
I can enjoy the beautiful nature while riding a bicycle.
자전거를 타면서 아름다운 자연을 즐길 수 있다.

STEP 3 고수의 답변

1 누구와/어디서/언제 I usually ride a bicycle with my friends at a local park on weekends.
2 자전거 타는 이유1 I go bike-riding to stay fit and relieve my stress in the beautiful park.
3 자전거 타는 이유2 Also, I can burn a lot of calories when I ride a bicycle, so I think it's a great way to lose weight and get my daily exercise.
4 느낌/의견 I think bike-riding is a good way to stay healthy.

🔊 P1_12_02 answer

고득점 따기 TIP ▶
- 고득점을 받기 위해서는 다른 운동과 비교했을 때 어떤 장점이 있는지도 이야기해 봅시다.
- 자신의 경험을 이용해서 자전거 타기를 통해 어떤 좋은 변화들이 있었는지 이야기하는 것도 좋은 방법입니다.

STEP 4 나만의 답변

나만의 답변을 만들어 봅시다.

1 누구와/어디서/언제 I usually ride a bicycle with _____
2 자전거 타는 이유1 I go bike-riding to _____
3 자전거 타는 이유2 Also, _____
4 느낌/의견 I think bike-riding is a good way to stay healthy.

고수의 답변 해석 | 저는 친구들과 함께 주말마다 공원에서 자전거를 탑니다. 멋진 공원에서 스트레스도 풀고 건강도 지킬 겸 자전거를 타러 나갑니다. 자전거를 타면 많은 칼로리를 소모할 수 있어 살을 빼기에도 좋고, 매일 운동을 할 수 있게 됩니다. 자전거 타기는 건강을 유지할 수 있는 좋은 방법인 것 같습니다.

Q3 자전거 타기에 관심을 갖게 된 계기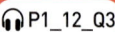

When did you learn how to ride a bicycle and who taught you? How did you first become interested in riding a bicycle? Were there any changes since you have started riding a bicycle?
언제 자전거 타는 것을 배웠고, 누가 가르쳐 주었나요? 어떻게 자전거 타는 것에 처음 관심을 갖게 되었나요? 처음 자전거를 탄 이후로 변한 것이 있나요?

STEP 1 유형 분석하기

관심을 갖게 된 계기는 어떻게 말할까요?

계기 구성하기
1 관심 갖게 된 시기
2 가르쳐 준 사람
3 계기/느낀 점
4 달라진 점
5 현재 상황

I started riding a bicycle when I was 시기 .
사람 taught me how to ride a bicycle.
One day, 계기 .
Since I started riding a bicycle, 달라진 점 .
Now, 현재 상황 .

STEP 2 표현 더하기

관심 갖게 된 시기
when I was in elementary school 초등학교 때   when I was in middle school 중학교 때
when I was in my teens 십 대일 때   when I was ten 열 살 때   ten years ago 십 년 전에
when I was in college 대학에 다닐 때   last year 작년에

가르쳐 준 사람
My dad taught me how to ride a bicycle. 아빠가 자전거 타는 법을 가르쳐 주었다.
My friend taught me how to ride a bicycle. 친구가 자전거 타는 법을 가르쳐 주었다.
I taught myself how to ride a bicycle. 자전거 타는 법을 독학했다.

계기
I went to a park to hang out with my friends. 친구들과 공원에 놀러 갔다.
I decided to go on a diet. 다이어트를 하기로 결심했다.
I decided to get fit by doing exercise. 운동을 해서 건강해지기로 결심했다.

달라진 점
I have become healthier and more fit. 더욱 건강하고 튼튼해졌다.
I have lost a lot of weight. 살이 많이 빠졌다.

추가 표현
I didn't know how to ride a bike. 자전거를 탈 줄 몰랐다. I felt left out. 소외감을 느꼈다.
He taught me how to ride a bicycle without training wheels.
그는 보조 바퀴 없이 자전거 타는 법을 알려 주었다.

STEP 3 고수의 답변

1 관심 갖게 된 시기   I started riding a bicycle when I was in middle school.
2 가르쳐 준 사람   My father taught me how to ride a bicycle.
3 계기/느낀 점   One day, I went to a park to hang out with my friends. Everybody was having a good time riding a bicycle but I didn't know how to bike, so I felt left out. Finally, I asked my father to teach me how to ride a bicycle. He taught me how to ride it without training wheels and it was fun to learn how to bike.
4 달라진 점   Since I rode a bicycle, I have become healthier and more fit.
5 현재 상황   Now, I go bike-riding only on weekends because I am very busy, but it is still my favorite hobby.

P1_12_Q3 answer

12 자전거 타기

고득점 따기 TIP ▶
자전거 타기에 관심을 갖게 된 사건을 더욱 구체적으로 묘사해 보는 것도 좋습니다. 그 당시 느꼈던 기분이나 받은 인상들을 묘사해 봅니다.

STEP 4 나만의 답변

나만의 답변을 만들어 봅시다.

1 관심 갖게 된 시기   I started riding a bicycle _____
2 가르쳐 준 사람   _____ taught me how to ride a bicycle.
3 계기/느낀 점   One day, _____

4 달라진 점   Since I rode a bicycle, _____

5 현재 상황   Now, _____

고수의 답변 해석 | 저는 중학교 때 처음 자전거를 타게 되었습니다. 아버지께서 자전거 타는 법을 가르쳐 주셨습니다. 어느 날 저는 친구들과 함께 공원에 놀러 갔습니다. 모두가 자전거를 타며 즐거운 시간을 보내고 있었는데, 저 혼자 자전거를 타지 못해 소외된 듯한 느낌이 들었습니다. 결국, 아버지에게 자전거 타는 법을 가르쳐 달라고 부탁했습니다. 아버지는 보조 바퀴 없이 자전거 타는 법을 알려 주셨고, 재미있게 배웠습니다. 자전거를 탄 이후, 몸이 더 건강하고 튼튼해졌습니다. 요즘은 너무 바빠서 주말에만 자전거를 타지만, 여전히 가장 좋아하는 취미입니다.

125

Q4 자전거를 타면서 겪은 경험

🎧 P1_12_Q4

Please describe a memorable experience you had while you were riding a bicycle. When and where did it happen? Who were you with?
자전거를 타면서 겪은 기억에 남는 경험에 대해 이야기해 주세요. 언제, 어디서 그 일이 있었나요? 누구와 함께 있었나요?

STEP 1 유형 분석하기

경험 이야기를 할 때는 어떤 것을 말해야 할까요?

경험 이야기하기 구성하기
1. 언제/어디서/누구와
2. 한 일
3. 사건/느낌
4. 현재 상황/결과

시기 , I was cycling with 사람 at 장소 .
자전거를 탔던 시간 .
있었던 일 .
결과 설명 .

TIP ▶ 항상 과거시제 사용하되, 그때의 일을 생동감 있게 표현하고 싶다면 과거진행형 사용하기
▶ 육하원칙을 기본으로 이야기 꾸미기 (언제/어디서/누구와/무엇을/결과)

STEP 2 표현 더하기

한 일/사건

rode my bike without a warm-up exercise 준비 운동을 하지 않고 자전거를 탔다
didn't stretch one's musclese 근육 스트레칭을 하지 않았다
had a cramp in one's legs 다리에 쥐가 났다
couldn't enjoy cycling because of a heavy rain 비가 많이 와서 자전거 타기를 즐길 수 없었다
met an old friend while biking 자전거를 타다가 옛 친구를 만났다
met my ex-boyfriend[ex-girlfriend] 전 남자 친구[전 여자 친구]를 만났다
fell over and hurt my leg 넘어져서 다리를 다쳤다

현재 상황/결과

always do some warming up before riding a bicycle 자전거를 타기 전에 항상 준비 운동을 하다
never go to the park for a bike-ride 자전거 타러 그 공원에 절대 안 가다
always check the weather before going for a bike-ride
자전거 타러 가기 전에 항상 날씨를 확인하다

STEP 3 고수의 답변

P1_12_Q4 answer

1 언제/어디서/누구와   Last year, I was cycling with my friend at a park near my house.

2 한 일   As soon as we got there, we rode our bikes for 30 minutes without a warm-up exercise.

3 사건/느낌   Suddenly my friend screamed and fell off her bicycle. I was scared and I took her to a nearby clinic. The doctor said she had a cramp in her legs because she didn't stretch her muscles. As a result, she couldn't go cycling with me for a week.

4 현재 상황/결과   Since then, we always do some warming up before riding our bikes.

고득점 따기 TIP ›
당시 기분을 생생하게 묘사해 봅시다. 실망했다거나 무서웠거나 기뻤던 감정들을 여러 가지 형용사와 부사를 이용해 묘사한다면 듣는 사람이 이야기를 더욱 생생하게 느낄 수 있습니다.

STEP 4 나만의 답변

나만의 답변을 만들어 봅시다.

1 언제/어디서/누구와   _____, I was cycling with _____ at _____

2 한 일

3 사건/느낌

4 현재 상황/결과

고수의 답변 해석 | 작년에, 저는 친구와 함께 집 근처에 있는 공원에서 자전거를 타고 있었습니다. 공원에 도착한 후, 우리는 준비 운동도 없이 30분간 자전거를 탔습니다. 갑자기 친구가 소리를 지르더니 자전거에서 넘어지는 것이었습니다. 저는 너무 놀라 그녀를 근처 병원으로 데리고 갔습니다. 의사 선생님이 말씀하시길, 그녀가 근육 이완을 시켜 주지 않아 경련이 일어났다는 것이었습니다. 그 때문에 그녀는 일주일간 저와 함께 자전거를 탈 수 없었습니다. 그날 이후, 우리는 자전거를 타기 전 항상 준비 운동을 합니다.

13

수영
Swimming

| 오픽고수의 생생 Tip |

OPIc에서 운동을 선택할 때는 주로 개인적으로 할 수 있는 운동을 선택합니다. 축구, 야구, 배드민턴 같은 구기 종목은 규칙(rule)을 묘사해야 되는 유형이 포함되어 있어 더욱 답변이 어렵고 복잡해집니다.

'수영'을 선택한다면 수영하면서 어려움을 겪었던 경험, 수영이 좋은 이유, 수영을 하는 패턴 및 수영을 좋아하게 된 계기 등만 준비해 놓으면 수월하게 수영 관련 질문에 답할 수 있습니다. 새로운 내용으로 답변을 만들기보다는 다른 운동에서도 응용할 수 있는 내용으로 답안을 짜는 것도 좋은 전략이라고 할 수 있습니다.

 P1_13

| 빈출 문제 살펴보기 |

Q1 수영을 하는 이유 p.130 ▶ IM 풀이

You indicated in the survey that you swim. When do you usually go swimming? Why do you like swimming? What are the advantages of this activity?

당신은 배경설문에서 수영을 한다고 했습니다. 보통 수영을 언제 하러 가나요? 수영을 왜 좋아하나요? 이 활동의 장점은 무엇인가요?

Q2 수영에 관심을 갖게 된 계기 p.132 ▶ IM 풀이

How did you first become interested in swimming? Were there any changes since you have started swimming? For example, you lost weight or you recovered your health. Please tell me about your experience in detail.

어떻게 처음 수영에 관심을 갖게 되었나요? 수영을 시작하고 나서 변화가 있었나요? 예를 들어, 살이 빠졌거나 건강을 회복했을 수 있어요. 그 경험에 대해 자세히 말해 주세요.

Q3 수영 중 문제를 해결한 경험 p.134 ▶ IM 풀이

Tell me about an experience that you've had when you had some problems while swimming. How did you overcome the problems?

수영을 하면서 문제가 있었던 경험을 말해 주세요. 그 문제들을 어떻게 해결했나요?

Q1 수영을 하는 이유

You indicated in the survey that you swim. When do you usually go swimming? Why do you like swimming? What are the advantages of this activity?
당신은 배경설문에서 수영을 한다고 했습니다. 보통 수영을 언제 하러 가요? 수영을 왜 좋아하나요? 이 활동의 장점은 무엇인가요?

STEP 1 유형 분석하기

이유 및 설명은 어떤 것을 말해야 할까요?

이유/설명 구성하기

1 누구와/언제
2 수영하는 이유
3 수영의 장점
4 느낌/의견

I usually go swimming 같이 가는 사람 + 시기 .
I go swimming to 수영하는 이유 .
There are many advantages of swimming.
For example, 수영의 장점 .
I think swimming is a good way to stay healthy.

STEP 2 표현 더하기

수영을 하는 이유

to spend time with my friends and stay fit at the same time
친구들과 시간도 보내고 동시에 건강도 유지하기 위해
to lose weight 살을 빼기 위해   to cool off in the summer 여름에 더위를 식히기 위해
to stay healthy 건강을 유지하기 위해   to get rid of stress 스트레스를 풀기 위해

수영의 장점

It's a good way to cool off in the summer. 여름에 더위를 식히기에 좋은 방법이다.
It's a good way to build your muscles and strength. 근육과 체력을 기르기에 좋은 방법이다.
It's a good way to relieve your stress. 스트레스를 풀기에 좋은 방법이다.
I feel refreshed after a swim. 수영을 하고 나면 상쾌하다.
It's a whole body workout. 전신 운동이다.
I don't need any equipment. 장비가 필요 없다.

STEP 3 고수의 답변

P1_13_Q1 answer

1 누구와/언제 — I usually go swimming with my friends in the summer.
2 수영하는 이유 — I go swimming to spend time with my friends and stay fit at the same time. Swimming is a whole body workout, so I think it's a great way to exercise.
3 수영의 장점 — There are many advantages of swimming. For example, it's a good way to cool off in the summer. So, I always feel refreshed after a swim.
4 느낌/의견 — I think swimming is a good way to stay healthy.

고득점 따기 TIP
- 고득점을 받기 위해서는 다른 운동과 비교했을 때 어떤 장점이 있는지도 이야기해 봅시다.
- 자신의 경험을 이용해서 수영을 통해 어떤 좋은 변화들이 있었는지 이야기하는 것도 좋은 방법입니다.

STEP 4 나만의 답변

나만의 답변을 만들어 봅시다.

1 누구와/언제 — I usually go swimming with _____
2 수영하는 이유 — I go swimming to _____
3 수영의 장점 — There are many advantages of swimming. For example, _____
4 느낌/의견 — I think swimming is a good way to stay healthy.

고수의 답변 해석 | 저는 여름이면 친구들과 함께 수영을 하러 갑니다. 친구들과 함께 시간도 보내고 동시에 건강도 지킬 수 있어 수영장에 갑니다. 수영은 전신을 움직여야 해서 정말 좋은 운동이라고 생각합니다. 수영에는 많은 장점들이 있는데, 예를 들어, 여름에 더위를 식힐 수 있는 좋은 방법이 됩니다. 그래서 수영을 하고 나면 기분이 상쾌합니다. 수영은 건강을 지키기 위한 좋은 수단인 것 같습니다.

Q2 수영에 관심을 갖게 된 계기

🎧 P1_13_Q2

How did you first become interested in swimming? Were there any changes since you have started swimming? For example, you lost weight or you recovered your health. Please tell me about your experience in detail.

어떻게 처음 수영에 관심을 갖게 되었나요? 수영을 시작하고 나서 변화가 있었나요? 예를 들어, 살이 빠졌거나 건강을 회복할 수 있어요. 그 경험에 대해 자세히 말해 주세요.

STEP 1 유형 분석하기

관심을 갖게 된 계기는 어떻게 말할까요?

계기 구성하기
1. 관심 갖게 된 시기
2. 가르쳐 준 사람
3. 계기/느낀 점
4. 달라진 점
5. 현재 상황

I started swimming when I was 시기 .
사람 taught me how to swim.
One day, 계기 .
Since I started swimming, 달라진 점 .
Now, 현재 상황 .

STEP 2 표현 더하기

관심 갖게 된 시기
when I was in elementary school 초등학교 때   when I was in middle school 중학교 때
when I was in my teens 십 대일 때   when I was ten 열 살 때   ten years ago 십 년 전에
when I was in college 대학에 다닐 때   last year 작년에

가르쳐 준 사람
My swimming instructor taught me how to swim. 수영 강사가 수영을 가르쳐 주었다.
My dad[friend] taught me how to swim. 아빠[친구]가 수영을 가르쳐 주었다.
I taught myself how to swim. 수영하는 법을 독학했다.

계기
I planned to go to a waterpark with my friend. 친구와 워터파크에 가기로 했다.
I realized I was gaining weight. 살이 찌고 있다고 느꼈다.
I decided to go on a diet. 다이어트를 하기로 결심했다.
My family went to the beach for vacation. 가족이 휴가차 해변에 갔다.
I decided to get fit by doing exercise. 운동을 해서 건강해지기로 결심했다.

달라진 점
I have become healthier and more fit. 더욱 건강하고 튼튼해졌다.
I have lost a lot of weight. 살이 많이 빠졌다.

추가 표현
I didn't know how to swim. 나는 수영할 줄 몰랐다. I felt left out. 소외감을 느꼈다.
He taught me how to do different kinds of strokes. 그는 다양한 수영법을 가르쳐 주었다.

STEP 3 고수의 답변

1. 관심 갖게 된 시기 — I started swimming when I was in middle school.
2. 가르쳐 준 사람 — My father taught me how to swim.
3. 계기/느낀 점 — One day, my family went to the beach for vacation. Everybody was having a good time swimming in the sea, but I didn't know how to swim, so I felt left out. Finally, I asked my father to teach me how to swim. He taught me how to do different kinds of strokes, and it was fun to learn how to swim.
4. 달라진 점 — Since I started swimming, I have become healthier and more fit.
5. 현재 상황 — Now, I swim only in summer because I am very busy but it is still my favorite hobby.

고득점 따기 TIP ▶
수영에 관심을 갖게 된 사건을 더욱 구체적으로 묘사해 보는 것도 좋습니다. 그 당시 느꼈던 기분이나 받은 인상들을 묘사해 봅니다.

STEP 4 나만의 답변

나만의 답변을 만들어 봅시다.

1. 관심 갖게 된 시기 — I started swimming _____
2. 가르쳐 준 사람 — _____ taught me how to swim.
3. 계기/느낀 점 — One day, _____
4. 달라진 점 — Since I started swimming, _____
5. 현재 상황 — Now, _____

고수의 답변 해석 | 저는 중학교 때, 처음 수영을 하게 되었습니다. 아버지께서 수영을 가르쳐 주셨습니다. 한 번은 가족과 함께 바닷가로 휴가를 떠났습니다. 모두가 바다에서 수영을 즐기고 있었지만, 저만 혼자 수영을 할 줄 몰라, 소외감을 느꼈습니다. 그래서 아버지에게 수영을 가르쳐 달라고 부탁했습니다. 아버지께서는 다양한 수영법을 알려 주셨고, 수영을 배우는 것이 즐거웠습니다. 수영을 시작한 이후로, 몸이 더욱 건강하고 튼튼해졌습니다. 요즘은 너무 바빠 여름에만 수영을 하게 되었지만, 수영은 여전히 제가 가장 좋아하는 취미입니다.

Q3 수영 중 문제를 해결한 경험

🎧 P1_13_Q3

Tell me about an experience that you've had when you had some problems while swimming. How did you overcome the problems?
수영을 하면서 문제가 있었던 경험을 말해 주세요. 그 문제들을 어떻게 해결했나요?

STEP 1 유형 분석하기

경험 이야기를 할 때는 어떤 것을 말해야 할까요?

경험 이야기하기 구성하기

1. 언제/무엇을
2. 계기
3. 문제 발생
4. 문제 해결
5. 결과/느낌

| 시기 |, I went to | 장소 | with | 사람 |.
| 수영을 하게 된 계기 |.
However, | 발생한 문제 설명 |.
| 문제 해결 방법 설명 |.
| 결과/느낌 |.

TIP ▸ 서론 – 육하원칙을 이용해서 수영하게 된 계기를 이야기하기
▸ 본론 – 발생한 문제와 해결 방법 제시하기
▸ 결론 – 당시 느꼈던 기분 및 결과로 이야기 마무리 짓기

STEP 2 표현 더하기

계기
I jumped into the water without any warming-up. 준비 운동 없이 물속에 뛰어들었다.
We were enjoying big waves. 큰 파도를 즐기고 있었다.
I hadn't drunk much water that day. 그날 물을 별로 안 마신 상태였다.

문제
I felt a sharp pain in my legs. 다리에 찌르는 듯한 통증을 느꼈다.
I got a cramp in my legs. 다리에 쥐가 났다. I couldn't move at all. 전혀 움직일 수가 없었다.
A big wave swept me away. 큰 파도에 쓸려갔다. I was nearly drowned. 물에 빠져 죽을 뻔 했다.
I lost one of my shoes in the water. 물속에서 신발 한 짝을 잃어버렸다.
I swallowed water while swimming. 나는 수영을 하면서 물을 너무 많이 마셨다.

해결 방법/결과
A lifeguard saved me. 안전 요원이 나를 구해 줬다.
My friend came and saved me. 친구가 와서 구해 줬다.
We searched the whole place but couldn't find it. 그곳을 다 뒤졌지만 찾을 수 없었다.
I always do some warming-up before swimming. 수영 전에는 항상 준비 운동을 한다.
I decided to learn how to swim. 수영을 배우기로 결심했다.

STEP 3 고수의 답변

1 언제/무엇을 — Last summer, I went to the beach with my friends for summer vacation.
2 계기 — As soon as we got there, we jumped into the water without any warming-up.
3 문제 발생 — However, I suddenly felt a sharp pain in my legs and couldn't move at all. I cried for help, but my friends couldn't hear me.
4 문제 해결 — I nearly drowned, but, luckily, a lifeguard saved me.
5 결과/느낌 — Since then, I always do some warming-up before swimming.

P1_13_Q3 answer

고득점 따기 TIP ▶
문제를 해결한 경험은 당시 기분이나 생각을 구체적으로 묘사하는 것이 좋습니다. 문제가 발생했을 때와 해결됐을 때의 당시 절박했던 느낌을 다양한 표현을 통해 생생히 묘사해 보세요.

STEP 4 나만의 답변

나만의 답변을 만들어 봅시다.

1 언제/무엇을 _____, I went to _____ with _____
2 계기 _____
3 문제 발생 However, _____
4 문제 해결 _____
5 결과/느낌 _____

고수의 답변 해석 | 지난여름, 친구들과 함께 해변으로 휴가를 떠났습니다. 그곳에 다다르자 마자 우리는 준비 운동도 하지 않은 채 물로 뛰어 들었습니다. 그런데 갑자기 다리에 통증이 느껴지더니, 움직일 수가 없게 되었습니다. 도와 달라고 소리쳤지만 친구들은 듣지 못했습니다. 거의 물에 빠져 죽을 뻔 했는데, 다행히도 안전 요원이 저를 구해 주었습니다. 그날 이후로, 저는 수영을 하기 전, 항상 준비 운동을 하게 되었습니다.

14 조깅/걷기
Jogging/Walking

| 오픽고수의 생생 Tip |

OPIc에서 운동을 선택할 때는 주로 개인적으로 할 수 있는 운동을 선택합니다. 축구, 야구, 배드민턴 같은 구기 종목은 규칙(rule)을 묘사해야 되는 유형이 포함되어 있어 더욱 답변이 어렵고 복잡해집니다. 조깅과 걷기는 비슷한 운동이기에 기본 표현법만 익혀 둔다면 두 가지 주제를 동시에 공략할 수 있습니다.

🎧 P1_14

| 빈출 문제 살펴보기 |

Q1 조깅[걷기] 하는 패턴 묘사 p.138 ▶ IM 풀이

You indicated in the survey you like to jog. When and where do you normally jog? What do you do in preparation for jogging? What do you do while jogging? How long do you jog for?

당신은 배경설문에서 조깅하는 것을 좋아한다고 했습니다. 언제, 어디에서 보통 조깅하나요? 조깅을 위해 어떤 것을 준비하나요? 조깅하면서 무엇을 하나요? 얼마나 오랫동안 조깅하나요?

Q2 조깅[걷기] 하는 장소 p.140 ▶ IM 풀이

Where do you usually go for jogging? Why do you like going there?

어디에서 주로 조깅을 하나요? 왜 그곳에 가는 것을 좋아하나요?

Q3 걸을[조깅할] 때 입는 옷 p.142 ▶ IM 풀이

When you take a walk what do you usually wear? Are there any reasons for wearing those clothes?

걸을 때 보통 무엇을 입나요? 그런 옷들을 입는 이유가 있나요?

Q4 조깅[걷기]에 관심을 갖게 된 계기 p.144 ▶ IM 풀이

When did you initially get into jogging? Did someone or something in particular get you interested in jogging? Tell me how you became interested in jogging with a lot of details.

언제 처음 조깅에 빠지게 되었나요? 특정 누군가 또는 무엇이 당신을 조깅에 관심 갖게 했나요? 조깅에 어떻게 관심을 갖게 됐는지 자세히 이야기해 주세요.

Q5 조깅하다가[걷다가] 겪은 경험 p.146 ▶ IM 풀이

Please describe a memorable experience you had while jogging, What happened? When and where did it occur? Who were you with?

조깅을 하는 동안 있었던 기억에 남는 경험을 묘사해 주세요. 어떤 일이 있었나요? 언제, 어디서 그 일이 있었나요? 누구와 있었나요?

Q1 조깅[걷기] 하는 패턴 묘사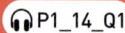

You indicated in the survey you like to jog. When and where do you normally jog? What do you do in preparation for jogging? What do you do while jogging? How long do you jog for?

당신은 배경설문에서 조깅하는 것을 좋아한다고 했습니다. 언제, 어디에서 보통 조깅하나요? 조깅을 위해 어떤 것을 준비하나요? 조깅하면서 무엇을 하나요? 얼마나 오랫동안 조깅하나요?

STEP 1 유형 분석하기

패턴 묘사는 어떻게 말해야 할까요?

패턴 묘사 구성하기

1. 장소/시기 — I usually jog at `장소 + 시기`.
2. 조깅 전 하는 일 — Before jogging, I make sure to `하는 일`.
3. 조깅 중에 하는 일 — While jogging, `하는 일`.
4. 조깅 시간 — I normally jog for `시간`.
5. 느낌 — I think jogging is a good way to stay healthy.

STEP 2 표현 더하기

조깅[걷기] 시기
almost every day 거의 매일   only in summer 여름에만
once or twice on weekends 주말에 한두 번
when the weather is good 날씨가 좋을 때

조깅[걷기] 장소
Han River Park 한강 공원   Olympic Park 올림픽 공원   a local park 동네 공원
around my neighborhood 동네 주변   on a track in a school 학교 운동장 트랙에서
along the river 강을 따라   on a treadmill 러닝머신에서

조깅[걷기] 전에 하는 일
stretch my muscles 근육 스트레칭을 하다   do some warming up 준비 운동을 하다
drink a glass of water 물을 한 잔 마시다   check the weather 날씨를 확인하다
put on[apply] sunblock 자외선 차단제를 바르다

조깅[걷기] 중에 하는 일
listen to music on my cell phone 휴대 전화로 음악을 듣다   run with my dog 개와 같이 뛰다

얼마나 조깅[걷기] 하는지
at least 30 minutes 최소 30분   more than 15 minutes 15분 이상
until I have no energy left 더 이상 힘이 없을 때까지

추가 표현
to get my daily exercise 매일 운동을 하기 위해   to stay healthy 건강을 유지하기 위해

STEP 3 고수의 답변

🔊 P1_14_01 answer

1	조깅 장소/시기	I usually jog at Olympic Park once or twice on weekends.
2	조깅 전에 하는 일	Before jogging, I make sure to stretch my muscles to avoid an injury.
3	조깅 중에 하는 일	While jogging, I listen to music on my cell phone because it makes my jogging more enjoyable.
4	조깅 시간	I normally jog for at least 30 minutes to get my daily exercise.
5	느낌	I think jogging is a good way to stay healthy.

고득점 따기 TIP ▸

고득점을 받기 위해서는 go jogging 외에 다양한 표현법을 익혀 사용해 봅시다.
조깅: to jog, to go for a jog, to go for a run, to run, to go running
걷기: to walk, to go for a walk, go walking, take a walk

STEP 4 나만의 답변

나만의 답변을 만들어 봅시다.

1	조깅 장소/시기	I usually jog at _____
2	조깅 전에 하는 일	Before jogging, I make sure to _____
3	조깅 중에 하는 일	While jogging, _____
4	조깅 시간	I normally jog for _____
5	느낌	I think jogging is a good way to stay healthy.

고수의 답변 해석 | 저는 주말마다 한두 번씩 올림픽 공원에서 조깅을 합니다. 조깅을 하기 전, 부상을 막기 위해 꼭 준비 운동을 합니다. 휴대 전화로 음악을 들으면서 조깅을 하는데, 그러면 조깅이 더욱 즐거워집니다. 저는 매일 적어도 30분간 조깅을 합니다. 조깅은 건강을 유지할 수 있는 좋은 방법인 것 같습니다.

14 조깅/걷기

PART 1

Q2 조깅[걷기] 하는 장소

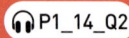 P1_14_Q2

Where do you usually go for jogging? Why do you like going there?
어디에서 주로 조깅을 하나요? 왜 그곳에 가는 것을 좋아하나요?

STEP 1 유형 분석하기

장소 묘사는 어떤 것을 말해야 할까요?

장소 묘사 구성하기
1 이름/위치
2 분위기
3 시설 (보이는 것)
4 느낌/의견

I often jog[walk] at 장소 .
It is 분위기 .
As soon as I enter 장소 , I can see 보이는 것 .
(또는) There is/are ~로 설명하면 됩니다.

I think it is a good place to (v) .

STEP 2 표현 더하기

조깅[걷기] 장소
the school ground near my house 집 근처의 학교 운동장 Olympic Park 올림픽 공원
jog up and down the street 위아래 길을 따라 조깅하다 my neighborhood 우리 동네
a local park 동네 공원 jog along the lake 호수를 따라 조깅하다 a gym 헬스장

분위기
quiet and peaceful 조용하고 평화로운 a family-like atmosphere 가족 같은 분위기
lively and noisy 활기차고 시끄러운

보이는 것
trees and flowers 나무와 꽃들 an artificial lake 인공 호수 joggers 조깅하는 사람들
benches 벤치 a water fountain 분수식 식수대 a nice café 좋은 카페
a jogging track 조깅 트랙 a walking path 산책로 exercise equipment 운동 기구
people who enjoy their picnic 피크닉을 즐기는 사람들
people who exercise hard 열심히 운동하는 사람들 children 아이들

STEP 3 고수의 답변

1 이름/위치 — As I've already said, I often jog at Olympic Park.
2 분위기 — The park is always quiet and peaceful. So, it's nice to exercise there.
3 보이는 것 — As soon as I enter the park, I can see a big artificial lake. I usually jog along the lake with my friend. Also, there is a nice café in the park. So, we usually have coffee at the café after jogging.
4 느낌/의견 — Overall, I think it is a good place to jog.

P1_14_Q2 answer

고득점 따기 TIP ▶
조깅과 걷기를 하는 장소도 공원이나 해변으로 선정해 놓는다면 장소 묘사를 따로 준비하지 않아도 됩니다.

STEP 4 나만의 답변

나만의 답변을 만들어 봅시다.

1 이름/위치 — As I've already said, I often jog at _____

2 분위기 — The park is _____

3 보이는 것 — As soon as I enter the park, I can see _____

4 느낌/의견 — Overall, I think it is a good place to jog.

고수의 답변 해석 | 앞서 말했듯이, 저는 종종 올림픽 공원에서 조깅을 합니다. 그곳은 언제나 조용하고 평화로워 운동하기에 좋습니다. 공원에 들어서면 큰 인공 호수가 보이는데, 친구와 함께 그 주변을 따라 조깅을 합니다. 그리고 공원 안에는 멋진 카페가 있어, 우리는 조깅을 마치고 그곳에서 커피를 마십니다. 전반적으로 볼 때, 올림픽 공원은 조깅을 하기에 좋은 곳입니다.

Q3 걸을[조깅할] 때 입는 옷

동영상 강의

When you take a walk, what do you usually wear? Are there any reasons for wearing those clothes?
걸을 때 보통 무엇을 입나요? 그런 옷들을 입는 이유가 있나요?

STEP 1 유형 분석하기

사물 묘사는 어떻게 아이디어를 구상할까요?

사물 묘사 구성하기
1 서론
2 걸을 때 입는 옷
3 느낌/의견

Actually, I don't care about what I wear when I go for a walk.
I wear 산책할 때 입는 옷 .
It is always important to dress comfortably when exercising.

TIP ▶ 옷 외에도 신발 및 모자도 같이 묘사하기
　　　▶ 평상시에 입는 옷과 날씨가 안 좋을 때 입는 옷을 구분 지어 이야기하기
　　　▶ 자신의 생각 또는 의견을 마지막에 언급하기

STEP 2 표현 더하기

걸을 때 입는 옷/신발/모자
comfortable clothes 편안한 옷　a T-shirt 티셔츠　shorts 반바지　pants 바지
running shoes 러닝화　a sweatshirt 약간 두터운 운동복　sweatpants 트레이닝 바지
a cap 모자　a scarf 목도리　a hoodie 후드 달린 상의　a singlet 러닝셔츠
a jacket 재킷　a windbreaker 바람막이 재킷

추가 표현

dress comfortably 편하게 입다　as well ~도　if the weather is cold 날씨가 추우면
comfortable 편안한　dress according to the weather 날씨에 맞게 옷을 입다
wear appropriate clothes 적절한 옷을 입는다
apply sunblock to protect my skin from the sun
햇빛으로부터 피부를 보호하기 위해 자외선 차단제를 바르다
bring an MP3 player to listen to music 음악을 듣기 위해 MP3 플레이어를 가져가다
bring a bottle of water to drink 마실 물통을 가져가다
bring a towel to wipe the sweat 땀 닦을 수건을 가져가다

STEP 3 고수의 답변

1	서론	Actually, I don't care about what I wear when I go for a walk.
2	걸을 때 입는 옷	I wear a t-shirt, shorts, and comfortable running shoes. However, if the weather is cold, I wear a windbreaker as well.
3	느낌/의견	It is always important to dress comfortably when exercising.

P1_14_Q3 answer

고득점 따기 TIP
- 고득점을 받기 위해서는 옷이나 신발 외에도 MP3 플레이어나 물병, 수건 등 함께 가지고 가는 물건을 이유와 함께 추가적으로 언급하는 것이 좋습니다.
- '날씨가 더울 때는 피부 보호를 위해 자외선 차단제를 바른다' 같은 간단한 준비 과정도 함께 말하도록 합니다.

STEP 4 나만의 답변

나만의 답변을 만들어 봅시다.

1	서론	Actually, I don't care about what I wear when I go for a walk.
2	걸을 때 입는 옷	I wear _____ However, if the weather is _____
3	느낌/의견	It is always important to dress comfortably when exercising.

고수의 답변 해석 | 사실, 저는 산책을 할 때 복장을 그다지 신경 쓰지 않습니다. 티셔츠와 반바지, 그리고 편안한 운동화를 착용합니다. 그러나 날씨가 추워지면, 바람막이 재킷을 함께 걸칩니다. 운동을 할 때에는, 언제나 편안한 복장을 하는 것이 중요합니다.

Q4 조깅[걷기]에 관심을 갖게 된 계기 🎧 P1_14_Q4

When did you initially get into jogging? Did someone or something in particular get you interested in jogging? Tell me how you became interested in jogging with a lot of details.

언제 처음 조깅에 빠지게 되었나요? 특정 누군가 또는 무엇이 당신을 조깅에 관심 갖게 했나요? 조깅에 어떻게 관심을 갖게 됐는지 자세히 이야기해 주세요.

STEP 1 유형 분석하기

관심을 갖게 된 계기는 어떻게 말할까요?

계기 구성하기
1. 관심 갖게 된 시기
2. 계기/느낀 점
3. 달라진 점
4. 현재 상황

I started jogging when I was 시기 .
One day, 계기 + 느낀 점 .
Since I started jogging, 달라진 점 .
Now, 현재 상황 .

STEP 2 표현 더하기

관심 갖게 된 시기

when I was in middle school 중학교 때 when I was in my teens 십 대 일 때
when I was ten 열 살 때 ten years ago 십 년 전에 when I was in college 대학에 다닐 때
last year 작년에

계기

I realized I was gaining weight. 살이 찌고 있다는 것을 알게 되었다.
I decided to get in shape. 건강해지기로 결심했다.
I wanted to lose weight. 살을 빼고 싶었다.
My friend asked me to jog together. 친구가 같이 조깅하자고 제안했다.
I felt sick and my doctor told me to exercise. 몸이 약해 의사가 운동을 하라고 권했다.
for fun 재미 삼아 to stay young 젊음을 유지하기 위해 to stay healthy 건강을 유지하기 위해

STEP 3 고수의 답변

1. 관심 갖게 된 시기   I started jogging when I was in middle school.
2. 계기/느낀 점   One day, I realized I was gaining weight, so I started jogging at my local park. It helped me lose weight, and I felt it gave me more energy.
3. 달라진 점   Since I started jogging, I became healthier.
4. 현재 상황   Now, I jog once a week because I am very busy, but it is still my favorite hobby.

P1_14_Q4 answer

고득점 따기 TIP ▶
조깅과 걷기를 하는 장소도 공원이나 해변으로 선정해 놓는다면 장소 묘사를 따로 준비하지 않아도 됩니다.

STEP 4 나만의 답변

나만의 답변을 만들어 봅시다.

1. 관심 갖게 된 시기   I started jogging
2. 계기/느낀 점   One day,

3. 달라진 점   Since I started jogging,

4. 현재 상황   Now, I jog

고수의 답변 해석 | 저는 중학교 때 처음 조깅을 시작했습니다. 어느 날, 너무 살이 찌는 것 같아 근처 공원에서 조깅을 하기 시작했습니다. 체중을 감량하는 데 도움이 되었고, 더 활기찬 느낌이 들었습니다. 조깅을 하면서부터 더욱 건강해졌습니다. 이제는 너무 바빠 일주일에 한 번 조깅을 하지만 여전히 좋아합니다.

Q5 조깅하다가[걷다가] 겪은 경험

🎧 P1_14_Q5

Please describe a memorable experience you had while jogging. What happened? When and where did it occur? Who were you with?
조깅을 하는 동안 있었던 기억에 남는 경험을 묘사해 주세요. 어떤 일이 있었나요? 언제, 어디서 그 일이 있었나요? 누구와 있었나요?

STEP 1 유형 분석하기

경험 이야기를 할 때는 어떤 것을 말해야 할까요?

경험 이야기하기 구성하기

1. 언제/어디서/누구와
2. 한 일
3. 사건/느낌
4. 현재 상황/결과

시기 , I went jogging at 장소 with 사람 .
했던 일 .
일어났던 사건 .
결과 설명 .

TIP ▸ 항상 과거시제를 사용하되, 그때의 일을 생생감 있게 표현하고 싶다면 과거진행형 사용하기
▸ 육하원칙을 기본으로 이야기 꾸미기 (언제/어디서/누구와/무엇을/결과)

STEP 2 표현 더하기

한 일/사건

jogged without a warm-up exercise. 준비 운동을 하지 않고 조깅했다
didn't stretch my muscles 근육 스트레칭을 하지 않았다
had a cramp in my legs. 다리에 쥐가 났다
couldn't enjoy jogging because of a heavy rain 비가 많이 와서 조깅을 즐길 수 없었다
met an old friend while jogging 조깅하다가 옛 친구를 만났다
met my ex-boyfriend[ex-girlfriend] 전 남자 친구(전 여자 친구)를 만났다
fell over and hurt one's leg 넘어져서 다리를 다쳤다

현재 상황/결과

always do some warming up before jogging 조깅 전에 항상 준비 운동을 하다
always check the weather before jogging 조깅 전에 항상 날씨를 확인하다
always put on light make-up before jogging 조깅 전에 가벼운 화장을 하다
never go to the park for jogging 조깅하러 그 공원에는 절대 안 가다

STEP 3 고수의 답변

1 **언제/어디서/누구와** Last week, I went jogging at Olympic Park with my best friend.
2 **한 일** As soon as we got there, we jogged for 30 minutes without a warm-up exercise.
3 **사건/느낌** Suddenly my friend screamed and fell over. I was scared, and I took her to a nearby clinic. The doctor said she had a cramp in her legs because she didn't stretch her muscles. As a result, she couldn't run for a week.
4 **현재 상황/결과** Since then, we always do some warming up before jogging.

P1_14_05 answer

고득점 따기 TIP ▶
당시 기분을 생생하게 묘사해 봅시다. 실망했다거나 무서웠거나 기뻤던 감정들을 여러 가지 형용사와 부사를 이용해 묘사한다면 듣는 사람이 이야기를 더욱 생생하게 느낄 수 있습니다.

STEP 4 나만의 답변

나만의 답변을 만들어 봅시다.

1 **언제/어디서/누구와** _____, I went jogging at _____ with _____
2 **한 일**
3 **사건/느낌**
4 **현재 상황/결과**

고수의 답변 해석 ▎ 지난주, 가장 친한 친구와 함께 올림픽 공원으로 조깅을 하러 갔습니다. 공원에 가자마자, 우리는 준비 운동도 없이 30분간 조깅을 했습니다. 갑자기 친구가 소리를 지르더니 넘어지는 것이었습니다. 저는 너무 놀라 그녀를 데리고 근처 병원으로 갔습니다. 의사가 말하길, 그녀가 준비 운동도 없이 운동을 시작해 다리에 경련이 있었다는 것입니다. 그로 인해 그녀는 일주일간 달릴 수 없었습니다. 그날 이후, 우리는 조깅을 하기 전에 꼭 준비 운동을 합니다.

15 헬스

Gym

| 오픽고수의 생생 Tip |

OPIc에서 운동에 관련된 항목들은 주로 개인적으로 할 수 있는 운동을 선택합니다. 비슷하게 답변을 응용하며 문장을 사용할 수 있기 때문에 답변을 더 쉽게 구성할 수 있습니다.

헬스장에 한 번도 가 본 적이 없다 해도 보편적으로 헬스장이 어떻게 생겼는지 알고 있다면 충분히 답변할 수 있는 항목입니다.

요즘은 돌발 질문으로 '헬스'에 관련된 질문이 나오기도 하기 때문에 미리 배경설문에서 선택하면 돌발 질문은 피할 수 있습니다.

🎧 P1_15

| 빈출 문제 살펴보기 |

Q1 자주 가는 헬스장 묘사   p.150 ▶ IM 풀이

You indicated in the survey that you like to work-out at a gym. Can you describe a gym you often go to? Where is it located? What does it look like? Please tell me in detail.

당신은 배경설문에서 운동하러 헬스장에 간다고 했습니다. 당신이 자주 가는 헬스장에 대해 설명해 줄 수 있나요? 어디에 있나요? 어떻게 생겼나요? 자세히 말해 주세요.

Q2 헬스장에서의 일상   p.152 ▶ IM 풀이

What is your typical day at a gym? What kind of exercise do you like to do at the gym? Please tell me everything you do from the beginning to the end.

헬스장에서의 일상은 무엇인가요? 어떤 종류의 운동을 즐겨 하나요? 처음부터 끝까지 자세히 설명해 주세요.

Q3 헬스장에서 기억에 남는 경험   p.154 ▶ IM 풀이

Can you describe your memorable experience while working-out at a gym? When and where did it happen? Who were you with? Give me a full story of your experience at a gym.

헬스장에서 운동하다가 일어났던 기억에 남는 경험에 대해 묘사해 줄 수 있나요? 언제, 어디서 일어났나요? 누구와 함께 있었나요? 헬스장에서의 경험을 자세히 다 말해 주세요.

Q1 자주 가는 헬스장 묘사

 P1_15_Q1

You indicated in the survey that you like to work-out at a gym. Can you describe a gym you often go to? Where is it located? What does it look like? Please tell me in detail.

당신은 배경설문에서 운동하러 헬스장에 간다고 했습니다. 당신이 자주 가는 헬스장에 대해 설명해 줄 수 있나요? 어디에 있나요? 어떻게 생겼나요? 자세히 말해 주세요.

STEP 1 유형 분석하기

장소 묘사는 어떤 것을 말해야 할까요?

장소 묘사 구성하기

1 이름/위치   I often go to 헬스장 located in 도시/장소 .
2 분위기   장소 is 분위기 .
3 보이는 것   As soon as I enter 장소 , I can see 보이는 것 .
                (또는) There is/are ~로 설명하면 됩니다.
4 느낌   I think it is a good place to (v) .

STEP 2 표현 더하기

헬스장 분위기

quiet 조용한 clean 깨끗한 small 작은 large 큰 bright 밝은 dark 어두운
comfortable 쾌적한, 편안한 warm 따뜻한 huge 거대한 crowded 복잡한, 붐비는

헬스장 시설 (보이는 것)

exercise equipment 운동 기구 treadmills 러닝머신 stationary bicycles (실내) 운동용 자전거
weight-lifting equipment 근육 운동 기구 dumbbells 아령 punching bags 샌드백
locker rooms 탈의실 shower stalls[rooms] 샤워실 mats for yoga 요가용 매트
stretching mats 스트레칭 매트

추가 표현

on the left side of the gym 헬스장 왼쪽에
on the right side of the gym 헬스장 오른쪽에
on the other side of the gym 헬스장 다른 쪽에는
right in front of the entrance 헬스장 입구 바로 앞쪽에는

STEP 3 고수의 답변

1	헬스장 이름/위치	I often go to iGym near my house. It takes about 10 minutes from my house.
2	헬스장 분위기	This place is large and crowded with people who exercise.
3	헬스장 시설 (보이는 것)	As soon as I enter the gym, I can see exercise equipment such as treadmills, stationary bicycles, and weight-lifting equipment. On the other side of the gym, there are other facilities like locker rooms and shower stalls. Also, I can see people exercising hard and personal trainers at the gym.
4	느낌	I think it is a good place to work out.

🎧 P1_15_01 answer

고득점 따기 TIP ▶
- such as/like 을 사용해서 자세히 어떤 운동 기구들이 있는지 설명해 주세요.
- 고득점을 받기 위해서는 헬스장 안에서 보이는 기구만 묘사하는 것보다는 그 주변에 보이는 사람들의 행동이나 주위 환경을 함께 묘사하는 것이 좋습니다.

STEP 4 나만의 답변

나만의 답변을 만들어 봅시다.

1	헬스장 이름/위치	I often go to _____ near my house. It takes about _____ from my house.
2	헬스장 분위기	This place is _____
3	헬스장 시설 (보이는 것)	As soon as I enter _____ I can see _____ On the other side of the gym, _____ Also, I can see _____
4	느낌	I think it is a good place to work out.

고수의 답변 해석 | 저는 종종 집에서 10분 정도 거리에 있는 iGym에 갑니다. 그곳은 넓고, 운동하는 사람들로 북적입니다. 헬스장에 들어서면, 러닝머신과 실내용 자전거, 근력 운동 장비 등과 같은 운동 기구들이 보입니다. 다른 한편에는, 탈의실과 샤워실 같은 편의 시설들이 있습니다. 그리고 개인 트레이너와 함께 열심히 운동을 하는 사람들도 보입니다. 그곳은 운동을 하기에 적합한 장소인 것 같습니다.

Q2 헬스장에서의 일상

What is your typical day at a gym? What kind of exercise do you like to do at the gym? Please tell me everything you do from the beginning to the end.
헬스장에서의 일상은 무엇인가요? 어떤 종류의 운동을 즐겨 하나요? 처음부터 끝까지 자세히 설명해 주세요.

STEP 1 유형 분석하기

활동 묘사를 이야기할 때는 어떤 것을 말해야 할까요?

활동 묘사 구성하기
1 자주 가는 장소
2 주로 하는 행동
3 느낌

I often go to 장소 near my house.
It takes about 시간 from my house.
As soon as I arrive at a gym, 주로 하는 활동 묘사 .
I think exercising is a good way to stay healthy.

TIP ▸ 현재시제 사용하기
　　▸ 다양한 표현법 사용하기

STEP 2 표현 더하기

한 일/사건
change clothes in the locker room 탈의실에서 옷을 갈아입다
stretch before exercising 운동 전에 스트레칭을 하다

운동 중 하는 일
practice yoga 요가를 하다　exercise to strengthen muscles 근육 운동을 하다
do cardio exercise 유산소 운동을 하다　run on a treadmill 러닝머신에서 뛰다
walk on a treadmill 러닝머신에서 걷다　lift dumbbells 아령을 들다
do weight training 웨이트 트레이닝을 하다　do aerobic exercise 에어로빅을 하다
ride a bicycle 자전거를 타다　take a quick break 잠깐 쉬다　drink water 물을 마시다

STEP 3 고수의 답변

1 자주 가는 헬스장   I often go to iGym near my house. It takes about 10 minutes on foot from my house.

2 주로 하는 행동   As soon as I arrive at a gym, I change clothes in the locker room, and then, I stretch before exercise. I usually do cardio exercise. For example, I run on a treadmill to lose weight and burn calories quickly. Also, I ride a stationary bicycle to strengthen my leg muscles. Sometimes, I do weight-lifting.

3 느낌   I think exercising is a good way to stay healthy.

고득점 따기 TIP ▶
헬스장에서 딱히 하는 일이 없다고 해도 답변이 너무 짧아지면 점수 획득에 영향이 있을 수도 있으므로 공부한 표현법을 다양하게 충분히 사용해야 합니다.

STEP 4 나만의 답변

나만의 답변을 만들어 봅시다.

1 자주 가는 헬스장   I often go to _____ near my house. It takes about _____ from my house.

2 주로 하는 행동   As soon as I arrive at a gym, _____
_____
_____
_____
_____

3 느낌   I think exercising is a good way to stay healthy.

고수의 답변 해석 | 저는 종종 집 근처의 iGym에 가는 데 걸어서 10분 정도 걸립니다. 체육관에 들어서면, 탈의실에서 옷을 갈아입고, 운동하기 전, 스트레칭을 합니다. 주로 유산소 운동을 하는데, 빠르게 지방을 연소시키기 위해 러닝머신에서 뜁니다. 그리고 근육 강화를 위해 자전거 타기도 합니다. 가끔은 근력 운동을 하기도 합니다. 건강을 위해선 운동이 좋은 것 같습니다.

Q3 헬스장에서 기억에 남는 경험

🎧 P1_15_Q3

Can you describe your memorable experience while working-out at a gym? When and where did it happen? Who were you with? Give me a full story of your experience at a gym.

헬스장에서 운동하다가 일어났던 기억에 남는 경험에 대해 묘사해 줄 수 있나요? 언제, 어디서 일어났나요? 누구와 함께 있었나요? 헬스장에서의 경험을 자세히 다 말해 주세요.

STEP 1 유형 분석하기

경험 이야기를 할 때는 어떤 것을 말해야 할까요?

경험 이야기하기 구성하기
1 시기
2 분위기
3 일어났던 일
4 느낌

`시기`, I went to a gym near my house to exercise. On that day, the gym was `그날의 분위기`. As soon as I arrive at a gym, `있었던 일`. `그날의 느낌 설명`.

TIP
- 육하원칙을 이용해서 빠짐없이 모든 질문에 대답하기
- 특별한 경험이 아니어도 좋으니 그날 한 활동들을 시간의 흐름에 따라서 순서대로 묘사하기
- 과거 시제를 잊지 말고 꼭 사용하기

STEP 2 표현 더하기

헬스장에서 있었던 경험

I fell off the treadmill. 러닝머신에서 떨어졌다.

I dropped a heavy dumbbell on my phone by mistake.
실수로 내 휴대 전화 위에 아령을 떨어뜨렸다.

I met my high school friend at a gym. 헬스장에서 고등학교 때 친구를 만났다.

I found out the personal trainer was my high school friend.
나의 개인트레이너가 고등학교 친구였다는 사실을 알았다.

I did too much exercise so I felt faint. 운동을 너무 심하게 해서 현기증이 났다.

STEP 3 고수의 답변

1	시기	Last week, I went to a gym near my house alone to exercise.
2	분위기	On that day, the gym was quiet, and there were not many people exercising.
3	일어났던 일	As soon as I arrived at the gym, I stretched before exercising. And then, I started running on a treadmill. When I was running, I saw a handsome personal trainer who had a nice body. I wanted to talk to him, but I was too shy. So, I focused on running again.
4	느낌	Even though I couldn't talk to him, it was a great day at a gym.

고득점 따기 TIP ›
특별한 이야기를 억지로 꾸며서 하는 것보다는 실제로 있었던 일을 자연스럽게 꾸며서 이야기하면 좋습니다.

STEP 4 나만의 답변

나만의 답변을 만들어 봅시다.

1	시기	_____, I went to a gym near my house _____ to exercise.
2	분위기	On that day, the gym was _____
3	일어났던 일	As soon as I arrived at the gym, _____
4	느낌	_____

고수의 답변 해석 | 지난주에, 집 근처의 헬스장에 혼자 운동을 하러 갔습니다. 그날, 헬스장은 조용했고, 운동하는 사람이 별로 없었습니다. 헬스장에 도착해서 운동을 하기 전, 스트레칭을 시작했습니다. 그리고 러닝머신에서 뛰기 시작했습니다. 한참을 뛰고 있는데, 정말 멋진 몸을 가진 개인 트레이너를 보게 되었습니다. 그와 이야기를 나누고 싶었지만, 너무 부끄러워 그냥 달리기에만 열중했습니다. 말 한마디 하지 못했지만, 즐거운 하루였습니다.

16

집에서 보내는 휴가

Vacations at home

| 오픽고수의 생생 Tip |

집에서 휴가를 보내며 하는 활동들, 있었던 경험들을 이용해 주말이나 여가 시간에 하는 활동이나 관련 경험을 물어보는 돌발 질문도 같이 공략하도록 합니다.
거주지 문항의 '가족과 함께 거주' 선택 시 나오는 '집안일' 질문에서 배웠던 표현법을 함께 사용하면 더욱 쉽게 이야기할 수 있습니다.

🎧 P1_16

| 빈출 문제 살펴보기 |

Q1 집에서 휴가를 보내는 이유/활동   p.158 ▶ IM 풀이

You indicated in the survey that you like to stay home for vacation. Why do you like to stay home during a vacation? What kind of activities do you usually do at home?

당신은 배경설문에서 집에서 휴가 보내는 것을 좋아한다고 했습니다. 왜 휴가 때 집에 있기를 좋아하나요? 집에서 어떤 활동들을 하나요?

Q2 집에서 함께 시간을 보내는 사람   p.160 ▶ IM 풀이

When you spend time at home, who do you usually invite to your house? What do you usually do and why do you like to spend time together?

집에서 시간을 보낼 때, 보통 누구를 집에 초대하나요? 주로 무엇을 하며, 왜 같이 시간 보내는 것을 좋아하나요?

Q3 집에서 보낸 기억에 남는 휴가

Please describe a memorable experience when you stayed home for vacation. What did you do and who were you with? Why is it so memorable?

집에서 휴기를 보낼 때 있었던 기억에 남는 경험을 이야기해 주세요. 무엇을 했으며 누구와 있었나요? 왜 기억에 남나요?

Q4 최근 집에서 휴가를 보낸 경험   p.162 ▶ IM 풀이

Tell me about the last time you stayed at home for vacation. When was it? What did you do? Who were you with?

마지막으로 집에서 휴가를 보낸 경험에 대해 말해 주세요. 언제였나요? 무엇을 했나요? 누구와 있었나요?

Q1 집에서 휴가를 보내는 이유/활동

동영상 강의

You indicated in the survey that you like to stay home for vacation. Why do you like to stay home during a vacation? What kind of activities do you usually do at home?

당신은 배경설문에서 집에서 휴가 보내는 것을 좋아한다고 했습니다. 왜 휴가 때 집에 있기를 좋아하나요? 집에서 어떤 활동들을 하나요?

STEP 1 유형 분석하기

활동 묘사를 이야기할 때는 어떤 것을 말해야 할까요?

활동 묘사 구성하기
1. 집에서 보내는 이유
2. 집에서 하는 활동
3. 느낌

I like to spend my vacation at home because 이유 . When I stay home, I usually 주로 하는 활동 . I think spending time at home is a good way to enjoy my vacation.

TIP ▶ 현재시제 사용하기
▶ 평범한 일상이라도 구체적으로 묘사하기

STEP 2 표현 더하기

집에서 보내는 이유

I can have a good rest. 푹 쉴 수 있다.
I can save a lot of money. 많은 돈을 아낄 수 있다.
I can eat my mom's homemade food. 엄마가 만든 집밥을 먹을 수 있다.
I am usually low on funds and time. 나는 그다지 자금과 시간이 많지 않다.
I don't really have lots of time to get away. 여행 갈 시간이 별로 없다.
I can avoid many stressors of travelling like jet lag and lost luggage.
시차나 짐을 잃어버리는 것 같은 여행의 많은 스트레스 요인들을 피할 수 있다.
I can spend my time with my family. 가족과 함께 시간을 보낼 수 있다.

집에서 하는 활동

watch TV all day long 하루 종일 TV 보기 catch up on ~ 밀린 ~을 하다
do housework 집안일을 하다 play computer games 컴퓨터 게임을 하다
surf the internet 웹서핑하다 listen to music 음악을 듣다
enjoy online shopping 온라인 쇼핑을 즐기다
watch reruns of my favorite TV shows 좋아하는 TV 프로그램의 재방송을 보다
make my favorite dishes 좋아하는 음식을 만들다 read a book 책을 읽다
play the piano 피아노를 치다

STEP 3 고수의 답변

P1_16_Q1 answer

1 집에서 보내는 이유   I like to spend my vacation at home because I can spend time with my family and I can eat my mom's homemade food. Also, I don't get long vacations, so I don't have lots of time to get away.

2 집에서 하는 활동   When I stay home, I usually watch TV all day long and have a good rest. I try to catch up on all the reruns of my favorite TV shows. In addition, I surf the Internet and enjoy online shopping.

3 느낌   I think spending time at home is a good way to enjoy my vacation.

고득점 따기 TIP
- 활동을 나열하기보다는 설명이나 예시를 통해 구체적으로 활동을 묘사해 봅시다.
- 특별히 집에서 휴가를 보내는 이유가 없다면 여행을 가지 못하는 이유를 제시해 보거나 이런 활동을 할 수 있어서 좋다고 활동을 자연스럽게 이유로 제시해 봅시다.

STEP 4 나만의 답변

나만의 답변을 만들어 봅시다.

1 집에서 보내는 이유   I like to spend my vacation at home because _____

2 집에서 하는 활동   When I stay home, I usually _____

In addition, _____

3 느낌   I think spending time at home is a good way to enjoy my vacation.

고수의 답변 해석 | 저는 가족과 함께 시간을 보내고 엄마가 직접 해 주시는 음식을 먹을 수 있어, 집에서 휴가를 보내는 것을 좋아합니다. 게다가 휴가 기간이 길지 않아, 멀리 여행할 수 있는 시간이 부족합니다. 집에 있을 때면, 주로 하루 종일 TV를 보며 휴식을 취합니다. 그동안 밀린 프로그램을 모두 시청하기도 하고, 인터넷 서핑과 쇼핑을 즐기기도 합니다. 집에서 시간을 보내는 것도 휴가를 즐기는 좋은 방법인 것 같습니다.

Q2 집에서 함께 시간을 보내는 사람

🎧 P1_16_Q2

When you spend time at home, who do you usually invite to your house? What do you usually do and why do you like to spend time together?
집에서 시간을 보낼 때, 보통 누구를 집에 초대하나요? 주로 무엇을 하며, 왜 같이 시간 보내는 것을 좋아하나요?

STEP 1 유형 분석하기

이유 및 활동은 어떻게 말해야 할까요?

이유/활동 구성하기

1. 부르는 사람
2. 이유 1
3. 이유 2
4. 같이하는 활동
5. 느낌

I usually invite 부르는 사람 when I spend time at home.
This is because is 이유 1 .
Also, 이유 2 .
So, when we spend time together at home, 같이하는 활동 .
I think spending time at home is a good way to enjoy my vacation.

STEP 2 표현 더하기

같이하는 활동

play computer games together 컴퓨터 게임을 같이하다
prepare a meal together 식사를 같이 준비하다
catch up over coffee or tea 커피나 차를 마시며 회포를 풀다
watch TV all day long together 하루 종일 TV를 같이 보다
watch our favorite TV shows together 좋아하는 TV 프로그램을 같이 보다
study for the final exam together 기말고사를 같이 공부하다
have a conversation 대화를 나누다
do homework together 함께 숙제를 하다
make dishes together 함께 음식을 만들다
play musical instruments together 함께 악기를 연주하다
sing songs together 함께 노래 부르다

STEP 3 고수의 답변

1	부르는 사람	I usually invite my best friend, Jenny when I spend time at home.
2	이유 1	This is because she lives near my house.
3	이유 2	Also, we have similar taste in many things. For example, we both like Korean TV dramas.
4	같이하는 활동	So, when we spend time together at home, we usually watch our favorite TV shows and catch up over coffee or tea.
5	느낌	I think spending time at home is a good way to enjoy my vacation.

P1_16_Q2 answer

고득점 따기 TIP ▶
- 또 다른 방문자를 언급하면서 그 사람과 하는 다른 활동들도 이야기해 봅니다.
- 만약 방문자가 없다면 Actually, no one visits my house and there's a reason for this. 라고 하면서 방문자가 없는 이유도 밝힙니다. 혼자 하면 좋은 활동들을 구체적으로 묘사해 봅니다.

STEP 4 나만의 답변

나만의 답변을 만들어 봅시다.

1	부르는 사람	I usually invite _____ when I spend time at home.
2	이유 1	This is because _____
3	이유 2	Also, _____
4	같이하는 활동	So, when we spend time together at home, _____
5	느낌	I think spending time at home is a good way to enjoy my vacation.

고수의 답변 해석 | 저는 집에 있을 때 주로 친한 친구 Jenny를 부릅니다. 그녀가 근처에 살기 때문입니다. 그리고 우리는 취향이 비슷한데, 둘 다 한국 드라마 보는 것을 좋아합니다. 그래서 집에 함께 있을 때면, 좋아하는 프로그램을 보거나, 커피 또는 차를 마시며 회포를 풉니다. 집에서 시간을 보내는 것도 휴가를 즐기는 좋은 방법인 것 같습니다.

Q4 최근 집에서 휴가를 보낸 경험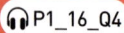

Tell me about the last time you stayed at home for vacation. When was it? What did you do? Who were you with?
마지막으로 집에서 휴가를 보낸 경험에 대해 말해주세요. 언제였나요? 무엇을 했나요? 누구와 있었나요?

STEP 1 유형 분석하기

최근 경험은 어떻게 말해야 할까요?

경험 묘사 구성하기
1 일어난 시기
2 방문한 사람
3 집에서 있었던 일
4 느낌

The last time I stayed home for vacation was 시기 .
I invited 방문한 사람 .
 있었던 일 1 and 있었던 일 2 .
It was a great vacation at home with my best friend.

STEP 2 표현 더하기

휴가 시기
last month 지난달 a month ago 한 달 전 two weeks ago 2주 전
several months ago 몇 달 전

같이 한 활동
cooked dishes 요리했다 had a nice dinner 멋진 저녁 식사를 했다
talked over coffee and cake 커피와 케이크를 먹으며 얘기를 했다
invited my friend to have a party 파티를 하려고 친구를 초대했다
watched our favorite TV programs 우리가 좋아하는 TV 프로그램을 봤다
had a conversation about work 일에 관련된 대화를 했다
watched a movie on TV TV로 영화를 봤다
laughed a lot all the way through the movie 영화를 보는 내내 엄청 웃었다
played musical instruments 악기를 연주했다
sang our favorite songs 우리가 좋아하는 노래를 불렀다

STEP 3 고수의 답변

1 일어난 시기 — The last time I stayed home for vacation was a month ago.
2 방문한 사람 — I invited my best friend to my house for dinner because we hadn't seen each other for quite a while.
3 집에서 있었던 일 — I cooked some dishes for her and we had a nice dinner together. After dinner, we talked over coffee and cake.
4 느낌 — It was a great vacation at home with my best friend.

고득점 따기 TIP ▸
과거진행형 및 과거완료형을 같이 쓰면서 더욱 생생하게 묘사해 봅니다.
Ex) While we were having dinner, we talked about how we were doing and what we were up to these days.
저녁을 먹으며 우리가 어떻게 지내고 있으며 요즘 무엇을 하고 지내는지 이야기했다.

STEP 4 나만의 답변

나만의 답변을 만들어 봅시다.

1 일어난 시기 — The last time I stayed home for vacation was _____
2 방문한 사람 — I invited _____
3 집에서 있었던 일 — _____
4 느낌 — It was a great vacation at home with _____

고수의 답변 해석 | 최근에 집에서 휴가를 보냈던 것은 한 달 전입니다. 오랫동안 보지 못한 가장 친한 친구를 저녁 식사에 초대했습니다. 그녀를 위해 음식을 만들었고 함께 즐거운 저녁 식사를 했습니다. 식사를 마친 후, 우리는 커피와 케이크를 먹으며 이야기를 했습니다. 가장 친한 친구와 함께 집에서 보낸 즐거운 휴일이었습니다.

17 국내여행/해외여행

Travel

| 오픽고수의 생생 Tip |

국내여행지와 해외여행지를 비슷한 곳으로 선택해서 한꺼번에 준비하는 것이 시간을 절약하는 방법입니다. 특히 여가 활동 항목 중 하나인 '해변 가기'를 겨냥해 해변이 있는 곳으로 여행지를 준비한다면 더욱 효율적으로 답변을 구성할 수 있습니다.

🎧 P1_17

| 빈출 문제 살펴보기 |

Q1 국내여행지 묘사 p.166 ▶ IM 풀이

You indicated in the survey that you like to travel domestically. Which place do you like to travel to in your country? Why do you like that place?

당신은 배경설문에서 국내여행을 좋아한다고 했습니다. 당신 나라에서 어떤 장소로 여행 가기를 좋아하나요? 그 장소가 왜 좋은가요?

Q2 기억에 남는 여행 경험 p.168 ▶ IM 풀이

Can you tell me about the most memorable trip that you've ever taken? Why was it so unforgettable to you?

가장 기억에 남는 여행에 대해 말해 줄 수 있나요? 왜 그렇게 잊지 못할 만했나요?

Q3 해외여행에서 하는 활동들 p.170 ▶ IM 풀이

What activities do you like to do when you take an overseas trip? Discuss the activities you like to do when on vacation in another country.

해외여행을 가서 어떤 활동들을 하나요? 다른 나라에서 휴가를 보낼 때 하기 좋아하는 활동들에 대해 이야기해 보세요.

Q4 첫 해외여행 경험 p.172 ▶ IM 풀이

Please tell me about your first overseas trip. Where did you go, and who did you go there with? How was your trip?

처음으로 갔던 해외여행에 대해 이야기해 주세요. 어디로, 누구와 갔나요? 그 여행은 어땠나요?

Q5 여행 가기 전 준비 과정 p.174 ▶ IM 풀이

What do you usually prepare before you go on a trip? What things do you take with you and include in your luggage?

여행을 가기 전에 보통 어떤 것을 준비하나요? 어떤 것들을 가져가고 짐 속에 넣나요?

Q1 국내여행지 묘사

You indicated in the survey that you like to travel domestically. Which place do you like to travel to in your country? Why do you like that place?

당신은 배경설문에서 국내여행을 좋아한다고 했습니다. 당신 나라에서 어떤 장소로 여행 가기를 좋아하나요? 그 장소가 왜 좋은가요?

STEP 1 유형 분석하기

장소 묘사는 어떤 것을 말해야 할까요?

장소 묘사 구성하기
1. 여행지 이름
2. 간단한 소개
3. 좋아하는 이유 1
4. 좋아하는 이유 2
5. 추천

My favorite place in my country is 여행지 이름 .
It is 간단한 소개 (규모, 위치, 환경) .
I like this place a lot because 이유 1 .
Also, 이유 2 .
I would strongly recommend this place to you.

STEP 2 표현 더하기

국내 여행지
Jeju Island 제주도 The East Sea 동해 Haeundae beach 해운대 해수욕장
Gyeongju 경주 Chuncheon 춘천 Busan 부산 Jeonju 전주

음식
try local specialties 지역 특산물을 먹어 보다 street food 길거리 음식
fresh seafood 신선한 해산물 juicy tangerines 과즙이 많은 귤
It melts in your mouth. 입 안에서 살살 녹다.

자연
beautiful scenery 아름다운 풍경 picturesque scenery 그림 같은 풍경
a night view 야경 get some fresh air 신선한 공기를 쐬다
undeveloped nature 훼손되지 않은 자연 The water is crystal clear. 물이 투명하게 맑다.

활동
enjoy water sports 수상 스포츠를 즐기다 go jet skiing 제트 스키를 타러 가다
go snorkeling 스노클링을 하러 가다 visit tourist attractions 관광지를 방문하다
go on the rides 놀이기구를 타다 take a picture 사진을 찍다 buy souvenirs 기념품을 사다

추가 표현
friendly locals 친절한 현지인 the most popular vacation spot 가장 인기 있는 휴양지
It is famous for ~. 그곳은 ~으로 유명하다.

STEP 3 고수의 답변

1	여행지 이름	My favorite place in my country is Jeju Island.
2	간단한 소개	It is the biggest island and the most popular vacation spot in Korea.
3	좋아하는 이유1	I like this place a lot because they have delicious local specialties like fresh seafood and juicy tangerines that melt in your mouth.
4	좋아하는 이유2	Also, I can enjoy water sports like jet skiing and snorkeling at the beach.
5	추천	I would strongly recommend this place to visitors.

🎧 P1_17_Q1 answer

고득점 따기 TIP ▸
〈I can + 동사원형〉, 〈They have + 명사형〉, 〈It has + 명사형〉, 〈There are + 명사형〉 등을 이용해 장소를 나타내는 다양한 표현을 만들어 봅시다.

STEP 4 나만의 답변

나만의 답변을 만들어 봅시다.

1	여행지 이름	My favorite place in my country is _____
2	간단한 소개	It is _____
3	좋아하는 이유 1	I like this place a lot because _____
4	좋아하는 이유 2	Also, _____
5	추천	I would strongly recommend this place to visitors.

고수의 답변 해석 | 제가 우리나라에서 가장 좋아하는 곳은 제주도입니다. 제주도는 우리나라에서 가장 큰 섬이자 가장 인기 있는 휴양지이기도 합니다. 이곳을 좋아하는 이유는, 제주도에는 신선한 해산물이나 입에서 살살 녹는 귤과 같은 맛있는 지역 특산물들이 많기 때문입니다. 그리고 제트 스키나 스노클링과 같은 수상 스포츠도 즐길 수 있습니다. 이 장소를 방문객들에게 추천합니다.

 **기억에 남는 여행 경험**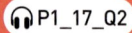

Can you tell me about the most memorable trip that you've ever taken? Why was it so unforgettable to you?
가장 기억에 남는 여행에 대해 말해 줄 수 있나요? 왜 그렇게 잊지 못할 만했나요?

STEP 1 유형 분석하기

기억에 남는 경험은 어떻게 말해야 할까요?

경험 이야기하기 구성하기
1. 시기/장소/이유
2. 그곳에서 했던 일
3. 기억에 남는 이유
4. 마무리

시기 , I traveled to 장소 with 사람 + 이유 .
When I went there, 했던 일 1 . Also, 했던 일 2 .
It was especially memorable because 이유 2 .
I will never forget the trip.

STEP 2 표현 더하기

장소에 갔던 이유
for my vacation 휴가차 to enjoy water sports 수상 스포츠를 즐기기 위해
to participate in a festival 축제에 참가하기 위해
to spend time with my friends 친구들과 시간을 보내기 위해
to spend time with my family 가족과 시간을 보내기 위해

했던 일
I took photos of the breathtaking scenery. 숨막히는 경치의 사진을 찍었다.
I tried a lot of street food. 길거리 음식을 많이 먹어 보았다.
I tried the local food. 나는 현지 음식을 먹었다.

현지인
The locals were stand-offish. 현지인들은 쌀쌀맞았다.
The locals were friendly. 현지들은 매우 친절했다.
I asked for directions. 길을 물어보았다.
I made local friends. 현지인 친구들이 생겼다.

추가 표현
It was a great trip. 멋진 여행이었다.
It was ridiculously delicious. 말도 안 되게 맛있었다.
It was beyond description. 말로 형용할 수 없었다.

STEP 3 고수의 답변

1. 시기/장소/이유 — **Three years ago**, I traveled to **Jeju Island** with **my best friend for my summer vacation.**
2. 그곳에서 했던 일 — When I went there, **I took many photos of the breathtaking scenery of the island.** Also, **I tried a lot of street food that was ridiculously delicious.**
3. 기억에 남는 이유 — It was especially memorable because **the locals were very friendly. They spoke kindly to us when we asked for directions.**
4. 마무리 — I will never forget the trip.

🎧 P1_17_02 answer

고득점 따기 TIP ▶
최상급을 이용하면 조금 더 기억에 남는 이유를 강조할 수 있습니다.
Ex) It was the most beautiful scenery I have ever seen. 그것은 내가 본 것 중 가장 아름다운 경치였다.

STEP 4 나만의 답변

나만의 답변을 만들어 봅시다.

1. 시기/장소/이유 — _____, I traveled to _____ with _____
2. 그곳에서 했던 일 — When I went there, _____ Also, _____
3. 기억에 남는 이유 — It was especially memorable because _____
4. 마무리 — I will never forget the trip.

고수의 답변 해석 | 3년 전, 친한 친구와 함께 여름 휴가차 제주도로 여행을 떠났습니다. 그곳에서, 저는 멋진 절경들을 사진에 담았습니다. 그리고 많은 길거리 음식들도 먹어 보았는데, 정말 말도 안 되게 맛있었습니다. 특히나 기억에 남는 이유는, 제주도 사람들이 무척이나 친절해서였습니다. 우리가 길을 물을 때마다 그들은 친절하게 대답해 주었습니다. 절대 잊을 수 없는 여행이었습니다.

17 국내여행/해외여행

PART 1

Q3 해외여행에서 하는 활동들

What activities do you like to do when you take an overseas trip? Discuss the activities you like to do when on vacation in another country.

해외여행을 가서 어떤 활동들을 하나요? 다른 나라에서 휴가를 보낼 때 하기 좋아하는 활동에 대해 이야기해 보세요.

STEP 1 유형 분석하기

활동 묘사를 이야기할 때는 어떤 것을 말해야 할까요?

활동 묘사 구성하기
1 활동 1
2 활동 2
3 활동 3

First of all, I like to 활동1 .
Another thing I like to do is 활동2 .
Last, I never forget to 활동3 .

TIP ▸ 현재시제 사용하기
▸ 다양한 표현법 사용하기

STEP 2 표현 더하기

해외여행지에서 하는 활동
go sightseeing 관광하다 take a city tour 시내를 관광하다
shop for clothes 옷 쇼핑을 하다 buy souvenirs 기념품을 사다
take many photos of the beautiful scenery 아름다운 풍경 사진을 많이 찍다
try local food 현지 음식을 맛보다 visit historic sites 유적지를 방문하다
relax at the beach 해변에서 쉬다 get a tan 선탠을 하다
visit a famous local restaurant 유명한 현지 음식점을 방문하다

STEP 3 고수의 답변

1 활동 1   First of all, I like to go sightseeing. I try to visit famous tourist attractions and take photos of them.
2 활동 2   Another thing I like to do is to try local specialties. I always visit a famous local restaurant and try their best menu items.
3 활동 3   Last, I never forget to go shopping. I make sure to buy souvenirs for my friends and family and shop for my favorite items.

🎧 P1_17_Q3 answer

고득점 따기 TIP
- 특정 활동들을 하는 이유도 같이 설명하는 것이 좋습니다.
- 구체적인 설명이나 예시를 들며 내용을 발전시켜 보세요.

STEP 4 나만의 답변

나만의 답변을 만들어 봅시다.

1 활동 1   First of all, I like to _____

2 활동 2   Another thing I like to do is _____

3 활동 3   Last, I never forget to _____
I make sure to _____

고수의 답변 해석 | 첫째로, 저는 관광하는 것을 좋아합니다. 유명한 관광지를 찾아다니고, 그곳에서 사진을 찍습니다. 또 다른 하나는 지역 특산물을 먹어 보는 것입니다. 항상 유명한 현지 음식점을 찾아 그곳에서 가장 맛있는 음식을 먹어 봅니다. 마지막으로, 절대 쇼핑하는 것을 잊지 않습니다. 꼭 가족과 친구들을 위한 기념품을 사고, 제가 가장 좋아하는 물건을 구입하는 것도 잊지 않습니다.

Q4 첫 해외여행 경험

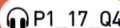

Please tell me about your first overseas trip. Where did you go, and who did you go there with? How was your trip?
처음으로 갔던 해외여행에 대해 이야기해 주세요. 어디로, 누구와 갔나요? 그 여행은 어땠나요?

STEP 1 유형 분석하기

처음 있었던 일을 이야기할 때는 어떤 것을 말해야 할까요?

경험 이야기하기 구성하기

1 서론
2 시기/장소/이유
3 한 일
4 당시 기분
5 마무리

I remember my first overseas trip.
 시기 , I traveled to 장소 with 사람 for 기간 .
 했던 일 1 . Also, 했던 일 2 .
I was impressed by 인상 깊었던 이유 .
I will never forget the trip.

STEP 2 표현 더하기

경치 묘사
It looked like a painting. 그림 같았다.
It had a picturesque scenery. 그림 같은 풍경이 있는 곳이었다.
I could see crystal clear water. 수정과 같이 맑은 물을 볼 수 있었다.

어릴 적 경험 관련 표현
We spent time as a family. 우리는 가족끼리의 시간을 보냈다.
I was excited at the thought of traveling abroad. 해외여행을 한다는 생각에 신이 났다.
I couldn't believe my eyes. 눈을 믿을 수 없었다.
It was a different world. 그것은 전혀 다른 세계였다.
It felt like a dream. 꿈 같았다.
I couldn't believe what I was seeing. 내가 보고 있는 것을 믿을 수 없었다.
I was scared at first. 처음에는 무서웠다.

STEP 3 고수의 답변

1. 서론 — I remember my first overseas trip.
2. 시기/장소/이유 — When I was little, I traveled to Thailand with my family for a week.
3. 한 일 — We stayed at a nice resort by the beach, so I could enjoy a lot of fun water activities like snorkeling and water skiing. Also, we relaxed on the white sand and spent time as a family.
4. 당시 기분 — I was impressed by the crystal clear water and the picturesque scenery of the sea. It looked like a painting.
5. 마무리 — I will never forget the trip.

고득점 따기 TIP ▶
경험 문제는 발화량이 너무 짧지 않도록 합니다.

STEP 4 나만의 답변

나만의 답변을 만들어 봅시다.

1. 서론 — I remember my first overseas trip.
2. 시기/장소/이유 — _____, I traveled to _____ with _____ for _____
3. 한 일 — _____

Also, _____

4. 당시 기분 — I was impressed by _____
5. 마무리 — I will never forget the trip.

고수의 답변 해석 | 생애 첫 해외여행이 기억납니다. 어렸을 때, 가족들과 일주일간 태국으로 여행을 떠났습니다. 해변가에 위치한 멋진 리조트에 묵었고, 그곳에서 스노클링과 수상 스키 같은 다양하고 재미있는 수상 스포츠를 즐겼습니다. 그리고 하얀 모래 사장 위에서 가족들과 함께 피로를 풀며 시간을 보내기도 했습니다. 맑고 청정한 물과 그림 같은 풍경을 보며 놀라지 않을 수 없었습니다. 정말 한 폭의 그림과 같았습니다. 절대 잊을 수 없는 여행이었습니다.

Q5 여행 가기 전 준비 과정

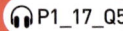 P1_17_Q5

What do you usually prepare before you go on a trip? What things do you take with you and include in your luggage?
여행을 가기 전에 보통 어떤 것을 준비하나요? 어떤 것들을 가져가고 짐 속에 넣나요?

STEP 1 유형 분석하기

과정 설명은 어떻게 준비해야 할까요?

과정 설명 구성하기

1. 여행 전 하는 일 1
2. 여행 전 하는 일 2
3. 가져가는 것 1
4. 가져가는 것 2

Before a trip, I usually 하는 행동 1 .
After than, 하는 행동 2 .
I make sure to bring 가져가는 것 1 .
Also, 가져가는 것 2 .

TIP ▶ 현재시제 사용하기
▶ 특별하지 않은 일도 구체적으로 묘사하기

STEP 2 표현 더하기

여행 전 계획하는 것
book accommodations 숙박을 예약하다 book a flight 비행기 표를 예약하다
pack clothes 옷을 싸다 search for information 정보를 검색하다
plan my budget 예산을 계획하다 make an itinerary 일정을 짜다
search for famous restaurants 맛집을 검색하다
compare prices to save money 돈을 아끼기 위해 가격을 비교하다

가져가는 것
foreign currency 외화 credit cards 신용 카드 cash 현금
a cell phone charger 휴대 전화 충전기 extra shoes 여벌의 신발 cosmetics 화장품
first-aid medicine 구급약 toiletries 세면도구 enough clothes 충분한 옷
a handheld hair dryer 소형 헤어 드라이어

가져가는 이유
It makes the trip more enjoyable. 여행을 더욱 즐겁게 해 준다.
just in case of an emergency 응급 상황에 대비해서
It helps me pass the time when I'm on a plane. 비행기에서 시간이 잘 가도록 도와준다.

STEP 3 고수의 답변

1	여행 전 하는 것 1	Before a trip, I usually book accommodations and flight if I'm travelling abroad. I search on the Internet and compare prices to save money.
2	여행 전 하는 것 2	After that, I pack my bag for the trip.
3	가져가는 것 1	I make sure to bring enough clothes, toiletries and cash.
4	가져가는 것 2	Also, I usually pack my cell phone and a cell phone charger just in case of an emergency.

P1_17_Q5 answer

고득점 따기 TIP ▶
- 각각의 물건을 가져가는 이유를 설명하도록 합니다.
- make sure to, always, never forget to, try to, usually, typically 등을 이용해 문장의 단조로움 피하면 좋습니다.

STEP 4 나만의 답변

나만의 답변을 만들어 봅시다.

1	여행 전 하는 것 1	Before a trip, I usually
2	여행 전 하는 것 2	After that,
3	가져가는 것 1	I make sure to bring
4	가져가는 것 2	Also,

고수의 답변 해석 | 저는 해외여행을 할 때는 여행 전에 주로 숙소와 비행기 표를 먼저 예약합니다. 인터넷으로 가격을 비교해 보고 경비를 아낍니다. 그리고, 여행 가방을 꾸립니다. 충분한 옷가지와 세면도구, 현금을 꼭 챙깁니다. 그리고 응급 상황에 대비해 휴대 전화과 충전기를 챙깁니다.

PART 2

돌발 질문
파헤치기

01 음식/외식
02 인터넷 서핑
03 집안일 거들기
04 건강/병원
05 전화 담소
06 패션
07 약속
08 호텔
09 은행
10 명절
11 지형/야외 활동
12 도서관
13 테크놀로지
14 재활용
15 교통
16 가구/가전
17 계절/날씨

01 음식/외식
Food

| 오픽고수의 생생 Tip |

OPIc에서 돌발 문제는 매 시험마다 적어도 2~3개 많으면 3~6문제 이상 출제되므로 시험 시 당황하지 않도록 최근에 자주 출제되는 돌발 문제를 중심으로 꼼꼼히 준비해야 합니다.

'음식'과 '외식'은 같이 준비하도록 합니다. 같은 요리를 선정해서 만드는 방식부터 좋아하는 이유 및 관련 경험까지 동일하게 준비한다면 효율적으로 준비할 수 있습니다.

🎧 P2_01

| 빈출 문제 살펴보기 |

Q1 자주 가는 식당 묘사   p.180 ▶ IM 풀이

Tell me about the restaurant you often go to. Where is it? What kind of dishes do they serve? Why do you go there often?

당신이 자주 가는 식당에 대해서 말해 보세요. 어디에 있나요? 어떤 종류들의 음식을 제공하나요? 당신은 거기에 왜 자주 가나요?

Q2 우리나라의 인기 있는 음식   p.182 ▶ IM 풀이

Can you tell me about a popular dish in your country? Why is it so popular? Can you tell me about its ingredients? Describe the popular dish with a lot of details.

당신의 나라에서 인기 있는 음식에 대해 말해 줄 수 있나요? 왜 그 음식이 유명한가요? 재료는 어떤가요? 유명한 음식에 대해 가능한 한 자세하게 설명하세요.

Q3 식당에서 기억에 남는 경험   p.184 ▶ IM 풀이

Have you ever had a memorable experience at a restaurant? When was it? What happened? Why was it unforgettable to you?

식당에서 기억에 남는 경험을 한 적이 있나요? 언제였나요? 무슨 일이 있었나요? 당신에게 왜 잊혀지지 않는 경험인가요?

Q4 평소에 주로 먹는 음식   p.186 ▶ IM 풀이

What is your typical meal like? What do you usually have for your typical meals?

당신의 전형적인 식단은 무엇인가요? 평소에 주로 먹는 음식은 무엇인가요?

Q5 자주 가는 음식점의 제일 좋아하는 메뉴

Please tell me about your favorite menu at the restaurant you often go to. What kind of dish is it? Why do you like that dish?

자주 가는 음식점의 가장 좋아하는 메뉴에 대해 이야기해 주세요. 어떤 종류의 음식인가요? 그 음식을 왜 좋아하나요?

Q1 자주 가는 식당 묘사

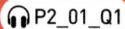

Tell me about the restaurant you often go to. Where is it? What kind of dishes do they serve? Why do you go there often?
당신이 자주 가는 식당에 대해서 말해 보세요. 어디에 있나요? 어떤 종류들의 음식을 제공하나요? 당신은 거기에 왜 자주 가나요?

STEP 1 유형 분석하기

장소 묘사는 어떤 것을 말해야 할까요?

장소 묘사 구성하기

1. 이름/위치
2. 분위기
3. 제공하는 음식
4. 가장 좋아하는 메뉴
5. 좋아하는 이유
6. 느낌/의견

I often go to 식당 종류 called 이름 in/near/at 위치.
It is 분위기 atmosphere.
They serve many kinds of 음식 종류, such as 메뉴.
My favorite menu is 가장 좋아하는 메뉴.
I like this restaurant because 좋아하는 이유.
I think it is a good place to dine out.

STEP 2 표현 더하기

식당 종류

Korean restaurant 한식집 Chinese restaurant 중식집 Japanese restaurant 일식집
Italian restaurant 이탈리안 식당 buffet restaurant 뷔페 식당 fancy restaurant 고급 음식점
family restaurant 패밀리 레스토랑 local restaurant 동네 식당 BBQ restaurant 고깃집
Korean snack bar 분식집

식당 분위기

lively 활기찬 clean and modern 깨끗하고 현대적인 romantic and warm 로맨틱하고 따뜻한
exotic 이국적인 cozy and comfortable 아늑하고 편안한 crowded and noisy 북적거리고 시끄러운

제공하는 음식

seafood dishes 해산물 요리 meat dishes 고기 요리 various kinds of sushi 다양한 종류의 초밥
noodle dishes 면 요리 healthy food 건강한 음식 many different kinds of food 많은 종류의 음식

좋아하는 이유

They serve food at reasonable prices. 저렴하게 음식을 제공한다.
They have excellent services. 서비스가 좋다.
They have a nice atmosphere. 분위기가 좋다.
They have a good location. 위치가 좋다.
They serve great food. 음식이 맛있다.
The quality of the products is good. 품질이 좋다.

STEP 3 고수의 답변

P2_01_Q1 answer

1	이름/위치	I often go to an Italian restaurant called Bistro Italiano near my home.
2	분위기	It is quiet and there are not many people on weekdays but busy and crowded on weekends.
3	제공하는 음식	They serve many kinds of Italian food such as spaghetti, pizza and salad. My favorite menu is Chicago style pizza with lots of cheese.
4	좋아하는 이유	I like this restaurant because they have great food and reasonable prices.
5	느낌/의견	I think it is a good place to dine out.

고득점 따기 TIP ▶
어떤 사람들이 식당에 많이 오는지, 왜 그 메뉴를 가장 좋아하는지, 할인은 제공하는지, 인테리어는 어떤지, 다른 식당들과의 차이점은 무엇인지 등 구체적으로 좋아하는 이유를 제시한다면 고득점을 노려볼 수도 있습니다.

STEP 4 나만의 답변

나만의 답변을 만들어 봅시다.

1	이름/위치	I often go to _____ called _____
2	분위기	It is _____
3	제공하는 음식	They serve _____ My favorite menu is _____
4	좋아하는 이유	I like this restaurant because _____
5	느낌/의견	I think it is a good place to dine out.

고수의 답변 해석 | 저는 주로 집 근처에 있는 Bistro Italiano라는 식당에 갑니다. 주중에는 조용하고 사람들이 많이 없지만 주말에는 아주 붐빕니다. 스파게티나 피자, 샐러드 등 다양한 종류의 이탈리안 음식을 제공합니다. 제가 가장 좋아하는 메뉴는 치즈가 듬뿍 들어간 시카고 피자입니다. 이 식당을 좋아하는 이유는 맛있는 음식과 합리적인 가격 때문입니다. 제가 생각하기에 이곳은 외식하기 좋은 장소입니다.

Q2 우리나라의 인기 있는 음식

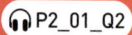

Can you tell me about a popular dish in your country? Why is it so popular? Can you tell me about its ingredients? Describe the popular dish with a lot of details.

당신의 나라에서 인기 있는 음식에 대해 말해 줄 수 있나요? 왜 그 음식이 유명한가요? 재료는 어떤가요? 유명한 음식에 대해 가능한 한 자세하게 설명하세요.

동영상 강의

STEP 1 유형 분석하기

어떤 것을 말해야 할까요?

음식 소개 구성하기

1 소개

The popular dish in my country is called 음식 이름 . 음식 설명 .

2 좋아하는 이유

Lots of people like it because 좋아하는 이유 .

3 느낌/의견

I would highly recommend this dish to 추천하고 싶은 사람 .

STEP 2 표현 더하기

요리 소개

fried rice 볶음밥 Kimchi stew 김치찌개 soybean paste stew 된장찌개
Bibimbab – which is rice mixed with vegetables (비빔밥 설명)
Galbi – which is Korean barbecue (갈비 설명)
Bulgogi – which is Korean beef marinated in sweet sauce (불고기 설명)
Tteok-bokki – which is stir-fried rice cake (떡볶이 설명)
Samgyeopsal – which is grilled pork strips (삼겹살 설명)

좋아하는 이유

delicious 맛있는 easy to cook 요리하기 쉬운 good for health 건강에 좋은
addictive 중독적인 sweet and spicy 달콤하고 매콤한 chewy 식감이 있는

추가 관련 표현

It has lots of fresh vegetables. 신선한 채소가 많다.
All you need to do is + (v). ~ 해야 할 일은 단지 (v)밖에 없다.
It melts in your mouth. 입에서 녹는다.
It is spicy but addictive. 맵지만 중독성이 있다.

STEP 3 고수의 답변

1 소개 The popular dish in my country is called **Bibimbab. It is rice mixed with vegetables. If you like something spicy, you can add hot pepper paste.**

2 좋아하는 이유 Lots of people like it because **it is delicious and easy to make. All you need to do is mix vegetables, rice and hot pepper paste together. Also, it is healthy because it has lots of fresh vegetables.**

3 느낌/추천 I would highly recommend this dish to **foreigners.**

P2_01_02 answer

고득점 따기 TIP ▸
음식이 한국 고유 이름을 가지고 있을 경우 which is를 사용하여 그 음식에 대한 설명을 해 주는 것이 좋습니다. 또한, 만드는 방법 및 재료도 간단히 설명해 보는 것도 답변을 풍부하게 만드는 좋은 방법입니다.

STEP 4 나만의 답변

나만의 답변을 만들어 봅시다.

1 소개 The popular dish in my country is called _____

2 좋아하는 이유 Lots of people like it because _____

3 느낌/추천 I would highly recommend this dish to _____

고수의 답변 해석 | 우리나라에서 인기 있는 음식은 비빔밥입니다. 비빔밥은 밥에 채소를 섞은 음식이죠. 매운 게 먹고 싶다면 고추장을 넣어 먹으면 됩니다. 많은 사람들이 이 음식을 좋아하는 이유는 맛있고 요리하기 쉽기 때문입니다. 채소와 밥과 고추장을 함께 섞어 주기만 하면 되거든요. 또한 신선한 채소가 많이 들어가기 때문에 건강한 음식입니다. 외국인에게 정말 추천하고 싶은 음식입니다.

Q3 식당에서 기억에 남는 경험

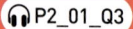 P2_01_Q3

Have you ever had a memorable experience at a restaurant? When was it? What happened? Why was it unforgettable to you?

식당에서 기억에 남는 경험을 한 적이 있나요? 언제였나요? 무슨 일이 있었나요? 당신에게 왜 잊혀지지 않는 경험인가요?

STEP 1 유형 분석하기

경험 이야기를 할 때는 어떤 것을 말해야 할까요?

경험 이야기 구성하기
1. 시기
2. 갔던 식당
3. 기억에 남는 이유
4. 결과
5. 느낌

A special experience at a restaurant was 시기 .
I often go to 식당 종류 called 식당 이름 + 위치 .
있었던 일 + 기억에 남는 이유 설명 .
결과 설명 .
It was a memorable moment.

STEP 2 표현 더하기

기억에 남는 이유
I met one of my high school friends. 고등학교 친구를 만났다.
I found a bug in the food. 음식에서 벌레를 발견했다.
The staff at the restaurant sang a birthday song for me.
식당 직원들이 나를 위해 생일축하 노래를 불러 주었다.
I left my wallet at the restaurant. 지갑을 식당에 두고 왔다.

결과
We jumped for joy. 기뻐 뛰었다.
We exchanged phone numbers each other. 전화번호를 교환했다.
We planned to meet soon. 곧 만나기로 했다.
I asked the staff to look for my wallet. 직원에게 지갑을 찾아 달라고 부탁했다.
I complained to the manager and the staff gave me another dish.
매니저에게 항의했고, 직원이 음식을 새로 갖다 주었다.

STEP 3 고수의 답변

1	시기	A special experience at a restaurant was last weekend.
2	갔던 식당	I often go to a Korean restaurant called Hanok House near my home. I probably go there at least once a week.
3	기억에 남는 이유	Last Saturday was very special because I met one of my high school friends at the restaurant by accident. I could notice it was her at a glance. We jumped for joy and exchanged phone numbers each other.
4	결과	We planned to meet soon this month.
5	느낌	It was a memorable moment.

고득점 따기 TIP ▸

즐거웠던 경험이든 안 좋은 경험이든 상관없이 식당에서 일어났던 일을 말하면 됩니다. 과거에 경험했던 일이기 때문에 과거시제를 사용하는 것을 잊지 말도록 합시다.
- 항상 과거시제 사용하기
- 그때의 일을 생동감 있게 표현하고 싶다면 과거진행형 사용하기
- 육하원칙을 기본으로 이야기 꾸미기 (언제/어디서/누구와/무엇을/결과)

STEP 4 나만의 답변

나만의 답변을 만들어 봅시다.

1	시기	A special experience at a restaurant was _____
2	갔던 식당	I often go to _____ called _____
3	기억에 남는 이유	_____ was very special because _____
4	결과	_____
5	느낌	It was a memorable moment.

고수의 답변 해석 | 지난 주말에 식당에서 특별한 경험을 했습니다. 저는 우리 집 근처에 있는 한옥집이라는 한식당에 자주 갑니다. 아마 적어도 일주일에 한 번은 가는 것 같습니다. 지난 토요일은 특별한 날이었습니다. 그 식당에서 고등학교 시절 친구를 우연히 만났기 때문입니다. 저는 한눈에 그 친구인지 알아볼 수 있었습니다. 우리는 너무 기뻐서 펄쩍펄쩍 뛰고 전화번호도 교환했습니다. 이번 달에 보기로 약속도 했습니다. 아주 기억에 남는 시간이었습니다.

Q4 평소에 주로 먹는 음식

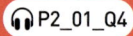 P2_01_Q4

What is your typical meal like? What do you usually have for your typical meals?
당신의 전형적인 식단은 무엇인가요? 평소에 주로 먹는 음식은 무엇인가요?

STEP 1 유형 분석하기

평소 주로 먹는 음식은 어떤 것을 말해야 할까요?

행동 묘사 구성하기
1 식습관/아침 식사
2 점심 식사
3 저녁 식사

I usually have 아침 메뉴 설명 .
For my lunch, 점심 메뉴 설명 .
For dinner, 저녁 메뉴 설명 .

STEP 2 표현 더하기

주로 먹는 음식
cereal 시리얼 soup 국 stew 찌개 rice 밥(쌀) noodles 국수
spicy food 매운 음식 Kimchi 김치 salty food 짠 음식 less salty food 덜 짠 음식
low-calorie food 저칼로리 음식 meat 고기 vegetables 채소

추가 관련 표현
It has a lot of fresh vegetables. 신선한 채소가 많이 들어 있다.
It is salty. 짜다.
I try not to have salty food. 짠 음식은 안 먹으려고 한다.
I have quick and light breakfast. 빠르고 간편한 아침 식사를 한다.
I always skip breakfast. 항상 아침을 거른다.
I try not to have dinner. 저녁을 안 먹으려고 노력한다.
I am on a diet. 다이어트 중이다.

STEP 3 고수의 답변

1. **식습관/아침 식사** — I usually have two meals a day. I skip breakfast because I have no appetite in the morning.
2. **점심 식사** — For my lunch, I always go to a small restaurant near my work. They offer lunch menu like Korean food and a salad bar.
3. **저녁 식사** — For dinner, I try to eat at home but when I have a dinner date, I prefer to eat grilled pork or beef. I am a meat lover.

🎧 P2_01_Q4 answer

고득점 따기 TIP ▶
아침/점심/저녁과 같이 순서를 정해서 주로 하는 식사를 이야기하는 것도 좋은 방법입니다. 각각의 음식을 먹는 이유를 제시하고 장단점도 같이 이야기하면 고득점을 받는 데에 있어 큰 도움이 됩니다.
- Typical 또는 routine이라는 단어가 들어가는 질문에서는 평소에 주로 하는 행동을 묻는 유형이므로 단순현재시제 사용하기
- 다양한 표현법 사용하기

STEP 4 나만의 답변

나만의 답변을 만들어 봅시다.

1. **식습관/아침 식사** — I usually have _____ a day.

2. **점심 식사** — For my lunch, _____

3. **저녁 식사** — For dinner, _____

고수의 답변 해석 | 저는 주로 하루에 두 끼를 먹습니다. 아침은 거르는데 그 이유는 아침에는 입맛이 없기 때문입니다. 점심으로는 항상 직장 근처에 있는 작은 식당에 갑니다. 그 식당은 한식이나 샐러드바 같은 점심 메뉴를 제공합니다. 저녁은 집에서 먹으려고 하는데 저녁 데이트가 있으면 구운 돼지고기나 소고기를 선호합니다. 저는 고기를 굉장히 좋아하거든요.

02 인터넷 서핑
Internet surfing

| 오픽고수의 생생 Tip |

요즘은 '인터넷'과 '사이트'에 관련된 돌발 질문이 자주 나오는 추세입니다. 특히, '과거와 현재 비교하기'에 대한 질문은 고득점을 받을 수 있는 기회가 될 수 있으므로 미리 꼼꼼히 아이디어를 준비하여 연습해야 합니다.

🎧 P2_02

| 빈출 문제 살펴보기 |

Q1 자주 가는 웹 사이트　　　　　p.190 ▶ IM 풀이

Can you tell me about your favorite Web site? What do you usually do on it? Why do you often visit the particular Web site?

당신이 가장 좋아하는 웹 사이트에 대해 말해 줄 수 있나요? 당신은 그 웹 사이트에서 무엇을 하나요? 그 특정 웹 사이트에 왜 자주 방문하나요?

Q2 인터넷 사용 빈도, 이유　　　　p.192 ▶ IM 풀이

How often do you use the Internet? Where and when do you use it? What do you use the Internet for?

얼마나 자주 인터넷을 사용하나요? 언제, 어디서 사용하나요? 인터넷을 무슨 용도로 사용하나요?

Q3 과거와 현재의 웹 사이트 비교　　p.194 ▶ IM 풀이

Tell me about Web sites in the past. How is it different from the Web site of today? Please compare them in as many details as possible.

과거의 웹 사이트에 대해 설명해 보세요. 요즘의 웹 사이트와 어떻게 다른가요? 가능한 한 자세하게 비교하세요.

Q1 자주 가는 웹 사이트

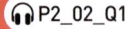

Can you tell me about your favorite Web site? What do you usually do on it? Why do you often visit the particular Web site?

당신이 가장 좋아하는 웹 사이트에 대해 말해 줄 수 있나요? 당신은 그 웹 사이트에서 무엇을 하나요? 그 특정 웹 사이트에 왜 자주 방문하나요?

STEP 1 유형 분석하기

자주 가는 웹 사이트는 어떤 것을 말해야 할까요?

내용 구성하기

1 자주 가는 사이트 1
2 사이트 설명
3 자주 가는 사이트 2
4 사이트 설명

There are many useful Web sites I visit regularly. My favorite one is 자주 가는 사이트 1 .
 그 사이트에 대한 설명 .
I also like 자주 가는 사이트 2 .
 그 사이트에 대한 설명 .

STEP 2 표현 더하기

사이트 설명
I can find all different kinds of categories. 다양한 분야의 모든 것을 찾을 수 있다.
The site provides useful information. 그 사이트는 유용한 정보를 제공한다.
I can get the most recent news from the site. 그 사이트에서 최신 뉴스를 볼 수 있다.
People post lots of exam information. 사람들이 시험 정보를 올려놓는다.
I can chat with my friends for free. 친구들과 무료 채팅을 할 수 있다.
I can upload pictures of my everyday life. 내 일상생활이 담긴 사진들을 올릴 수 있다.
I can read interesting stories or watch funny videos.
재미있는 이야기를 읽거나 재미있는 비디오를 볼 수 있다.

STEP 3 고수의 답변

1 자주 가는 사이트 1 — There are many useful Web sites I visit regularly. My favorite one is good.com.
2 사이트 설명 — I can find all different kinds of categories such as the most recent news, weather forecast, sports, music, movies and all other contents.
3 자주 가는 사이트 2 — I also like the Big5market shopping site.
4 사이트 설명 — It is one of the major shopping Web sites in Korea. They have many items at a reasonable price. If you are lucky, you can get some discounted coupons.

고득점 따기 TIP ▶
평소에 자주 이용하는 사이트에서 어떤 활동을 주로 하는지 자세히 이야기해 봅시다. 하나의 사이트 설명이 너무 짧다고 느껴질 때는 또 다른 사이트 하나를 더 언급하여 내용을 풍부하게 만들 수 있는 것도 고득점을 받을 수 있는 방법입니다.

STEP 4 나만의 답변

나만의 답변을 만들어 봅시다.

1 자주 가는 사이트 1 — There are many useful Web sites I visit regularly. My favorite one is _____
2 사이트 설명 _____

3 자주 가는 사이트 2 — I also like _____
4 사이트 설명 _____

고수의 답변 해석 | 제가 정기적으로 방문하는 몇 개의 유용한 웹 사이트가 있습니다. 가장 좋아하는 것은 good.com입니다. 최신 뉴스, 날씨, 스포츠, 음악, 영화와 같은 다양한 종류의 카테고리와 모든 다른 분야의 내용들을 찾을 수 있습니다. 저는 Big5market 쇼핑 사이트도 좋아합니다. 한국에서 가장 큰 쇼핑 웹 사이트 중 하나입니다. 많은 상품들을 합리적인 가격으로 팔고 있습니다. 운이 좋으면 할인 쿠폰도 받을 수 있습니다.

Q2 인터넷 사용 빈도, 이유

🎧 P2_02_Q2

How often do you use the Internet? Where and when do you use it? What do you use the Internet for?
얼마나 자주 인터넷을 사용하나요? 언제, 어디서 사용하나요? 인터넷을 무슨 용도로 사용하나요?

STEP 1 유형 분석하기

자주 가는 웹 사이트는 어떤 것을 말해야 할까요?

내용 구성하기

1 인터넷 사용 빈도
2 인터넷 사용 기기
3 인터넷 사용 장소
4 주로 하는 일

I use the Internet 빈도 .
I use 사용하는 기기 to surf the Internet.
그 기기를 자주 사용하는 장소 .
I use the Internet for many purposes.
For example, 그 기기로 주로 하는 활동 .

STEP 2 표현 더하기

인터넷 사용 기기
smart phone 스마트폰 tablet PC 태블릿 PC laptop computer 노트북
desktop computer 데스크톱 컴퓨터

인터넷 사용 장소
at home 집에서 at work 회사에서 at school 학교에서 anywhere 어디서든
when I commute 출퇴근하면서 when I am on my way somewhere 어딘가 가는 길에
on the bus 버스에서 on the subway 지하철에서

주로 하는 일
search for information 정보를 찾다 play online games 온라인 게임을 하다
listen to music 음악을 듣다 check emails 이메일을 확인하다 read ebooks 책을 읽다
check the latest news 최신 뉴스를 확인하다 watch video clips 동영상을 보다

STEP 3 고수의 답변

1 인터넷 사용 빈도　I use the Internet every day.
2 인터넷 사용 기기　I use my smart phone to surf the Internet.
3 인터넷 사용 장소　I always carry my phone with me so it is easy to access the Internet anywhere.
4 주로 하는 일　I use the Internet for many purposes. For example, I search for information, play online games, listen to music, check emails and read ebooks.

고득점 따기 TIP ▶
일반적으로 인터넷을 하면서 하는 모든 일들을 for example 또는 such as 뒤에 나열합니다. 만약, 답변이 짧다고 느껴질 때에는 in addition(게다가)을 추가하여 새로운 문장으로 내용을 덧붙이게 되면 더욱 풍부한 내용을 말할 수 있습니다.

STEP 4 나만의 답변

나만의 답변을 만들어 봅시다.

1 인터넷 사용 빈도　I use the Internet _____
2 인터넷 사용 기기　I use _____ to surf the Internet.
3 인터넷 사용 장소　_____

4 주로 하는 일　I use the Internet for many purposes. For example, _____

고수의 답변 해석 | 저는 매일 인터넷을 사용합니다. 인터넷 서핑을 하기 위해 스마트폰을 사용합니다. 저는 언제나 제 휴대 전화를 소지하고 있어서 어디서나 쉽게 인터넷 접근이 용이합니다. 저는 다양한 용도로 인터넷을 사용합니다. 예를 들어, 정보를 찾거나, 온라인 게임을 하거나, 음악을 듣거나, 이메일을 확인하고 전자책을 읽습니다.

193

Q3 과거와 현재의 웹 사이트 비교

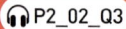 P2_02_Q3

Tell me about Web sites in the past. How is it different from the Web site of today? Please compare them in as many details as possible.
과거의 웹 사이트에 대해 설명해 보세요. 요즘의 웹 사이트와 어떻게 다른가요? 가능한 한 자세하게 비교하세요.

STEP 1 유형 분석하기

과거와 현재 비교는 어떤 것을 말해야 할까요?

과거 vs. 현재 비교 구성하기

1 그 활동을 시작한 시기
2 변화 1 (과거+현재)

3 변화 2 (과거+현재)
4 느낌/의견

I first started using the Internet 시기 .
There are some changes.
In the past, 과거에 있었던 일 .
On the other hand, 현재 변화된 점 .
Also, 과거에 있었던 일 but 현재 변화된 점 today.
I think Internet is faster and easier to us.

STEP 2 표현 더하기

과거의 웹 사이트

The Internet speed was slow. 인터넷 속도가 느렸다.
There was no access to online payment. 온라인 결제를 할 수 없었다.
The Web site page was simple. 웹 사이트가 단순했다.
People had to use a computer to access the Web site.
웹 사이트에 접속하려면 컴퓨터를 사용해야만 했다.

현재의 웹 사이트

It doesn't take much time to get into the Web site.
웹 사이트에 들어가는 데 시간이 오래 걸리지 않는다.

People use personal devices to access the Internet.
개인용 장비를 사용하여 인터넷에 접속한다.

The Web site page is colorful and diverse. 웹 사이트가 화려하고 다양하다.

STEP 3 고수의 답변

P2_02_03 answer

1 인터넷을 처음 사용했던 시기 — I first started using the Internet when I was a teenager.
2 웹 사이트의 변화 1 — There are some changes. In the past, the Internet speed was very slow so it took so long to load the Web site page. On the other hand, it is much faster now.
3 웹 사이트의 변화 2 — Also, people had to have a computer to access the Web site, but many people use mobile devices like smart phone or personal tablet PC so it is easier to use the Internet today.
4 느낌/의견 — I think Internet is faster and easier to use.

고득점 따기 TIP ▶
두 대상에 대한 비교를 할 때에는 A와 B 두 대상에 대한 의견도 잊지 말고 꼭 이야기하세요.

STEP 4 나만의 답변

나만의 답변을 만들어 봅시다.

1 인터넷을 처음 사용했던 시기 — I first started using the Internet _____
2 웹 사이트의 변화 1 — There are some changes. In the past, _____
On the other hand, _____ now.
3 웹 사이트의 변화 2 — Also, _____
but _____ today.
4 느낌/의견 — I think Internet is faster and easier to use.

고수의 답변 해석 | 제가 십 대 때 처음으로 인터넷을 사용했습니다. 몇 가지 변화들이 있습니다. 과거에는, 인터넷 속도가 아주 느려서 웹 페이지를 보여 주는 데 시간이 엄청 오래 길렸습니다. 반면에 지금은 훨씬 빠릅니다. 또한, 사람들은 컴퓨터로만 웹 사이트 접속이 가능했으나 요즘에는 많은 사람들이 개인 태블릿 PC나 스마트폰 같은 휴대 기기를 사용하기 때문에 인터넷 사용이 보다 쉬워졌습니다. 제 생각에 요즘의 인터넷이 더 빠르고 사용하기 쉽습니다.

03

집안일 거들기

House chores

| 오픽고수의 생생 Tip |

'집안일 거들기'는 여행 관련 질문에 있는 '집에서 보내는 휴가'와 함께 묶어서 아이디어 정리를 하게 되면 더욱더 다양한 표현법을 구사할 수 있습니다. (예: 집에서 휴가를 보낼 때 하는 일 - 집안일)

🎧 P2_03

| 빈출 문제 살펴보기 |

Q1 주로 하는 집안일   p.198 ▶ IM 풀이

What kind of housework do you usually do at home? Do you share your chores with your family?

당신은 어떠한 종류의 집안일을 하나요? 가족과 함께 집안일을 분담하나요?

Q2 집안일을 하면서 겪은 경험   p.200 ▶ IM 풀이

Tell me about a memorable or interesting experience you had while doing housework. What happened? Provide as many details as possible.

집안일을 하는 동안 겪은 기억에 남거나 흥미로운 경험에 대해 말해 보세요. 무슨 일이 있었나요? 가능한 한 자세하게 이야기하세요.

Q3 어릴 적 집안일을 하다가 겪었던 문제점   p.202 ▶ IM 풀이

Talk about the time you got in trouble while doing housework in your childhood. What kind of problem was it? How did you solve it? Please describe your experience in detail.

어릴 적 집안일을 하다가 문제를 겪었던 때를 이야기하세요. 어떠한 문제였나요? 어떻게 해결했나요? 당신의 경험을 자세하게 묘사해 주세요.

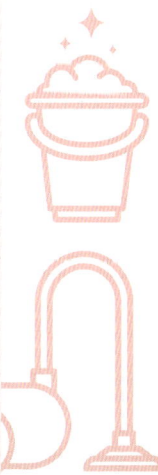

Q1 주로 하는 집안일

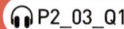

What kind of housework do you usually do at home? Do you share your chores with your family?

당신은 어떠한 종류의 집안일을 하나요? 가족과 함께 집안일을 분담하나요?

STEP 1 유형 분석하기

집안일에 대해서는 어떤 것을 말해야 할까요?

집안일 구성하기

1. 집안일을 하는 시기/빈도
2. 집안일 1
3. 집안일 2
4. 집안일 3
5. 집안일 4

I do housework 시기/빈도 .
내가 주로 하는 집안일 .
Sometimes, 가끔 하는 집안일 .
다른 사람이 하는 집안일 1 . (예: 가족 구성원)
다른 사람이 하는 집안일 2 .

STEP 2 표현 더하기

집안일을 하는 빈도

on weekends 주말에 in my free time 여가 시간에 every day 매일
almost every day 거의 매일 when my room is messy 내 방이 지저분해졌을 때

집안일의 종류

clean my room 방을 청소하다 organize my desk 책상을 정리하다
organize book shelves 책장을 정리하다 make my bed 잠자리를 정리하다
brush off the dust 먼지를 털다 vacuum the floor 진공청소기로 바닥을 청소하다
do the laundry 빨래하다 fold the laundry 빨래를 개다 water the plants 식물에 물을 주다
prepare a meal 끼니를 준비하다 wash dishes 설거지하다
set the table 식탁을 차리다 clean off the table 식탁을 치우다
sweep the floor 바닥을 쓸다 wipe the floor 바닥을 닦다
wash my dog 강아지를 씻기다 feed my dog 강아지에게 먹이를 주다
separate the trash 쓰레기 분리수거를 하다

추가 단어

housework = household chores = house chores = chores 집안일
be in charge of ~ ~을 담당하다

STEP 3 고수의 답변

1	집안일을 하는 시기/빈도	I do housework on weekends because I am too busy during the week.
2	집안일 1	I organize my desk and vacuum the floor.
3	집안일 2	Sometimes, I help my mom wash dishes and do the laundry.
4	집안일 3	Mom does almost all of the chores at home.
5	집안일 4	My dad takes out the garbage and separates the trash. My younger sister doesn't do anything.

P2_03_Q1 answer

고득점 따기 TIP ▶
만약, 집안일을 전혀 하지 않는다면 왜 안 하는지에 대해 자세한 이유를 설명해야 합니다. 단순히 '그냥'이라는 대답은 OPIc 시험에서 절대 있어서는 안 되는 아이디어입니다. 즉, 특별한 이유가 없다면 위에 있는 표현법을 다양하게 구사해서 답변을 완성해야 합니다.

STEP 4 나만의 답변

나만의 답변을 만들어 봅시다.

1	집안일을 하는 시기/빈도	I do housework _____
2	집안일 1	_____
3	집안일 2	Sometimes, _____
4	집안일 3	_____
5	집안일 4	_____

고수의 답변 해석 | 저는 주중에는 너무 바쁘기 때문에 주말에 집안일을 합니다. 서는 책상을 정리하고 청소기로 바닥을 청소합니다. 가끔은 설거지와 빨래로 엄마를 돕기도 합니다. 엄마가 거의 모든 집안일을 하십니다. 아빠는 분리수거와 쓰레기를 갖다 버리십니다. 제 여동생은 아무것도 하지 않습니다.

 **Q2 집안일을 하면서 겪은 경험**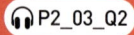

Tell me about a memorable or interesting experience you had while doing housework. What happened? Provide as many details as possible.

집안일을 하는 동안 겪은 기억에 남거나 흥미로운 경험에 대해 말해보세요. 무슨 일이 있었나요? 가능한 한 자세하게 이야기하세요.

STEP 1 유형 분석하기

경험 이야기를 할 때는 어떤 것을 말해야 할까요?

경험 이야기 구성하기

1. 집안일을 했던 시기
2. 집안일을 하게 된 계기
3. 집안일을 하다 생긴 일
4. 결과
5. 느낌/의견

It was 시기 .
집안일을 하게 된 이유 .
집안일을 하다가 생긴 일 .
결과 .
It was a 느낌 experience.

STEP 2 표현 더하기

집안일을 하다 생긴 일

I dumped my phone with the trash. 쓰레기와 함께 내 휴대 전화를 버렸다.
The window in my living room was broken. 거실에 있는 창문이 깨졌다.
The lock of my room was broken. 내 방 자물쇠가 고장 났다.
The water pipe froze because of the cold weather. 추운 날씨 때문에 수도관이 얼었다.
The water was leaking through the ceiling. 천장에서 물이 새고 있었다.
The faucet in my bathroom was broken, and it kept dripping water.
화장실 수도꼭지가 고장 나서 물이 계속 샜다.

STEP 3 고수의 답변

1	집안일을 했던 시기	It was a month ago.
2	집안일을 하게 된 계기	I invited my friends to my home so I had to clean my house.
3	집안일을 하다 생긴 일	I vacuumed the floor and cleaned my room. I saw a trash heap in the corner of my room. I took them out to the trash box. My room looked much cleaner. After a moment, I realized I dumped my phone with the trash.
4	결과	I searched through the trash box, and found my phone.
5	느낌/의견	It was a shameful experience.

P2_03_02 answer

고득점 따기 TIP ▶
경험 이야기를 할 때에는 꼭 문제점이 되는 것만 이야기할 필요는 없습니다. 기억에 남았던 상황이나 황당했던 사건 등 자신 있게 이야기하면 됩니다.

STEP 4 나만의 답변

나만의 답변을 만들어 봅시다.

1	집안일을 했던 시기	It was _____
2	집안일을 하게 된 계기	_____
3	집안일을 하다 생긴 일	_____
4	결과	_____
5	느낌/의견	It was a _____ experience.

고수의 답변 해석 | 한 달 전이었습니다. 저는 제 친구들을 초대하게 되어 집을 청소해야 했습니다. 바닥과 제 방을 청소했습니다. 제 방 구석에서 쓰레기 더미를 봤고, 그것을 쓰레기통에 버렸습니다. 제 방이 아주 깨끗하게 보였습니다. 잠시 후, 제가 제 휴대 전화를 쓰레기와 함께 버렸다는 사실을 알게 되었습니다. 쓰레기통을 뒤져서 제 휴대 전화를 찾았습니다. 창피한 경험이었습니다.

Q3 어릴 적 집안일을 하다가 겪었던 문제점 🎧 P2_03_Q3

Talk about the time you got in trouble while doing housework in your childhood. What kind of problem was it? How did you solve it? Please describe your experience in detail.

어릴 적 집안일을 하다가 문제를 겪었던 때를 이야기하세요. 어떠한 문제였나요? 어떻게 해결했나요? 당신의 경험을 자세하게 묘사해 주세요.

STEP 1 유형 분석하기

경험 이야기를 할 때는 어떤 것을 말해야 할까요?

경험 이야기 구성하기
1. 집안일을 했던 시기
2. 집안일을 하게 된 계기
3. 집안일 도중 일어난 일
4. 결과
5. 느낌/의견

I remember I did housework 시기 .
집안일을 하게 된 계기 .
집안일을 하다가 생긴 일 .
결과 .
It was a 느낌 experience.

STEP 2 표현 더하기

집안일을 하게 된 계기
It was my mom's birthday. 엄마의 생신이셨다.
I wanted to surprise my parents. 부모님을 깜짝 놀라게 하고 싶었다.
My mom asked me to clean my room. 엄마가 청소하라고 시켰다.
I invited my friends to my home. 집으로 친구들을 초대했다.

집안일 도중 일어난 일
I took a false step. 발을 헛디뎠다.
I fell from the chair. 의자에서 떨어졌다.
I didn't know how to use the vacuum cleaner. 진공청소기 사용법을 몰랐다.
I broke the vacuum while doing housework. 청소하다가 진공청소기를 고장 냈다.
I broke a dish while washing dishes. 설거지하다가 그릇을 깼다.

STEP 3 고수의 답변

P2_03_Q3 answer

1	집안일을 했던 시기	I remember I did housework when I was 10 years old.
2	집안일을 하게 된 계기	I decided to do chores because it was my mom's birthday. I wanted to make my mom happy.
3	집안일 도중 일어난 일	I swept the floor and cleaned the living room. I was too short to wash dishes so I brought a chair. I took a false step and fell from the chair.
4	결과	I sprained my ankle and my mom took me to the hospital.
5	느낌/의견	It was a sad experience in my childhood.

고득점 따기 TIP ▶

일어난 사건만 이야기하기 보다는 그 사건에 대한 결과와 느낌도 함께 이야기합니다. 사건이 일어나기 전, 그 장소의 분위기에 대해 묘사를 하는 것은 듣는 사람에 의해 그 상황을 상상하게 하는데 더 도움이 됩니다. (OPIc은 평가자가 들었을 때 그 상황이 잘 전달되면 좋습니다.)

STEP 4 나만의 답변

나만의 답변을 만들어 봅시다.

1	집안일을 했던 시기	I remember I did housework _____
2	집안일을 하게 된 계기	_____
3	집안일 도중 일어난 일	_____
4	결과	_____
5	느낌/의견	It was a _____ experience in my childhood.

고수의 답변 해석 | 제가 열 살 때 집안일을 했던 걸로 기억합니다. 엄마 생일이어서 집안일을 하기로 결심했습니다. 엄마를 행복하게 하고 싶어서요. 바닥을 쓸고 거실을 청소했습니다. 설거지를 하기에는 키가 작아서 의자를 가져왔습니다. 저는 발을 헛디뎌 의자에서 떨어졌습니다. 발목을 접질리는 바람에 엄마가 병원으로 저를 데리고 가셨습니다. 어릴 적 겪은 슬픈 경험입니다.

04 건강/병원
Health/Hospital

| 오픽고수의 생생 Tip |

'건강'과 '병원'을 관련 지은 콤보 질문이 자주 나오는 추세입니다. 실제로는 특별히 건강과 관련하여 활동하는 것이 없다고 하더라도 고득점을 받기 위해서는 다양한 표현법을 구사할 줄 알아야 합니다. 건강, 병원에 관련된 단어, 숙어 공부를 꼼꼼히 해야 합니다.

🎧 P2_04

| 빈출 문제 살펴보기 |

Q1 내가 아는 건강한 사람 묘사
p.206 ▶ IM 풀이

Tell me about the healthiest person you know. Who is he or she? Why do you think he or she is healthy?

당신이 아는 가장 건강한 사람에 대해 이야기해 보세요. 누구인가요? 왜 그(그녀)가 건강하다고 생각하나요?

Q2 건강 유지를 위한 활동
p.208 ▶ IM 풀이

People like to stay healthy these days. What do you usually do to keep healthy? Please discuss what you like to eat for your health.

요즘에는 사람들이 건강을 유지하고 싶어 합니다. 당신은 건강을 유지하기 위해 무엇을 하나요? 건강을 위한 식사로 무엇을 원하는지 이야기해 보세요.

Q3 건강에 관련된 경험
p.210 ▶ IM 풀이

Do you have any experience when you had to stop doing something for health reasons? What did you do to return to good health?

건강에 대한 이유로 무언가를 그만두어야 했던 경험이 있나요? 건강을 회복하기 위해 무엇을 했나요?

Q4 치과에 처음 간 경험
p.212 ▶ IM 풀이

When did you first visit a dental clinic? Why did you go there? Give me as many details as possible.

처음으로 치과에 갔던 적이 언제였나요? 왜 갔었나요? 가능한 한 자세히 설명해 주세요.

Q5 과거와 현재의 병원 비교
p.214 ▶ IM 풀이

Talk about the clinics in the past. How is it different from the clinics of today? Please compare them in as many details as possible.

과거의 병원에 대해서 이야기해 보세요. 오늘날의 병원과 어떻게 다른가요? 가능한 한 자세히 비교하세요.

Q1 내가 아는 건강한 사람 묘사

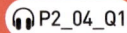 P2_04_Q1

Tell me about the healthiest person you know. Who is he or she? Why do you think he or she is healthy?

당신이 아는 가장 건강한 사람에 대해 이야기해 보세요. 누구인가요? 왜 그(그녀)가 건강하다고 생각하나요?

STEP 1 유형 분석하기

인물의 행동 묘사는 어떤 것을 말해야 할까요?

인물의 행동 묘사 구성하기
1. 인물 소개
2. 인물의 특징 묘사
3. 인물의 주로 하는 활동
4. 느낌/의견

I think 인물 is the healthies person I know.
인물의 특징 설명 .
인물의 주로 하는 활동 설명 . (식습관 + 활동 묘사)
느낌/의견 .

STEP 2 표현 더하기

내가 아는 건강한 사람
father 아빠 mother 엄마 brother 형, 오빠, 남동생 sister 언니, 누나, 여동생
professor 교수님 co-worker 동료 classmate 반 친구 friend 친구 old friend 오랜 친구
cousin 사촌 close neighbor 친한 이웃

건강한 사람들의 식습관
eat regularly 규칙적으로 먹다 never skip meals 끼니를 거르지 않는다
have a balanced diet 균형 잡힌 식사를 하다 eat slowly 천천히 먹는다
avoid unhealthy food 건강에 안좋은 음식을 피하다
eat fruits and fresh vegetables 과일과 채소를 먹는다
avoid eating junk food 군것질 하는 것을 피하다
avoid eating late-night snacks 야식 먹는 것을 피하다

건강한 사람들의 행동
think positively 긍정적으로 생각하다 get regular exercise 규칙적인 운동을 하다
sleep enough 충분히 잠을 자다 sleep and wake up early 일찍 자고 일찍 일어나다
have many friends 친구들이 많다 avoid smoking and drinking 술과 담배를 피하다
try to exercise often 자주 운동하려고 노력하다 drink lots of water 물을 많이 마시다

STEP 3 고수의 답변

1	건강한 사람 소개	Many of my friends are health conscious nowadays. I think one of my friends, Amy is the healthiest person I know.
2	특징 묘사	She thinks positively all the time.
3	활동 묘사	Also, she tries to avoid unhealthy food like fast food or junk food. In addition, she has a balanced diet. She never eats late night snacks.
4	느낌/의견	I am always jealous of her beautifully toned body.

고득점 따기 TIP ▶
고득점을 받기 위해서는 3인칭 단수에 주의해야 합니다. She 또는 He를 주어로 사용했을 때 동사에 s를 써서 3인칭 단수동사로 말하는 것도 중요하지만 읽었을 때 끝까지 소리가 나야 합니다. 만약, 주위에 건강한 사람이 없다 해도 '내 자신'이 아닌 제3의 인물을 선택해서 묘사하도록 합니다.

STEP 4 나만의 답변

나만의 답변을 만들어 봅시다.

1	건강한 사람 소개	Many of my friends are health conscious nowadays. I think _____ is the healthiest person I know.
2	특징 묘사	
3	활동 묘사	Also,
4	느낌/의견	

고수의 답변 해석 ▎ 요즘 제 친구들 중 대부분이 건강을 의식합니다. 그중에 Amy라는 친구가 제가 아는 사람 중 가장 건강하다고 생각합니다. 그녀는 언제나 긍정적으로 생각합니다. 그리고 패스트푸드나 정크푸드 같은 건강에 해로운 음식은 피하는 편입니다. 또한 균형 잡힌 식사를 합니다. 야식도 절대 먹지 않습니다. 전 그녀의 멋지게 탄력 있는 몸이 항상 부럽습니다.

Q2 건강 유지를 위한 활동

🎧 P2_04_Q2

People like to stay healthy these days. What do you usually do to keep healthy? Please discuss what you like to eat for your health.

요즘에는 사람들이 건강을 유지하고 싶어 합니다. 당신은 건강을 유지하기 위해 무엇을 하나요? 건강을 위한 식사로 무엇을 원하는지 이야기해 보세요.

STEP 1 유형 분석하기

건강한 사람들에 대해서는 어떤 것을 말해야 할까요?

인물의 습관 묘사 구성하기
1 활동 묘사   건강한 사람들의 활동 설명 .
2 식습관 묘사   건강한 사람들의 식습관 설명 .
3 나의 활동 + 식습관   In my case, 건강을 위한 나의 활동 + 식습관 설명 .

STEP 2 표현 더하기

건강한 사람들의 행동

think positively 긍정적으로 생각하다   get regular exercise 규칙적인 운동을 하다
sleep enough 충분히 잠을 자다   sleep and wake up early 일찍 자고 일찍 일어나다
have many friends 친구들이 많다   avoid smoking and drinking 술과 담배를 피하다
try to exercise often 자주 운동하려고 노력하다   drink lots of water 물을 많이 마시다

건강한 사람들의 식습관

eat regularly 규칙적으로 먹다   never skip meals 끼니를 거르지 않는다
have a balanced diet 규칙적인 식습관을 갖다   eat slowly 천천히 먹는다
avoid unhealthy food 건강에 안 좋은 음식을 피하다
eat fruits and fresh vegetables 과일과 채소를 먹는다
avoid eating junk food 군것질 하는 것을 피하다
avoid eating late-night snacks 야식 먹는 것을 피하다

STEP 3 고수의 답변

1 건강한 사람들의 활동 — Healthy people usually get regular exercise. They also try to avoid smoking and drinking.
2 건강한 사람들의 식습관 — When it comes to their eating habits, they never skip meals, even breakfast.
3 나의 활동+식습관 — In addition, I as a healthy person, like to eat fruits and fresh vegetables.

P2_04_Q2 answer

고득점 따기 TIP ▶
답변을 길게 늘리고 싶을 때는 such as와 like 또는 for example의 표현법을 사용해서 상세한 정보를 줄 수 있습니다.

STEP 4 나만의 답변

나만의 답변을 만들어 봅시다.

1 건강한 사람들의 활동 — Healthy people usually _____
They also _____
2 건강한 사람들의 식습관 — When it comes to their eating habits, they _____

3 나의 활동+식습관 — In addition, I as a healthy person, _____

고수의 답변 해석 | 건강한 사람들은 대개 운동을 규칙적으로 합니다. 또한 담배와 술을 피합니다. 그들의 식습관을 보면 아침을 포함해서 절대 끼니를 거르지 않습니다. 저 또한 건강한 사람으로서 과일과 신선한 채소를 섭취하는 것을 좋아합니다.

Q3 건강에 관련된 경험

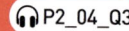

Do you have any experience when you had to stop doing something for health reasons? What did you do to return to good health?
건강에 대한 이유로 무언가를 그만두어야 했던 경험이 있나요? 건강을 회복하기 위해 무엇을 했나요?

STEP 1 유형 분석하기

경험 이야기하기는 어떤 것을 말해야 할까요?

경험 이야기 구성하기
1 시기/건강에 안 좋은 습관
2 그 행동을 그만둔 계기
3 했던 노력
4 결과
5 느낌/의견

When I was 시기 , I used to 있었던 습관 .
건강에 안 좋은 행동을 그만두게 된 계기 .
했던 노력 설명 .
결과 설명 .
I feel much better.

STEP 2 표현 더하기

건강에 안 좋은 습관
eat late-night snacks 야식을 먹다 go to bed late 늦게 잠을 자다
wake up late 늦게 일어나다 eat too much junk food 군것질을 너무 많이 하다
drink too much 술을 너무 많이 마시다 smoke too much 담배를 너무 많이 피우다
drink too much coffee[caffeine] 커피[카페인]를 너무 많이 마시다
play computer games until late night 늦은 밤까지 컴퓨터 게임을 하다

안 좋은 습관을 그만두었던 계기
I couldn't sleep well at night. 밤에 잠을 잘 못 잤다.
I gained a lot of weight. 살이 많이 쪘다.
It affected my health badly. 건강에 안 좋은 영향을 미쳤다.
I got bad eyesight. 눈이 나빠졌다.
I had a stomachache. 속이 안 좋았다.

안 좋은 습관을 그만두기 위해 했던 노력
I decided to go on a diet. 다이어트 하기로 결심했다.
I decided to stop smoking[drinking]. 담배[술]를 끊기로 결심했다.
I decided to stop meeting my drinking buddies. 술친구들을 그만 만나기로 결심했다.
I decided to go to bed early. 일찍 잠을 자기로 결심했다.

STEP 3 고수의 답변

1	건강에 안 좋았던 습관	When I was a college freshman, I used to drink too much coffee, probably more than two cups every day.
2	그만두었던 계기	One day, I had a stomachache and went to a doctor's clinic for check-up. The doctor told me not to drink coffee for a while.
3	했던 노력	I tried to stop drinking coffee but it was not easy at first. I drank milk or some tea when I felt like drinking coffee.
4	결과	As a result, I could cut down on coffee.
5	느낌/의견	I felt much better.

P2_04_Q3 answer

고득점 따기 TIP ▶

과거에 경험했던 일이기 때문에 과거시제를 사용하는 것을 잊지 말도록 합시다.
- 항상 과거시제를 사용하되, 그때의 일을 생동감 있게 표현하고 싶다면 과거진행형 사용하기
- 육하원칙을 기본으로 이야기 꾸미기 (언제/어디서/누구와/무엇을/결과)

STEP 4 나만의 답변

나만의 답변을 만들어 봅시다.

1	건강에 안 좋았던 습관	When I was _____, I used to _____
2	그만두었던 계기	One day, _____
3	했던 노력	_____
4	결과	As a result,
5	느낌/의견	I felt much better.

고수의 답변 해석 | 제가 대학교 1학년이었을 때 하루에 두 잔 이상을 마실 정도로 너무 많은 커피를 마시곤 했습니다. 하루는 배가 아파서 의사에게 검사를 받고자 찾아갔습니다. 의사는 잠시 동안 커피를 마시지 말라고 했습니다. 커피를 끊으려고 노력했지만 처음에는 쉽지 않았습니다. 커피가 마시고 싶을 때마다 우유나 다른 차를 마셨습니다. 그 결과 커피를 줄일 수 있었습니다. 많이 좋아진 기분을 느꼈습니다.

Q4 치과에 처음 간 경험

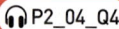

When did you first visit a dental clinic? Why did you go there? Give me as many details as possible.

처음으로 치과에 갔던 적이 언제였나요? 왜 갔었나요? 가능한 한 자세히 설명해 주세요.

STEP 1 유형 분석하기

처음 간 장소에 대한 경험 이야기는 어떤 것을 말해야 할까요?

장소에 대한 경험 이야기 구성하기

1. 그 장소에 갔던 시기
2. 그 장소에 갔던 이유
3. 시설 (보이는 것)
4. 느낌/의견

I first went to a dental clinic 시기 .
그 장소를 방문했던 이유 설명 .
As soon as I opened the door at the clinic, 보이는 것 .
느낌/의견 .

STEP 2 표현 더하기

치과에 갔던 이유
pull out a tooth 이를 빼다   treat a cavity[decayed tooth] 충치를 치료하다
have a regular checkup 정기 검진을 받다
have my teeth straightened / wear braces 치아를 교정하다

치과 시설/사람
dental equipment (machines) 치과용 의료기기   dentist chairs 치과 의자
dentist 치과의사   nurse 간호사   assistant 보조원   receptionist 접수 담당자

STEP 3 고수의 답변

1 치과에 처음 간 시기 I first went to a dental clinic when I was very young.
2 치과에 갔던 이유 I had to have my teeth checked for school. My school asked students for a regular checkup every year. I went with my mom for my first visit.
3 시설 (보이는 것) As soon as I opened the door at the clinic, I could smell dental chemicals and I could hear some noise from dental machines that made me feel scared.
4 느낌/의견 It didn't hurt at all but it was a scary experience to me.

고득점 따기 TIP ▶
처음 갔었던 장소 묘사에서는 그 장소에서 받았던 첫 느낌을 생생하게 문 앞에서부터 문을 들어서자마자 느꼈던 느낌 등을 자세하게 설명해 주면 좋습니다. 그 장소에서 보였던 사물이나 사람까지 자세히 이야기 해보세요.

STEP 4 나만의 답변

나만의 답변을 만들어 봅시다.

1 치과에 처음 간 시기 I first went to a dental clinic ____

2 치과에 갔던 이유 ____

3 시설 (보이는 것) As soon as I opened the door at the clinic, ____

4 느낌/의견 ____

고수의 답변 해석 | 제가 아주 어릴 때 치과를 처음 방문했습니다. 학교에서 요구했기 때문에 치과 검진을 받아야만 했습니다. 학교에서 매년 정기적으로 검진을 받으라고 했었거든요. 저는 엄마와 함께 첫 방문을 했습니다. 치과의 문이 열리는 순간 저를 겁먹게 만드는 화학 냄새와 기계 소리들을 들을 수 있었습니다. 하나도 아프지 않았지만 제겐 무서운 경험이었습니다.

Q5 과거와 현재의 병원 비교

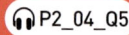 P2_04_Q5

Talk about the clinics in the past. How is it different from the clinics of today? Please compare them in as many details as possible.
과거의 병원에 대해서 이야기해 보세요. 오늘날의 병원과 어떻게 다른가요? 가능한 한 자세히 비교하세요.

STEP 1 유형 분석하기

과거와 현재 비교는 어떤 것을 말해야 할까요?

과거 vs. 현재 비교 구성하기
1 서론
2 변화 1 (과거 + 현재)
3 변화 2 (과거 + 현재)

There are some differences between clinics in the past and now.
In the past, 과거에 있었던 일 .
However, 현재 변화된 점 .
Another difference is that 과거에 있었던 일 .
On the other hand, 현재 변화된 점 today.

STEP 2 표현 더하기

과거의 병원

There were walk-in clinics. 예약이 필요 없는 병원들이 있었다.
People were not required to arrange an appointment. 예약을 하지 않아도 됐다.
Clinics had old or used machines. 오래되거나 중고 기기들이 있었다.

현재의 병원

You have to make an appointment. 예약을 해야만 한다.
You can find the latest high-tech medical equipment. 최첨단 의료기들을 찾아볼 수 있다.

STEP 3 고수의 답변

1 서론   There are some differences between clinics in the past and now.

2 변화 1 (과거+현재)   In the past, I remember there were walk-in clinics in my town. People were not required to arrange an appointment before seeing the doctor. However, you have to make an appointment before visiting the doctor's clinic. Otherwise, you have to wait for a long time or it is not possible to see the doctor for the day.

3 변화 2 (과거+현재)   Another difference is that clinics had old or used machines back in the day. On the other hand, you can find the latest high-tech medical equipment at the clinic today.

고득점 따기 TIP ▶
두 대상에 대한 비교를 할 때 A와 B 두 대상에 대한 의견을 말하는 것이 고득점을 받는 데 도움이 됩니다.

STEP 4 나만의 답변

나만의 답변을 만들어 봅시다.

1 서론   There are some differences between clinics in the past and now.

2 변화 1 (과거+현재)   In the past, _____

However, _____

3 변화 2 (과거+현재)   Another difference is that _____

On the other hand, _____

고수의 답변 해석 | 과거와 지금의 병원은 몇 가지 다른 점이 있습니다. 과거에는 예약이 필요 없는 병원들이 저희 동네에 있던 것으로 기억합니다. 의사를 만나기 전에 예약할 필요가 없었습니다. 그런데 지금은 병원에 방문하려면 예약을 꼭 해야 합니다. 그렇지 않으면 한참 동안 대기하거나 그날 의사를 볼 수 없습니다. 또 다른 점은 과거에는 병원에서 오래되거나 중고 기계들을 사용했었습니다. 그런데 요즘엔 병원에서 최첨단 의료 장비들을 볼 수 있습니다.

05 전화 담소

Talking on the phone

| 오픽고수의 생생 Tip |

'전화 담소'는 너무 평범한 주제이기 때문에 대부분의 수험생들이 답변을 짧게 대답하는 경우가 많습니다. 평범할수록 자신 있게 다양한 표현법을 사용해서 상세하게 묘사하도록 노력해야 합니다.

🎧 P2_05

| 빈출 문제 살펴보기 |

Q1 통화할 때 주로 사용하는 기기   p.218 ▶ IM 풀이

Where do you usually chat on the phone? Do you usually make a call from a phone in your home, or do you talk on your cell phone? Describe the device you use when talking on the phone.

보통 어디에서 전화로 이야기를 나누나요? 평소 집에 있는 전화기로 통화를 하나요, 아니면 휴대 전화로 전화를 하나요? 전화할 때 사용하는 장비를 묘사하세요.

Q2 통화할 때의 일상   p.220 ▶ IM 풀이

I'd like to know about your routine of talking on the phone. Who do you normally talk with, and when do you usually talk and for how long? Do you sometimes do other things at the same time when you are on the phone?

당신이 통화할 때 통상적으로 하는 습관에 대해 알고 싶습니다. 보통 누구와 얘기를 하며, 언제 그리고 얼마나 오래 이야기를 합니까? 당신은 때때로 통화를 하면서 동시에 다른 일들을 하나요?

Q3 통화하는 중에 겪은 경험   p.222 ▶ IM 풀이

Have you ever had a special experience when you were on the phone? When was it? Who were you talking with? Tell me what happened.

통화할 때 특별한 경험을 한 적이 있나요? 언제, 누구와 통화했나요? 어떤 일이었는지 말해 보세요.

Q1 통화할 때 주로 사용하는 기기

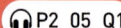 P2_05_Q1

동영상 강의

Where do you usually chat on the phone? Do you usually make a call from a phone in your home, or do you talk on your cell phone? Describe the device you use when talking on the phone.

보통 어디에서 전화로 이야기를 나누나요? 평소 집에 있는 전화기로 통화를 하나요, 아니면 휴대 전화로 전화를 하나요?

STEP 1 유형 분석하기

사물 묘사는 어떤 것을 말해야 할까요?

사물 묘사 구성하기
1. 주로 사용하는 기기
2. 그 기기를 사용하는 이유
3. 기기의 특징

I usually chat with 통화하는 사람 on 기기 .
그 기기를 주로 사용하는 이유 .
그 기기의 특징 설명 .

STEP 2 표현 더하기

주로 휴대 전화로 통화하는 이유
I can talk on the phone anywhere. 어디서든 통화할 수 있다.
I always carry my phone with me. 휴대 전화를 항상 들고 다닌다.
It is handy and easy to carry. 유용하고 들고 다니기 쉽다.
I can do other things at the same time as talking on the phone.
통화하면서 동시에 다른 일들도 할 수 있다.
I can use free phone applications to talk with others.
통화할 수 있는 무료 앱을 사용할 수 있다.

주로 집 전화로 통화하는 이유
It is cheaper than using a cell phone. 휴대 전화를 사용하는 것보다 더 저렴하다.
I usually don't go out. 보통 밖에 나가지 않는다.
I feel more comfortable using my telephone at home.
집에서 전화기를 사용하는 것이 더 편하다.

STEP 3 고수의 답변

1. 주로 사용하는 기기 On my way back home from work, I usually chat with my friends on my smart phone.
2. 그 기기를 사용하는 이유 I like to chat with my friends to kill time and to talk about daily life. My phone is handy and I always carry it with me, so I prefer to use my cell phone rather than using my home phone.
3. 기기의 특징 I can do other things at the same time as talking on the phone. For example, when I chat by earphone, I can view my phone screen and surf the Internet.

P2_05_Q1 answer

고득점 따기 TIP ▶
그 기기가 왜 좋은지 이유를 자세히 설명하면 더욱 좋습니다.

STEP 4 나만의 답변

나만의 답변을 만들어 봅시다.

1. 주로 사용하는 기기 _____, I usually chat with _____ on
2. 그 기기를 사용하는 이유
3. 기기의 특징

05 전화 담소

PART 2

고수의 답변 해석 | 저는 퇴근길에 대개 스마트폰으로 친구들과 담소를 나눕니다. 친구들과 대화하면서 시간을 보내는 것과 일상에 대해 이야기하는 것을 좋아합니다. 제 휴대 전화는 편리하며 항상 가지고 다니기 때문에 집 전화기를 사용하는 것보다 제 스마트폰을 사용하는 것을 선호합니다. 통화를 하는 동시에 다른 것들도 할 수 있습니다. 예를 들면, 이어폰으로 통화할 때 폰 화면을 볼 수 있고 인터넷을 할 수도 있습니다.

Q2 통화할 때의 일상

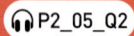 P2_05_Q2

I'd like to know about your routine of talking on the phone. Who do you normally talk with, and when do you usually talk and for how long? Do you sometimes do other things at the same time when you are on the phone?

당신이 통화할 때 통상적으로 하는 습관에 대해 알고 싶습니다. 보통 누구와 얘기를 하며, 언제 그리고 얼마나 오래 이야기를 합니까? 당신은 때때로 통화를 하면서 동시에 다른 일들을 하나요?

STEP 1 유형 분석하기

일상생활에 대해서는 어떤 것을 말해야 할까요?

일상생활 구성하기

1 주로 통화하는 사람
2 통화 내용
3 통화하면서 하는 행동

I often talk with 주로 통화하는 사람 on the phone. When I talk with 주로 통화하는 사람 , I usually talk about 통화 내용 .

I usually 통화하면서 주로 하는 행동 .

STEP 2 표현 더하기

통화하면서 하는 일들
write a note on a blank paper 백지에 메모를 하다　scribble something down 낙서를 하다
use an application on my phone 휴대 전화 앱을 사용하다
send text messages 문자를 보내다　take a walk 걷다　stare into space 허공을 바라보다

STEP 3 고수의 답변

1 주로 통화하는 사람   I often talk with my mom on the phone.
2 통화 내용   When I talk with her, I usually talk about my daily life. She asks me questions about my work, friends and sometimes co-workers. My mom is always curious about my life. She also likes to talk about her daily life. When I listen to her talking, I feel bored, but she is the one who I can say anything frankly and easily.
3 통화하면서 하는 행동   I usually scribble something down on a blank paper while talking on the phone.

고득점 따기 TIP ›
평소에 내가 주로 하지 않는 일들에 대한 돌발 질문에 대해서는 너무 길게 대답할 필요는 없지만 왜 주로 하지 않는지에 대해서는 자세히 설명을 덧붙여야 합니다. 자주 통화하는 사람이 딱 한 사람이 아닌, 여러 명을 묘사하게 되면 더 긴 답변을 구사할 수 있습니다.

STEP 4 나만의 답변

나만의 답변을 만들어 봅시다.

1 주로 통화하는 사람   I often talk with _____ on the phone.
2 통화 내용   When I talk with _____, I usually talk about
_____
_____
_____
_____
_____
3 통화하면서 하는 행동   I usually _____ while talking on the phone.

고수의 답변 해석 | 저는 종종 엄마와 통화를 합니다. 엄마와 통화를 할 때, 대개 저의 일상에 대해 이야기를 합니다. 엄마는 저의 일, 친구 그리고 때때로 직장 동료에 대해 질문을 하십니다. 항상 제 삶에 호기심을 가지고 계시며, 또한 그녀의 일상에 대해 이야기하는 것도 좋아하십니다. 엄마의 말씀을 들을 때 지루함을 느끼지만, 그녀는 제가 솔직하고 쉽게 아무거나 말할 수 있는 사람입니다. 저는 대개 통화하면서 백지에 몇 자 끄적거리곤 합니다.

Q3 통화하는 중에 겪은 경험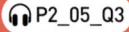

Have you ever had a special experience when you were on the phone? When was it? Who were you talking with? Tell me what happened.
통화할 때 특별한 경험을 한 적이 있나요? 언제, 누구와 통화했나요? 어떤 일이었는지 말해 보세요.

STEP 1 유형 분석하기

경험 이야기는 어떤 것을 말해야 할까요?

경험 이야기 구성하기	
1 통화 상대	I like to talk on the phone with my friends when I walk on the street. One day, I was chatting with `상대` .
2 통화 내용	We were talking about `통화 내용` .
3 통화 도중 일어난 일	`통화 도중 생긴 일` .
4 결과	`결과` .

STEP 2 표현 더하기

통화 도중 일어난 일
I met one of my high school friends. 고등학교 친구를 만났다.
I met my ex-boyfriend(ex-girlfriend). 전 남자 친구(전 여자 친구)를 만났다.
I fell over and hurt my leg. 넘어져서 다리를 다쳤다.
I missed a bus[train]. 버스[지하철]를 놓쳤다.
I dropped my phone on the floor. 휴대 전화를 바닥에 떨어뜨렸다.

STEP 3 고수의 답변

P2_05_Q3 answer

1	통화 상대	I like to talk on the phone with my friends when I walk on the street. One day, I was chatting with one of my friends.
2	통화 내용	We were talking about her ex-boyfriend. They broke up badly because her ex-boyfriend cheated on her.
3	통화 도중 일어난 일	I was at the bus stop waiting for the bus and talking on the phone. Someone tapped me on my shoulder. It was her ex-boyfriend.
4	결과	I gave a strained smile and walked away.

고득점 따기 TIP
- 육하원칙을 이용해서 빠뜨리는 내용 없이 모든 질문에 대답하기
- 과거시제를 잊지 말고 꼭 사용하기
- 잘 기억나지 않는 에피소드라도 내가 아는 표현법을 활용하기
 (시제 주의 – 기억에 없는 일도 있었던 일처럼 꾸미는 것도 실력입니다.)

STEP 4 나만의 답변

나만의 답변을 만들어 봅시다.

1	통화 상대	One day, I was chatting with
2	통화 내용	
3	통화 도중 일어난 일	
4	결과	

고수의 답변 해석 | 저는 길을 걸을 때 친구와 통화하는 것을 좋아합니다. 어느 날, 친구들 중 한 명과 통화 중이었습니다. 우리는 그녀의 전 남자 친구에 대해 이야기를 했는데, 전 남자 친구가 바람을 피워서 그들은 안 좋게 헤어졌다고 했습니다. 저는 버스 정류장에서 버스를 기다리면서 통화 중이었습니다. 누군가 내 어깨를 가볍게 툭 쳤고, 그녀의 전 남자 친구였습니다. 저는 부자연스러운 웃음을 짓고 그 자리를 벗어났습니다.

06 패션

Fashion

| 오픽고수의 생생 Tip |

'패션'에 관련된 주제는 평소에 관심 없는 사람이라면 많이 당황할 수 있는 질문이기 때문에 사전에 철저히 준비해야 합니다.

🎧 P2_06

| 빈출 문제 살펴보기 |

Q1 오늘 입은 의상 묘사 p.226 ▶ IM 풀이

Describe the clothes you are wearing now. What kind of clothes are you wearing today?

지금 입고 있는 옷을 묘사하세요. 오늘은 어떤 종류의 옷을 입고 있나요?

Q2 우리나라 사람들의 패션 p.228 ▶ IM 풀이

Can you tell me about fashion trends in your country? What do people like to wear these days?

요즘 당신의 나라에서 유행하는 패션에 대해 말해 줄 수 있나요? 사람들은 요즘 어떤 옷들을 입나요?

Q3 예전 패션과 현재 패션 비교 p.230 ▶ IM 풀이

Now, let's talk about the fashion trends in your country. How do people dress differently from the past? Describe changes of fashion trends in your country.

이제 당신의 나라에서 유행하는 패션에 대해 말해 볼게요. 사람들은 과거와 어떻게 다르게 옷을 입나요? 당신 나라의 유행하는 패션의 변화에 대해 묘사하세요.

Q1 오늘 입은 의상 묘사

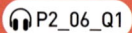 P2_06_Q1

Describe the clothes you are wearing now. What kind of clothes are you wearing today?
지금 입고 있는 옷을 묘사하세요. 오늘은 어떤 종류의 옷을 입고 있나요?

STEP 1 유형 분석하기

의상 묘사는 어떻게 준비해야 할까요?

의상 묘사 구성하기
1 입고 있는 의상/이유
2 가방 안의 물건
3 오늘의 의상 종류

Now, I am wearing 현재 입고 있는 의상 묘사 .
I have a bag to carry my stuff such as 물건 .
Anyway, I am wearing 의상 종류 today.

TIP ▶ 현재시제 사용하기
▶ 특히, 현재 진행되고 있는 행동에 대해서 물어본다면 꼭 현재진행형 사용하기!

STEP 2 표현 더하기

의상 종류
a cardigan 카디건 a knitted wear 니트 a vest 조끼 a sweater 스웨터
a scarf/muffler 목도리 a (one-piece) dress 원피스 dowdy clothes 초라한 옷
a red and green checkered skirt 빨강과 초록 체크무늬 치마
skimpy clothes 노출이 심한 옷 a multi-colored dress 얼룩덜룩한 옷
a long-sleeved shirt 긴팔 셔츠 a short-sleeved shirt 반팔 셔츠
a white blouse 하얀색 블라우스 a white dress shirt 하얀색 와이셔츠
an off-the-shoulder dress 어깨가 드러나는 옷 an expensive outfit 값비싼 옷

추가 표현
I am dressed all in black. 나는 검은색으로 의상을 맞춰 입었다.
They wear clothes of similar design. 그들은 비슷한 디자인의 옷을 입는다.
~ is out of fashion. ~ 은 유행이 지난 것이다.
He is dressed as a clown. 그는 광대같이 옷을 입고 있다.
casual clothes 평상복 comfortable clothes 편안한 복장 formal dress 격식을 차린 복장
a suit 정장 a sweatsuit 추리닝

STEP 3 고수의 답변

P2_06_Q1 answer

1 입고 있는 의상/이유 Now, I am wearing blue jeans with a long-sleeved white shirt and running shoes. I like to be dressed in simple clothes, so I usually wear black and white or a simple shirt with blue jeans. I am wearing a black windbreaker because it's kind of windy outside today.
2 가방 안의 물건 I have a bag to carry my stuff such as some books, a small pouch, and a pencil case.
3 오늘의 의상 종류 Anyway, I am wearing casual clothes today.

고득점 따기 TIP ▶
오늘 입고 있는 의상만 언급하기에는 답변이 너무 짧을 수도 있으므로 왜 그 의상을 선택했는지 그날의 날씨나 나의 취향에 대해서도 추가적으로 말하면 더 좋습니다.

STEP 4 나만의 답변

나만의 답변을 만들어 봅시다.

1 입고 있는 의상/이유 Now, I am wearing _____

2 가방 안의 물건 I have a bag to carry my stuff such as _____

3 오늘의 의상 종류 Anyway, I am wearing _____ today.

고수의 답변 해석 | 저는 청바지와 하얀색 긴팔 셔츠를 입고, 운동화를 신고 있습니다. 저는 깔끔하게 입는 것을 좋아해서 청바지에 주로 검은색과 흰색, 아니면 깔끔한 셔츠를 입습니다. 오늘은 밖에 바람이 많이 불어 검은색 바람막이를 입고 있습니다. 저는 가방에 책 몇 권과 파우치, 그리고 필통을 넣어 가지고 다닙니다. 어쨌든 오늘은 캐주얼한 복장을 하고 있습니다.

Q2 우리나라 사람들의 패션

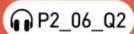 P2_06_Q2

Can you tell me about fashion trends in your country? What do people like to wear these days?
요즘 당신의 나라에서 유행하는 패션에 대해 말해 줄 수 있나요? 사람들은 요즘 어떤 옷들을 입나요?

STEP 1 유형 분석하기

패션 트렌드에 대해서는 어떤 것을 준비해야 할까요?

패션 트렌드 설명 구성하기
1 학생들의 패션
2 젊은이들의 패션
3 직장인들의 패션

These days, students in my country prefer to wear 학생들의 의상 .
Young people often 젊은이들의 의상 .
Office workers in Korea usually wear 직장인들의 의상 .

TIP ▶ 잘 모르는 정보일 때도 자신 있게 전달하기

STEP 2 표현 더하기

의상에 대한 표현

This season's look is colorful costumes. 이번 시즌 패션은 화려한 의상이다.
Fashion changes so quickly in Korea. 한국은 패션이 빨리 변한다.
Young people prefer to wear trendy and stylish dresses.
젊은이들은 유행하고 스타일이 좋은 옷들을 선호한다.
People pick clothes to show their perfectly toned bodies.
사람들은 자신의 완벽한 탄력 있는 몸을 보여 주기 위해 옷을 고른다.
Korean people like to wear stylish clothes including short dresses, printed pants, leggings, and shorts.
한국 사람들은 짧은 드레스, 무늬 있는 바지, 레깅스, 짧은 반바지 같은 유행하는 옷을 입기 좋아한다.
Women want to look sexy and stunning. 여자들은 섹시하고 아름다워 보이고 싶어 한다.
People like to wear dresses that do not reveal their actual age.
사람들은 자신의 실제 나이가 드러나지 않는 의상을 입기 좋아한다.
Korean people like to wear brand-new designer wears.
한국 사람들은 최신 유행하는 디자이너들의 의상을 입는 것을 좋아한다.
Students wear school uniforms. 학생들은 교복을 입는다.

STEP 3 고수의 답변

P2_06_Q2 answer

1 학생들의 패션 — These days, students in my country prefer to wear brand name clothing like Morth Face jackets on their school uniforms.

2 젊은이들의 패션 — Young people often buy trendy and stylish clothes because fashion changes so quickly in Korea. Especially, people like to show their perfectly toned bodies through their fashion.

3 직장인들의 패션 — Office workers in Korea usually wear suits like a white shirt or blouse with a jacket.

고득점 따기 TIP ▶
- 고수의 답변에서는 '학생/젊은 사람들/직장인' 이렇게 3가지 항목에 대해 서술했지만, 더 다양하게 결혼한 주부들이나 어린아이들 또는 할머니, 할아버지의 의상에 대해서 다양하게 설명해도 좋습니다.
- 돌발 질문의 경우, 우리나라에서 일어나는 일이나 정보와 관련한 내용이 많은데 잘 모를 경우, "I am not sure but I think ~" 문장을 사용하면 좋습니다.

STEP 4 나만의 답변

나만의 답변을 만들어 봅시다.

1 학생들의 패션 — These days, students in my country prefer to wear

2 젊은이들의 패션 — Young people often

3 직장인들의 패션 — Office workers in Korea usually wear

고수의 답변 해석 | 요즘 우리나라의 많은 학생들이 교복과 함께 Morth Face와 같은 상표가 있는 잠바를 입는 것을 선호합니다. 우리나라는 유행이 빠르게 지나가는데, 어린 친구들은 최신 유행하는 옷을 자주 구입하는 편입니다. 그리고 그들은 그들의 패션을 통해 완벽한 몸매를 드러내는 것을 좋아합니다. 직장인들은 주로 셔츠나 블라우스를 재킷과 함께 입는 정장을 입습니다.

Q3 예전 패션과 현재 패션 비교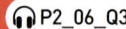

Now, let's talk about the fashion trends in your country. How do people dress differently from the past? Describe changes of fashion trends in your country.

이제 당신의 나라에서 유행하는 패션에 대해 말해 볼게요. 사람들은 과거와 어떻게 다르게 옷을 입나요? 당신 나라의 유행하는 패션의 변화에 대해 묘사하세요.

STEP 1 유형 분석하기

변화 묘사는 어떻게 준비해야 할까요?

예전 vs. 현재 비교하기 구성하기

1 예전의 패션

2 지금의 패션

3 나의 의견

10 years ago, people in my country liked to wear 예전의 패션 .
On the other hand, these days, Korean people like to wear 요즘 유행하는 패션 .
Overall, 느낌/의견 .

TIP ▸ 시제 주의하기 (예전의 일은 무조건 과거시제 또는 과거완료형, 현재의 일은 현재시제만 사용)
▸ 이전 질문에서 배웠던 표현법을 다양하게 응용하기

STEP 2 표현 더하기

예전의 패션

People liked to wear comfortable clothes. 사람들은 편안한 복장을 입는 것을 좋아했다.
People liked to wear loose clothing. 사람들은 헐렁한 옷을 입는 것을 좋아했다.
Women wore primary-colored dresses. 여자들은 원색 계열의 원피스를 입었다.
People wore simple and modern clothes. 사람들은 단조롭고 현대적인 옷을 입었다.
People wore classic clothes. 사람들은 고전적인 옷을 입었다.

현재의 패션

People like to wear skinny jeans. 사람들은 스키니진을 입는 것을 좋아한다.
Fashion changes every day and accepts the upcoming trends.
패션은 매일 바뀌고 새로운 트렌드를 받아들인다.
Young people prefer to wear similar clothes that actors or idol singers wear on TV.
젊은이들은 TV에서 배우나 아이돌 가수들이 입는 것과 비슷한 옷을 입기를 선호한다.

STEP 3 고수의 답변

1 예전의 패션 — 10 years ago, people in my country liked to wear comfortable and loose clothing. They wore simple and modern clothes. Also, they wore classic clothes.

2 지금의 패션 — On the other hand, these days, Korean people like to wear skinny jeans and stylish clothes. In addition, fashion changes every day and accepts the upcoming trends now.

3 나의 의견 — Overall, I like fashion trends now better than the past because I can go shopping for new brand clothes more often.

고득점 따기 TIP ›
시제 요소는 큰 감점의 요인이 될 수 있기 때문에 과거에 일어났던 일은 항상 '과거시제', 현재에 있는 부분은 '현재시제'를 구분해서 말하는 연습을 많이 해야 합니다.

STEP 4 나만의 답변

나만의 답변을 만들어 봅시다.

1 예전의 패션 — 10 years ago, people in my country liked to wear _____

2 지금의 패션 — On the other hand, these days, Korean people like to wear _____

3 나의 의견 — Overall, _____

고수의 답변 해석 | 10년 전, 우리나라 사람들은 편하고 넉넉한 옷을 즐겨 입었습니다. 그들은 깔끔하고 현대적인 스타일과 클래식한 스타일의 옷을 입었습니다. 그러나 요즘은, 많은 사람들이 스키니진과 유행을 따르는 옷을 즐겨 입습니다. 게다가 패션은 매일 변화하고, 빠르게 새로운 유행을 따릅니다. 전반적으로 저는 예전보다 요즘 스타일을 더 좋아하는데, 새로운 옷을 더 자주 쇼핑할 수 있기 때문입니다.

07
약속
Appointment

| 오픽고수의 생생 Tip |

약속에 관련된 질문은 너무 평범한 내용이기 때문에 대부분의 수험생들이 당황해 하는 주제입니다. 사전에 철저히 준비하지 않으면 시험장에서 버벅거릴 수 있는 주제이기 때문에 미리 준비해, 어떤 유형의 질문들이 나오는지 아이디어를 정리해 두면 좋습니다.

🎧 P2_07

| 빈출 문제 살펴보기 |

Q1 내가 주로 만드는 약속 종류 p.234 ▶ IM 풀이

There are many different kinds of appointments people make. What kinds of appointments do you usually make with people?

사람들이 약속을 잡는 종류는 다양합니다. 당신은 다른 사람들과 어떤 약속을 주로 만드나요?

Q2 약속 잡을 때 하는 행동 p.236 ▶ IM 풀이

What do you usually do when you make an appointment? What are the steps you take and what do you consider when you make an appointment?

약속을 잡을 때 주로 무엇을 하나요? 그때 어떤 절차를 거쳐서 하나요, 그리고 무엇을 고려하나요?

Q3 약속과 관련된 경험

Can you tell me about your experience when you had a problem because of an appointment? What happened? Why did it happen?

약속 때문에 문제가 있었던 경험에 대해 말해 줄 수 있나요? 무슨 일이었나요? 왜 그 일이 일어났나요?

Q1 내가 주로 만드는 약속 종류

🎧 P2_07_Q1

There are many different kinds of appointments people make. What kinds of appointments do you usually make with people?
사람들이 약속을 잡는 종류는 다양합니다. 당신은 다른 사람들과 어떤 약속을 주로 만드나요?

STEP 1 유형 분석하기

약속 종류 설명을 어떻게 준비해야 할까요?

약속 종류 설명 구성하기
1. 서론
2. 주로 만나는 사람들
3. 가끔 만나는 사람들
4. 특별한 행사

I make appointments for many purposes. I often make a plan with 사람 to 이유/목적. Sometimes, I make a plan with 사람/이유. For a special occasion such as family anniversary or birthday party, I wear a suit or dress myself nicely.

TIP ▸ 현재시제 사용하기
▸ 특별하지 않은 일도 구체적으로 묘사하기
▸ 상황에 맞는 다양한 표현법 사용하기

STEP 2 표현 더하기

약속을 잡는 사람들
family 가족 friends 친구들 co-workers 직장 동료들 girl-friend 여자 친구 boy-friend 남자 친구 classmates 반 친구들 study group members 스터디 그룹 멤버들 cousins 사촌들 relatives 친척들

사람들과 만나면 하는 일들
have dinner 저녁을 먹다 hang out 놀러 나가다 go to a baseball stadium 야구 경기장에 가다 talk about each other's daily life 서로의 일상생활에 대해 대화하다 go to a park 공원에 가다 exercise 운동하다 go jogging 조깅하다 take a walk 산책하다 ride a bicycle 자전거를 타다 enjoy the weather 날씨를 즐기다

STEP 3 고수의 답변

1	서론	I make appointments for many purposes.
2	주로 만나는 사람들	I often make plans with my friends to have dinner or hang out together.
3	가끔 만나는 사람들	Sometimes, I make plans with my co-workers. We usually go to a baseball stadium to cheer for our favorite team together.
4	특별한 행사	For a special occasion such as family anniversary or birthday party, I wear a suit or dress myself nicely.

P2_07_Q1 answer

고득점 따기 TIP ▸
- 사람들과 주로 하는 활동들이 실제로는 몇 개 없다 해도 다양한 표현법을 사용하면 더 좋은 점수를 받을 수 있습니다.
- 약속을 잡는 사람들의 종류가 반복되지 않도록 다양한 약속의 종류를 이야기합니다.

STEP 4 나만의 답변

나만의 답변을 만들어 봅시다.

1	서론	I make appointments for many purposes.
2	주로 만나는 사람들	I often make plans with _____
3	가끔 만나는 사람들	Sometimes, I make plans with _____
4	특별한 행사	For a special occasion such as family anniversary or birthday party, I wear a suit or dress myself nicely.

고수의 답변 해석 | 저는 여러 가지 일들로 약속을 잡습니다. 종종 친구들과 함께 저녁을 먹거나 시간을 보내기 위해 약속을 잡습니다. 가끔은 직장 동료들과도 약속을 잡는데 보통 함께 좋아하는 야구 팀을 응원하러 야구장에 갑니다. 가족 행사나 생일파티 같은 특별한 일이 있을 때는 정장이나 멋지게 옷을 차려입습니다.

Q2 약속 잡을 때 하는 행동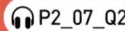

What do you usually do when you make an appointment? What are the steps you take and what do you consider when you make an appointment?
약속을 잡을 때 주로 무엇을 하나요? 그때 어떤 절차를 거쳐서 하나요, 그리고 무엇을 고려하나요?

STEP 1 유형 분석하기

과정 및 설명은 어떻게 준비해야 할까요?

과정/설명 구성하기
1. 서론
2. 약속 절차 1
3. 약속 절차 2
4. 약속 절차 3

I can think of a few steps when I make a plan.
First, I check 확인하는 부분 1 .
Next, I check on 확인하는 부분 2 .
Last, I call the person 전화해서 확인하는 부분 .

TIP ▸ 재시제 사용하기
▸ 특별하지 않은 일도 구체적으로 묘사하기

STEP 2 표현 더하기

약속을 잡을 때 필요한 요소

check the place 장소를 알아보다 check the appointment time 약속 시간을 확인하다
check on how to get to the destination 약속 장소로 가는 방법을 알아보다
call the person 상대에게 전화하다 check the weather 날씨를 확인하다
check the commuting time 오가는 시간을 확인하다

STEP 3 고수의 답변

1	서론	I can think of a few steps when I make a plan.
2	약속 절차 1	First, I check the place and the time for the meeting.
3	약속 절차 2	Next, I check on how to get to the destination.
4	약속 절차 3	Last, I call the person to make sure of the appointment.

P2_07_Q2 answer

고득점 따기 TIP
- 약속을 만드는 절차는 개인별로 다르기 때문에 생각나는 대로 순서를 정해도 상관이 없습니다.
- make sure to, always, never forget to, try to, usually, typically 등을 이용해 문장의 단조로움을 피하는 것도 좋습니다.

STEP 4 나만의 답변

나만의 답변을 만들어 봅시다.

1	서론	I can think of a few steps when I make a plan.
2	약속 절차 1	First, I check _____
3	약속 절차 2	Next, I check on _____
4	약속 절차 3	Last, I call the person _____

고수의 답변 해석 | 약속을 정할 때 몇 가지 과정이 있습니다. 먼저 장소와 시간을 알아봅니다. 다음으로 약속 장소에 가는 방법에 대해 확인합니다. 마지막으로, 약속을 확인하기 위해 상대방에게 전화를 합니다.

08 호텔
Hotel

| 오픽고수의 생생 Tip |

꼭 호텔에 묵었던 경험이 없더라도 시설, 위치, 서비스, 가격, 음식, 방 등 구체적으로 묘사하는 것이 좋습니다. 비슷한 문제가 3개 연속으로 출제되는 경우가 많은데, 그럴 때는 앞에서 묘사했던 호텔과는 반대되게 묘사하는 것 또한 좋은 방법입니다.

🎧 P2_08

| 빈출 문제 살펴보기 |

Q1 우리나라의 호텔 p.240 ▶ IM 풀이

Tell me about the hotels in your country. What is a typical hotel like?

당신 나라의 호텔에 대해 말해 주세요. 전형적인 호텔은 어떤가요?

Q2 최근에 방문했던 호텔 p.242 ▶ IM 풀이

Describe a hotel you've recently been to. What was it like to stay there? What did you see? Take me on a trip to the hotel you stayed at.

최근에 방문했던 호텔을 묘사하세요. 그곳에서 묵는 것은 어땠나요? 무엇을 보았나요? 묵었던 호텔을 묘사해 주세요.

Q3 기억에 남는 호텔 p.244 ▶ IM 풀이

Tell me about one of the most memorable hotels you've visited. What was it like? Why was it so memorable to you?

방문했던 호텔 중 가장 기억에 남는 호텔에 대해 이야기해 주세요. 어땠나요? 왜 그렇게 기억에 남았나요?

Q1 우리나라의 호텔

 P2_08_Q1

Tell me about the hotels in your country. What is a typical hotel like?
당신 나라의 호텔에 대해 말해 주세요. 전형적인 호텔은 어떤가요?

STEP 1 유형 분석하기

장소 묘사는 어떤 것을 말해야 할까요?

장소 묘사 구성하기

1 우리나라의 호텔
2 내가 가는 호텔

3 호텔의 서비스
4 호텔의 방
5 느낌/의견

There are many hotels in my country.
But my family usually stays at 내가 가는 호텔 when we take a local trip and I think it's a typical hotel in my country.
It has 호텔의 서비스 .
Also, 방 묘사 .
Overall, I think 느낌/의견 .

STEP 2 표현 더하기

서비스

friendly and helpful staff 상냥하고 친절한 직원
provide fast and efficient service 빠르고 효율적인 서비스를 제공하다
always have a smile on their face 항상 웃고 있다
have many facilities for guests 투숙객을 위한 많은 시설이 있다
provide continental breakfast for free 무료로 조식을 제공해 주다

방 묘사

The rooms are equipped with Wi-Fi. 방에 와이파이가 된다.
clean and spacious 깨끗하고 넓은
comfortable and roomy 편안하고 넓은 modern 현대적인
The rooms have a great view. 방의 경치가 좋다.
The rooms have the basic necessities. 방에는 기본 필수품들이 있다.

STEP 3 고수의 답변

1 우리나라의 호텔 — There are many hotels in my country.
2 내가 가는 호텔 — But my family usually stays at December Hotel when we take a local trip and I think it's a typical hotel in my country.
3 호텔의 서비스 — It has friendly and helpful staff that provides efficient service.
4 호텔의 방 — Also, the rooms are clean, spacious and comfortable.
5 느낌/의견 — Overall, I think hotels in my country have great rooms and service.

P2_08_Q1 answer

고득점 따기 TIP ›
호텔의 시설, 위치, 분위기 등도 구체적으로 묘사해서 답을 더욱 풍부하게 만드는 것도 좋은 방법입니다.

STEP 4 나만의 답변

나만의 답변을 만들어 봅시다.

1 우리나라의 호텔 — There are many hotels in my country.
2 내가 가는 호텔 — But my family usually stays at _____ when we take a local trip and I think it's a typical hotel in my country.
3 호텔의 서비스 — _____
4 호텔의 방 — Also, _____
5 느낌/의견 — Overall, I think _____

고수의 답변 해석 | 우리나라에는 많은 호텔들이 있습니다. 하지만 우리 가족은 국내여행을 할 때, 주로 December 호텔에 묵는데, 가장 전형적인 호텔입니다. 그곳은 친절하고 상냥한 직원들이 효율적인 서비스를 제공합니다. 그리고 방들도 깨끗하고 넓으며, 편안합니다. 전반적으로 우리나라의 호텔들은 좋은 방과 서비스를 제공한다고 생각합니다.

Q2 최근에 방문했던 호텔

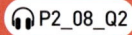 P2_08_Q2

Describe a hotel you've recently been to. What was it like to stay there? What did you see? Take me on a trip to the hotel you stayed at.

최근에 방문했던 호텔을 묘사하세요. 그곳에서 묵는 것은 어땠나요? 무엇을 보았나요? 묵었던 호텔을 묘사해 주세요.

STEP 1 유형 분석하기

장소 묘사는 어떻게 아이디어를 구상할까요?

장소 묘사 구성하기
1 호텔 소개
2 규모/분위기
3 보이는 것
4 당시 기분
5 느낌/의견

시기 , I stayed at a hotel located in 위치 .
The hotel was 규모/분위기 .
Also, 보이는 것 .
So, I felt 당시 기분 during my stay there.
Overall, 느낌/의견 .

STEP 2 표현 더하기

분위기

It was cozy and comfortable inside. 내부는 아늑하고 쾌적했다.
It was clean and modern inside. 내부는 깨끗하고 현대적이었다.
It had an exotic atmosphere. 이국적인 분위기를 가지고 있었다.
It had a warm and friendly atmosphere. 따뜻하고 친절한 분위기를 가지고 있었다.

보이는 것(방)

a large flat screen TV on the wall 벽의 큰 평면 TV
an amazing view from the balcony 발코니에서의 놀라운 경치
free drinks in the mini-fridge 작은 냉장고 안의 무료 음료
convenient gym facilities 편리한 헬스 시설
a bakery to grab a quick breakfast 아침을 간단하게 해결할 수 있는 빵집

당시 기분

I felt welcomed and comfortable. 환영받고 편안한 기분이었다.
I felt safe and secure. 안전하고 보호받는 기분이었다.
I felt like checking out of the hotel. 호텔에서 체크아웃 하고 싶었다.
I felt it was run-down and dirty. 허물어져 가는 더러운 곳 같았다.

STEP 3 고수의 답변

1	호텔 소개	Last month, I stayed at a hotel located in Jeju Island.
2	분위기	The hotel was small, but it was clean and modern inside.
3	보이는 것	Also, the room had a large flat screen TV on the wall, an amazing view from the balcony, and free drinks in the mini-fridge.
4	당시 기분	So, I felt welcomed and comfortable during my stay there.
5	느낌/의견	Overall, I enjoyed my stay at this hotel.

P2_08_Q2 answer

고득점 따기 TIP ▶
과거에 묵었던 곳이기에 묘사를 하면서 경험과 연결시켜 보는 것도 좋은 방법입니다. 당시 기분이나 느낀 점 등을 이야기해 봅시다.

STEP 4 나만의 답변

나만의 답변을 만들어 봅시다.

1	호텔 소개	_____, I stayed at a hotel located in _____
2	분위기	The hotel was _____
3	보이는 것	Also, _____
4	당시 기분	So, I felt _____ during my stay there.
5	느낌/의견	Overall, _____

고수의 답변 해석 | 지난달에 머물렀던 호텔은 제주도에 위치해 있습니다. 그 호텔은 규모는 작았지만, 실내가 깨끗하고 현대적이 었습니다. 벽에는 평면 TV가 걸려 있었고, 발코니에서 바라본 풍경은 놀라웠습니다. 그리고 작은 냉장고에는 무료 음료도 있었습 니다. 머무는 동안 환영받는 기분이 들었고, 편안했습니다. 전반적으로, 저는 이 호텔에서 머무는 것이 즐거웠습니다.

Q3 기억에 남는 호텔

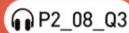 P2_08_Q3

Tell me about one of the most memorable hotels you've visited. What was it like? Why was it so memorable to you?

방문했던 호텔 중 가장 기억에 남는 호텔에 대해 이야기해 주세요. 어땠나요? 왜 그렇게 기억에 남았나요?

STEP 1 유형 분석하기

경험 묘사는 어떻게 아이디어를 구상할까요?

경험 묘사 구성하기
1. 호텔 소개
2. (묵었던) 기간/시기/위치
3. 기억에 남는 이유 1
4. 기억에 남는 이유 2
5. 마무리

The most memorable hotel was `호텔 이름`.
I stayed there for `기간 + 시기` when I took a trip to `장소`.
As soon as I arrived at the hotel, `느낌` because `이유 1`.
Also, `이유 2`.
Overall, I enjoyed my stay at the hotel and I would highly recommend it to others. (추천)
(Overall, I did not enjoy my stay at the hotel and I wouldn't recommend it to others.) (비추천)

STEP 2 표현 더하기

기억에 남는 것들
The hotel had good value for money. 가격 대비 좋았다.
I was pleasantly surprised. 기분 좋게 놀랐다.
All the staff was incredibly friendly and helpful.
모든 직원들이 믿기지 않을 정도로 상냥하고 친절했다.
The food was amazing. 음식은 놀라웠다.
The food melted in my mouth. 음식이 입 안에서 살살 녹았다.
suite 스위트룸   a buffet restaurant 뷔페 식당

방 묘사
I felt like I was in a five-star hotel. 별 5개짜리 호텔에 있는 것 같았다.
I felt at home. 집처럼 편안했다.   It was a pleasant stay. 기분 좋게 묵었다.

STEP 3 고수의 답변

1	호텔 소개	The most memorable hotel was December hotel.
2	시간/기간/위치	I stayed there for a week last month when I took a trip to Jeju Island.
3	기억에 남는 이유 1	As soon as I arrived at the hotel, I was (pleasantly) surprised because all the staff was incredibly friendly and helpful.
4	기억에 남는 이유 2	Also, I loved the hotel because the food was amazing. They had a buffet restaurant, and the food melted in my mouth.
5	마무리	Overall, I enjoyed my stay at the hotel, and I would highly recommend it to others. (Overall, I did not enjoy my stay at the hotel and I wouldn't recommend it to others.)

P2_08_03 answer

고득점 따기 TIP
아이디어가 더 이상 떠오르지 않는다면 앞 문제에서 묘사했던 호텔을 반대로 묘사하는 것도 좋은 방법입니다.

STEP 4 나만의 답변

나만의 답변을 만들어 봅시다.

1	호텔 소개	The most memorable hotel was _____
2	시간/기간/위치	I stayed there for _____ when I took a trip to _____
3	기억에 남는 이유 1	As soon as I arrived at the hotel, _____
4	기억에 남는 이유 2	Also, _____
5	마무리	Overall, I enjoyed my stay at the hotel and I would highly recommend it to others. (Overall, I did not enjoy my stay at the hotel and I wouldn't recommend it to others.)

고수의 답변 해석 | 가장 기억에 남는 곳은 December 호텔입니다. 지난달, 제주도로 여행을 갔을 때 일주일간 그곳에 머물렀습니다. 호텔에 들어서자마자, 믿기지 않을 정도로 친절하게 도움을 주는 직원들을 보고 정말 놀랐습니다. 그리고 그곳에는 입 안에서 살살 녹는 것 같은 맛있는 음식들이 많이 있는 뷔페 음식점이 있었고, 그 때문인지 호텔이 정말 마음에 들었습니다. 전반적으로, 그 호텔에 머무는 동안 정말 즐거웠고, 꼭 방문해 보길 추천합니다. (그 호텔에 머무는 동안 즐겁지 않았고, 추천하지 않습니다.)

09 은행
Bank

| 오픽고수의 생생 Tip |

은행에 관련된 주제는 OPIc 돌발 질문에서 자주 나오는 유형으로 장소 묘사, 행동 묘사, 과거와 현재 비교하기와 같은 형태로 출제가 됩니다. 답변을 외우는 것도 좋지만 유형을 중심으로 단어 공부도 철저히 준비해야 합니다.

🎧 P2_09

| 빈출 문제 살펴보기 |

Q1 자주 가는 은행 묘사   p.248 ▶ IM 풀이

Can you describe a bank you often go to? Where is it located? What can you see in the bank?

당신이 자주 가는 은행에 대해 말해 줄 수 있나요? 어디에 위치해 있나요? 은행에서 무엇을 볼 수 있나요?

Q2 은행에서 주로 하는 일 묘사   p.250 ▶ IM 풀이

What do people usually do at a bank in your country? Please tell me about things people do at a bank in detail.

당신의 나라 사람들은 은행에서 주로 어떤 일을 하나요? 사람들이 은행에서 하는 일들에 대해서 자세히 말해 주세요.

Q3 예전 은행과 지금 은행 비교   p.252 ▶ IM 풀이

Tell me about a bank in your childhood. How has banking changed since you were young?

당신이 어렸을 때의 은행에 대해서 말해 주세요. 당신이 어릴 때 이후로 은행 업무는 어떻게 바뀌었나요?

Q1 자주 가는 은행 묘사

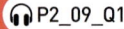 P2_09_Q1

Can you describe a bank you often go to? Where is it located? What can you see in the bank?
당신이 자주 가는 은행에 대해 말해줄 수 있나요? 어디에 위치해 있나요? 은행에서 무엇을 볼 수 있나요?

STEP 1 유형 분석하기

장소 묘사는 어떤 것을 말해야 할까요?

장소 묘사 구성하기
1 이름/위치
2 분위기
3 시설 (보이는 것)
4 느낌

I often go to 장소 near my house.
장소 is 분위기 .
As soon as I enter 장소 , I can see 보이는 것 .
(또는) There is/are ~로 설명하면 됩니다.

I think 장소 is a good place to (v) .

STEP 2 표현 더하기

은행 분위기
quiet 조용한   clean 깨끗한   modern 현대적인   messy 지저분한   well-organized 잘 정리된
spacious 넓은   small 작은   bright 밝은   dark 어두운   comfortable 쾌적한

은행 시설
a security guard 보안 요원, 청원 경찰   a ticket machine 번호표 발매기
counters 창구   chairs 의자   couches 소파   tellers 은행원
people waiting in line 줄을 서서 기다리는 사람들   ATM machines 현금 인출기
an information desk 안내 데스크   VIP rooms VIP룸   a waiting area 기다리는 장소
a coffee machine for customers 손님들을 위한 커피 자판기
a water purifier 정수기   magazines 잡지책들   newspapers 신문
many kinds of brochures 많은 종류의 안내용 책자들

STEP 3 고수의 답변

1 자주 가는 은행 — There are many banks in my country. I often go to IM Bank near my house.
2 은행 분위기 — The bank is always crowded with people.
3 은행 시설 — As soon as I enter the bank, I can see a security guard. There is a ticket machine in front of the main gate. On the right side of the bank, I can see counters, chairs, and tellers. In addition, there are many people waiting in line for their turns.
4 느낌 — I think a bank is a good place to manage my money.

고득점 따기 TIP ›
답변의 문장을 외우기보다는 내가 주로 가는 은행 이미지를 머릿속에 그리면서 설명하면 쉽고 자세하게 대답할 수 있습니다.

STEP 4 나만의 답변

나만의 답변을 만들어 봅시다.

1 자주 가는 은행 — There are many banks in my country. I often go to _____

2 은행 분위기 — The bank is _____

3 은행 시설 — As soon as I enter the bank, I can see _____

4 느낌 — I think a bank is a good place to _____

고수의 답변 해석 | 우리나라에는 많은 은행들이 있는데, 저는 주로 집 근처의 IM 은행에 갑니다. 그 은행은 항상 사람들로 붐빕니다. 은행에 들어서면, 보안 요원이 있습니다. 입구 앞에는 번호표 발매기가 있고, 오른쪽에는 창구와 의자들, 그리고 은행원들이 있습니다. 그리고 많은 사람들이 줄을 서서 자신의 순서를 기다립니다. 안전하게 돈을 관리하기에는 은행이 좋습니다.

Q2 은행에서 주로 하는 일 묘사

🎧 P2_09_Q2

What do people usually do at a bank in your country? Please tell me about things people do at a bank in detail.

당신의 나라 사람들은 은행에서 주로 어떤 일을 하나요? 사람들이 은행에서 하는 일들에 대해서 자세히 말해 주세요.

STEP 1 유형 분석하기

활동 묘사를 이야기할 때는 어떤 것을 말해야 할까요?

활동 묘사 구성하기	
1 하는 일 1	People usually go to a bank to 은행을 가는 목적 1 .
2 하는 일 2	Sometimes, 은행을 가는 목적 2 .
3 하는 일 3	Also, 은행을 가는 목적 3 .
4 내가 주로 하는 일	In my case, I often 내가 주로 은행을 가는 목적 .

TIP ▸ 현재시제 사용하기
▸ 평범한 일상이라도 구체적으로 묘사하기
▸ 은행에서의 특별한 활동이 없는 경우, 왜 없는지 이유를 제시하기

STEP 2 표현 더하기

은행에서 하는 일들

deposit money 입금하다 withdraw money 출금하다
wire money 송금하다 transfer money 이체하다 get a loan 대출을 받다
open a bank account 은행 계좌를 개설하다 close a bank account 은행 계좌를 폐지하다
pay utility bills 공과금을 납부하다 pay taxes 세금을 납부하다
reissue my bankbook 통장을 재발급해 주다 issue a credit card 신용 카드를 발급해 주다

STEP 3 고수의 답변

🔊 P2_09_02 answer

1 하는 일 1 People usually go to a bank to deposit and withdraw money.
2 하는 일 2 Sometimes, they open and close a bank account if needed.
3 하는 일 3 Also, they wire or transfer money at the bank.
4 내가 주로 하는 일 In my case, I often take my money out from the ATM machine.

고득점 따기 TIP ›
- 은행에서 주로 하는 활동들이 실제로는 몇 개 없다 해도 다양한 표현법을 사용하면 더 좋은 점수를 받을 수 있습니다.
- 은행에서 하는 일들이 하나의 답변 안에 반복되지 않도록 미리 단어나 표현법들을 익혀 시험장에서 다양하게 응용하도록 합시다.

STEP 4 나만의 답변

나만의 답변을 만들어 봅시다.

1 하는 일 1 People usually go to a bank to _____

2 하는 일 2 Sometimes, _____

3 하는 일 3 Also, _____

4 내가 주로 하는 일 In my case, I often _____

고수의 답변 해석 | 사람들은 대부분 입금을 하거나 출금을 하러 은행에 갑니다. 가끔은 필요에 따라 새로운 계좌를 개설하기도 하고 폐지하기도 합니다. 또한, 은행에서 송금 또는 이체 업무를 보기도 합니다. 저의 경우에는 현금 인출기에서 종종 돈을 인출합니다.

Q3 예전 은행과 지금 은행 비교

🎧 P2_09_Q3

Tell me about a bank in your childhood. How has banking changed since you were young?

당신이 어렸을 때의 은행에 대해서 말해 주세요. 당신이 어릴 때 이후로 은행 업무는 어떻게 바뀌었나요?

STEP 1 유형 분석하기

변화 묘사는 어떻게 준비해야 할까요?

예전 vs. 현재 비교하기 구성하기
1. 은행 비교 1
2. 은행 비교 2
3. 은행 비교 3
4. 의견/느낌

When I was young, 예전 은행 .
But now, 현재 은행 .
In the past, 예전 은행 .
On the other hand, 현재 은행 .
In addition, 예전 은행 . But now,
Overall, it is easier to have access to banking these days.

TIP ▶ 시제 주의하기 (예전의 일은 무조건 과거시제 또는 과거완료형, 현재의 일은 현재시제만 사용)

STEP 2 표현 더하기

예전의 은행
I needed my own stamp to open a bank account. 계좌를 개설하려면 도장이 필요했다.
There were only a few ATM machines at a bank. 현금 인출기가 몇 개 없었다.
People had to wait in line for their services. 은행 일을 보기 위해서는 줄을 서서 기다려야 했다.
It took longer to complete their request. 은행 일을 처리하는 데 시간이 더 오래 걸렸다.

현재의 은행
I can sign the application to open a bank account. 은행 계좌를 개설하려면 서명을 할 수 있다.
There are more ATM machines at a bank. 은행에 현금 인출기가 더 생겼다.
I can access banking on the Internet. 인터넷으로 은행 일을 볼 수 있다.
I can open a new account on the Internet. 인터넷으로 새 계좌를 개설할 수 있다.

STEP 3 고수의 답변

1 은행 비교 1   When I was young, I needed my own stamp to open a bank account. But now, I can sign the application instead of using a stamp.

2 은행 비교 2   In the past, I had to go to a bank to open a new account. On the other hand, I can open an account on the Internet at home now.

3 은행 비교 3   In addition, I had to wait in line for my service for a long time when the bank was busy. But now, I can sit and wait for my turn because there are waiting number tickets at a bank.

4 의견/느낌   Overall, it is easier to have access to banking these days.

🎧 P2_09_Q3 answer

고득점 따기 TIP ▶
시제 요소는 큰 감점의 요인이 될 수 있기 때문에 과거에 일어났던 일은 항상 '과거시제'로, 현재에 있는 부분은 '현재시제'로 구분해서 말하는 연습을 많이 해야 합니다.

STEP 4 나만의 답변

나만의 답변을 만들어 봅시다.

1 은행 비교 1   When I was young, _____
But now, _____

2 은행 비교 2   In the past, _____
On the other hand, _____

3 은행 비교 3   In addition, _____
But now, _____

4 의견/느낌   Overall, it is easier to have access to banking these days.

고수의 답변 해석 | 제가 어릴 적만 해도, 도장이 있어야 계좌를 개설할 수 있었습니다. 그러나 오늘날에는, 서명으로 대신할 수 있습니다. 과거에는 계좌를 개설하기 위해 은행에 가야 했습니다. 그러나 이제는 집에서 인터넷으로 계좌를 개설할 수 있습니다. 게다가 과거에는, 붐비는 은행에서 업무를 보기 위해 오랜 시간 줄을 서서 기다려야 했지만, 현재는 대기표를 받고 앉아서 차례를 기다리면 됩니다. 오늘날의 은행 업무는 전반적으로 더욱 수월해졌습니다.

10 명절
Holiday

| 오픽고수의 생생 Tip |

가끔 수험자들은 Holiday를 명절이 아닌 휴일로 생각하기도 하지만 OPIc에서는 우리나라의 가장 큰 명절인 추석이나 설을 의미합니다. 따라서 그날 하는 활동, 경험, 먹는 음식 및 전통들을 전반적으로 소개할 수 있어야 합니다. 더불어 명절과 관련된 경험도 같이 준비하면 좋습니다.

 P2_10

| 빈출 문제 살펴보기 |

Q1 가장 큰 명절 p.256 ▶ IM 풀이

What is the biggest holiday in your country? How do you celebrate it? What do you usually do on the holiday?

당신의 나라에서 가장 큰 명절은 무엇인가요? 어떻게 기념하나요? 명절에 보통 무엇을 하나요?

Q2 명절에 가족과 하는 일과 먹는 것 p.258 ▶ IM 풀이

What do people usually do with their family, and what kinds of food do they eat during the holiday?

명절 때 사람들이 가족과 보통 어떤 것을 하며, 어떤 음식을 먹나요?

Q3 기억에 남는 어릴 적 명절 경험 p.260 ▶ IM 풀이

Please tell me about the most memorable holiday from your childhood. Where were you on that day? What did you do? Why is it so memorable for you?

어린 시절에 있었던 가장 기억에 남는 명절에 대해 말해 주세요. 그때 어디에 있었나요? 무엇을 했나요? 왜 당신에게 그렇게 기억에 남나요?

Q1 가장 큰 명절

🎧 P2_10_Q1

What is the biggest holiday in your country? How do you celebrate it? What do you usually do on the holiday?

당신의 나라에서 가장 큰 명절은 무엇인가요? 어떻게 기념하나요? 명절에 보통 무엇을 하나요?

동영상 강의

STEP 1 유형 분석하기

명절은 어떻게 소개해야 될까요?

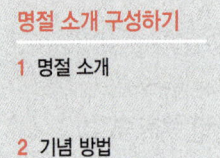

The biggest holiday in my country is called 명절 .
It is 명절 소개 .
기념하는 방법 설명 .

TIP ▶ 현재시제 사용하기
  ▶ 차례, 세배 같은 명사를 영어로 모르면 명절에 가족, 친척과 많이 하는 활동 위주로 묘사하기
  ▶ 꼭 하는 일이 아니더라도 전체적인 명절의 특징이나 분위기도 함께 묘사하기

STEP 2 표현 더하기

명절 종류
Korean Thanksgiving Day 추석   Korean New Year's Day 설날

명절 소개
It lasts for three days. 3일 동안 지속된다.
It is Lunar New Year's Day. 음력 설이다.
It's a harvest festival. 추수하는 축제다.
People return to their hometowns. 사람들은 고향으로 돌아간다.
get together with family and relatives 가족, 친척들과 함께 모이다

기념 방법
visit the graves of ancestors 조상의 묘를 방문하다
offer food at the graves 묘에 음식을 차리다
exchange gifts 선물을 교환하다
eat traditional food together 전통 음식을 같이 먹다
make various kinds of foods together 다양한 종류의 음식을 같이 만들다
hold memorial services in honor of ancestors 조상께 차례를 지내다
kneel and bow to ancestors 조상에게 절을 하다
kneel and bow to the elders of the family 집안의 어른들에게 절을 하다

STEP 3 고수의 답변

1 명절 소개 The biggest holiday in my country is called Chuseok. It is Korean Thanksgiving Day, which lasts for three days. During the holiday, people return to their hometowns to get together with their family and relatives.

2 기념 방법 When families get together, they visit the graves of their ancestors to pay them respect. After offering food at the graves, people exchange gifts and eat traditional food together to celebrate the holiday.

고득점 따기 TIP ▶

- 명절에 한복을 입는 것이나 귀성길에 차가 막히는 현상 같이 명절에 있는 일을 전체적으로 소개해 준다면 답변이 더욱 풍성해집니다.
- 예전 명절과 현재 명절의 분위기는 많이 바뀌었습니다. 현재는 어떻게 명절을 기념하는지 달라진 풍습을 비교하는 것도 좋은 방법입니다.

STEP 4 나만의 답변

나만의 답변을 만들어 봅시다.

1 명절 소개 The biggest holiday in my country is called _____

It is _____

2 기념 방법

고수의 답변 해석 | 우리나라에서 가장 큰 명절은 추석입니다. 3일간의 연휴로, 한국의 추수감사절과 같은 날입니다. 연휴 동안, 사람들은 가족과 친지들을 보러 고향에 내려갑니다. 가족들이 모이면, 그들은 조상의 묘에 찾아가 차례를 지냅니다. 차례를 지낸 후, 가족들은 선물을 나누고 함께 전통 음식을 나누어 먹으며 명절을 기념합니다.

Q2 명절에 가족과 하는 일과 먹는 것

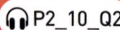 P2_10_Q2

What do people usually do with their family, and what kinds of food do they eat during the holiday?

명절 때 사람들이 가족과 보통 어떤 것을 하며, 어떤 음식을 먹나요?

STEP 1 유형 분석하기

활동 묘사를 이야기할 때는 어떤 것을 말해야 할까요?

활동 묘사 구성하기
1. 서론
2. 오전 활동
3. 낮 활동/음식
4. 저녁 활동/음식

There are several things that we do on 명절 .
In the morning, 오전에 주로 하는 활동 .
During the day, 낮에 주로 하는 활동 .
In the evening, 저녁에 주로 하는 활동 .

TIP ▸ 단순 현재시제 사용하기
▸ 시간의 흐름을 이용하여 구성하기 (아침-낮-저녁 혹은 First-Second(Also)-Finally)

STEP 2 표현 더하기

오전/낮 활동(음식)
eat rice cake soup called "ddukuk" '떡국'이라는 것을 먹다
children believe they get a year older 한 살 더 먹는다고 믿다
visit the graves of (our) ancestors 조상의 묘에 가다
weed and cut the grass around the graves 벌초하다
kneel and bow to (our) ancestors 조상에게 절을 하다
kneel and bow to the elders of the family 집안의 어른들에게 절을 하다
give words of wisdom 덕담을 해 주다
receive New year's money 세뱃돈을 받다
make traditional dishes together 다같이 전통 음식을 만들다
fly kites 연을 날리다

저녁 활동
take a walk under the light of the full-moon 보름달 빛을 받으며 산책하다
make a wish to the full-moon 보름달에게 소원을 빌다
play a traditional game called "yutnori" '윷놀이'라고 하는 전통 놀이를 하다

STEP 3 고수의 답변

1	서론	There are several things that we do on Chuseok, which is Korean Thanksgiving day.
2	오전 활동	In the morning, we visit the graves of our ancestors. We offer food, and we kneel and bow to them to pay our respects.
3	낮 활동/음식	During the day, we make special food together. We usually make a kind of rice cake called "songpyun" and catch-up with each other while making it.
4	저녁 활동/음식	In the evening, we take a walk under the light of the full moon.

P2_10_Q2 answer

고득점 따기 TIP
- 차례, 세배, 세뱃돈, 벌초 등은 외국인은 이해하기 어려운 우리나라의 고유 문화입니다. 차례를 드리는 이유나 세배를 하는 이유 등을 영어로 설명할 수 있다면 답변이 풍부해질 것입니다.
- 우리나라의 문화에는 재미있는 것이 많습니다. 떡국의 의미나 "송편을 잘 빚으면 예쁜 딸을 낳는다" 같은 이야기도 덧붙인다면 채점자가 더욱 기억할 만한 답변이 됩니다.

STEP 4 나만의 답변

나만의 답변을 만들어 봅시다.

1	서론	There are several things that we do on _____
2	오전 활동	In the morning, _____
3	낮 활동/음식	During the day, _____
4	저녁 활동/음식	In the evening, _____

고수의 답변 해석 | 한국의 추수감사절인 추석에 우리는 몇 가지 일들을 합니다. 아침에는 조상의 묘에 방문합니다. 음식을 차리고, 조상의 감사함에 절을 올립니다. 낮에는 함께 음식을 준비하고, '송편'이라는 떡을 빚으며 서로의 안부를 묻고 이야기를 나눕니다. 저녁에는 함께 산책을 하며 보름달을 보기도 합니다.

Q3 기억에 남는 어릴 적 명절 경험

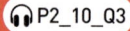

Please tell me about the most memorable holiday from your childhood. Where were you on that day? What did you do? Why is it so memorable for you?

어린 시절에 있었던 가장 기억에 남는 명절에 대해 말해주세요. 그때 어디에 있었나요? 무엇을 했나요? 왜 당신에게 그렇게 기억에 남나요?

STEP 1 유형 분석하기

기억에 남는 경험 이야기를 할 때는 어떤 것을 말해야 할까요?

경험 이야기하기 구성하기
1 시기/장소/명절
2 한 일 1 + 기분
3 한 일 2 + 기분
4 느낌/의견

When I was 시기 , my family visited 방문한 장소 on 명절 .
As soon as we got there, 도착해서 한 일 + 기분 .
After dinner, 저녁 식사 후 한 일 + 기분 .
I will never forget the New Year's Day.

TIP ▶ 항상 과거시제 사용하기
▶ 육하원칙을 기본으로 이야기 꾸미기 (언제/어디서/누구와/무엇을/결과)
▶ 앞서 언급했던 활동들을 과거시제로 이야기하면 쉽게 경험 묘사 가능
▶ 마무리는 기분/느낌/생각으로 정리하기

STEP 2 표현 더하기

있었던 일/기분
received a lot of pocket money from my grandparents 조부모님에게서 용돈을 많이 받았다
won the game 게임에서 이겼다
had lots of delicious traditional food together 맛있는 전통 음식을 같이 많이 먹었다
My family stayed at home. 우리 가족은 집에 있었다.
It felt like a dream. 꿈만 같았다.
I overate and threw up all day. 과식해서 하루 종일 토했다.

최상급 사용하기
It was the most delicious food I've ever had. 내가 먹어 본 음식 중 가장 맛있는 음식이었다.
It was the most exciting[fun] game I've ever played.
내가 한 게임 중 가장 신나는[재미있는] 게임이었다.
It was the most beautiful scenery I've ever seen. 내가 본 경치 중 가장 아름다운 경치였다.
It was the best holiday I've ever had. 내가 보낸 명절 중에 최고의 명절이었다.

STEP 3 고수의 답변

1 시기/장소/명절	When I was ten, my family visited my grandparents on Korean New year's day.
2 한 일 1 + 기분	As soon as we got there, they greeted us warmly and we had lots of delicious traditional food together. It was the most delicious food I've ever had.
3 한 일 2 + 기분	After dinner, we played a Korean traditional game called "yutnori". I won the game, so I could make a lot of pocket money. It felt like a dream.
4 느낌/의견	I will never forget the New Year's Day.

P2_10_Q3 answer

고득점 따기 TIP ▶

- 최상급을 이용해서 기억에 남았던 이유를 강조하는 것도 좋은 방법입니다.
  Ex) It was the most delicious food I've ever had. / It was the best holiday I've ever had.
- 명절에 있었던 일을 가능한 상세히 말해 봅시다. 무엇보다 다양한 부사를 이용하여 당시 느꼈던 기분이나 분위기를 구체적으로 묘사해 봅시다.

STEP 4 나만의 답변

나만의 답변을 만들어 봅시다.

1 시기/장소/명절	When I was _____, my family visited _____ on _____
2 한 일 1 + 기분	As soon as we got there, _____
3 한 일 2 + 기분	After dinner, _____
4 느낌/의견	I will never forget the New Year's Day.

고수의 답변 해석 | 열 살 때, 저와 가족들은 새해 첫날 조부모님 댁에 방문했습니다. 그곳에 가니, 두 분이 따뜻하게 반겨 주셨고, 맛있는 음식도 차려 주셨습니다. 제가 먹어 본 음식 중 가장 맛있는 음식이었습니다. 저녁 식사 후, 우리는 전통 놀이인 '윷놀이'를 했습니다. 게임에서 이긴 저는 용돈이 많이 생겨 마치 꿈을 꾸는 것 같이 기분이 좋았습니다. 잊을 수 없는 설날이었습니다.

11
지형/야외 활동
Geography

| 오픽고수의 생생 Tip |

'지형'은 기본 상식을 영어로 이야기할 수 있는지 알아보는 질문입니다. 꼭 어려운 표현이 아니더라도 산, 강, 바다, 섬 등의 우리나라만의 지형적 특징을 묘사하고 일반적으로 즐기는 야외 활동을 자연적 특징과 함께 묘사하는 연습을 해 보도록 합니다.

'지형'과 같이 공략할 수 있는 주제는 '여가 시간'입니다. 우리나라 사람들이 여가 시간에 즐겨 하는 활동 및 자주 가는 장소 또한 지리와 함께 같이 공략하도록 합니다.

P2_11

| 빈출 문제 살펴보기 |

Q1 우리나라 지리 묘사   p.264 ▶ IM 풀이

Describe your country's geography for me. Are there mountains, lakes or rivers? What is your country like?

당신 나라의 지형을 설명하세요. 산, 호수, 또는 강이 있습니까? 당신의 나라는 어떻게 생겼나요?

Q2 우리나라의 인기 야외 활동   p.266 ▶ IM 풀이

Tell me about the kinds of outdoor activities that are popular in your country. Do people hike, bike or swim? What do people typically do outdoors?

당신의 나라에서 인기 많은 야외 활동에 대해 이야기해 주세요. 등산, 자전거 타기, 수영 등을 하나요? 사람들은 야외에서 일반적으로 어떤 것을 하나요?

Q3 기억에 남는 어릴 적 야외 활동   p.268 ▶ IM 풀이

Describe for me an early memory that you have of your country's geography. Perhaps you visited a special place or went to an important natural landmark. Describe what you saw when you visited the special place.

당신 나라의 지리에 관해 어렸을 때 기억을 묘사해 주세요. 어쩌면 특별한 장소나 중요한 자연 지형물에 갔을 수도 있고요. 그 특별한 장소에 갔을 때 무엇을 봤는지 묘사해 주세요.

Q1 우리나라 지리 묘사

🎧 P2_11_Q1

Describe your country's geography for me. Are there mountains, lakes or rivers? What is your country like?
당신 나라의 지형을 설명하세요. 산, 호수, 또는 강이 있습니까? 당신의 나라는 어떻게 생겼나요?

STEP 1 유형 분석하기

지형 묘사는 어떤 것을 말해야 할까요?

> **지형 묘사 구성하기**
> 1 지리적 위치
> 2 바다
> 3 산
> 4 느낌/의견

I live in `내가 사는 나라` , which is located in `위치` .
`바다 특징 설명` .
`산 특징 설명` .
Overall, I think Korea has a unique and interesting geography.

STEP 2 표현 더하기

지리적 위치
South Korea is located in North East Asia. 남한은 동북아시아에 위치해 있다.

바다
It is surrounded by three seas. 세 개의 바다로 둘러싸여 있다.
The Yellow Sea 황해 the South China Sea 남해 the East Sea 동해
attract many tourists 관광객들을 많이 불러들이다

산
70% of our land is covered with mountains. 땅의 70%가 산으로 덮여 있다.
The highest point of South Korea is Halla Mountain. 남한의 가장 높은 지점은 한라산이다.
a chain of mountains called the Taebaek Mountains 태백산맥

섬
We have over 3,400 islands. 우리는 3,400개 이상의 섬이 있다.
The biggest island in Korea is called Jeju Island. 한국에서 가장 큰 섬은 제주도다.
It is the site of South Korea's highest point. 남한의 가장 높은 지점이 있는 곳이다.

강
In the middle of the Peninsula, the Han River runs from east to west.
반도의 중간에는 한강이 동쪽에서 서쪽으로 흐른다.
The Han River runs through Seoul. 한강은 서울을 통과해 흐른다.

추가 단어
peninsula 반도

STEP 3 고수의 답변

1 지리적 위치	I live in South Korea, which is located in North East Asia.
2 바다	As it is a peninsula, it is surrounded by three seas. The seas are beautiful, and they attract many tourists.
3 산	Also, about 70% of our land is covered with mountains. There are many mountains even in the big cities like Seoul and Busan.
4 느낌	Overall, I think Korea has a unique and interesting geography.

P2_11_Q1 answer

고득점 따기 TIP ▶
- 지리적 위치부터 설명하면 좋습니다.
- 산, 강, 바다 등의 특징을 각각 묘사해 주고 마지막은 느낌이나 본인의 의견으로 마무리하는 것이 좋습니다.

STEP 4 나만의 답변

나만의 답변을 만들어 봅시다.

1 지리적 위치	I live in South Korea, which is located in North East Asia.
2 바다	
3 산	Also,
4 느낌	Overall, I think Korea has a unique and interesting geography.

고수의 답변 해석 | 저는 동북아시아에 있는 한국에 살고 있습니다. 삼면이 바다인 반도입니다. 바다가 아름다워 많은 관광객들이 찾습니다. 그리고 70%의 면적이 산으로 둘러싸여 있고, 심지어 서울이나 부산과 같은 대 도시에도 산이 많이 있습니다. 한국의 지형은 독특하면서도 흥미롭습니다.

Q2 우리나라의 인기 야외 활동

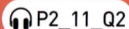

Tell me about the kinds of outdoor activities that are popular in your country. Do people hike, bike or swim? What do people typically do outdoors?

당신의 나라에서 인기 많은 야외 활동에 대해 이야기해 주세요. 등산, 자전거 타기, 수영 등을 하나요? 사람들은 야외에서 일반적으로 어떤 것을 하나요?

동영상 강의

STEP 1 유형 분석하기

활동 묘사는 어떻게 아이디어를 구상할까?

활동 묘사 구성하기

1 야외 활동 1
2 특징
3 야외 활동 2
4 특징

There are many outdoor activities in my country. First, 활동 1 is a popular outdoor activity in 계절 . 위에 언급한 야외 활동의 특징 설명 .
Also, you can enjoy fun outdoor activities in 계절 . 위에 언급한 야외 활동의 특징 설명 .

STEP 2 표현 더하기

야외 활동

hiking 등산 rock climbing 암벽 등반 water sports 수상 스포츠
beach activities 해변에서 즐기는 활동 water skiing 수상 스키 scuba diving 스쿠버 다이빙
snorkeling 스노클링 windsurfing 윈드서핑 camping 캠핑 jogging 조깅
bike-riding 자전거 타기 skiing 스키 타기 snowboarding 스노보드 타기

즐기는 이유

I can enjoy the striking scenery of the mountains. 산의 빼어난 경치를 즐기다
We have many mountains even in the big cities. 심지어 대도시에도 산이 많다.
We have three beautiful seas. 아름다운 세 개의 바다가 있다.
Leaves turn red and yellow. 단풍이 든다.
It creates spectacular scenery. 경치가 장관을 이루다.
Every season has different views in Korea. 한국은 각 계절마다 다른 경관을 볼 수 있다.
The weather is perfect for ~. 날씨가 ~하기에 딱이다.
It is sunny with a nice breeze. 바람도 좋고 햇볕도 좋다.

STEP 3 고수의 답변

1 야외 활동 1 — There are many outdoor activities in my country. First, hiking is a popular outdoor activity in spring and fall seasons.

2 특징 — We have many mountains and lots of people enjoy hiking when the weather is nice. Especially in fall, leaves turn red and yellow and this creates spectacular scenery.

3 야외 활동 2 — Also, you can enjoy fun outdoor activities in summer.

4 특징 — People go swimming, scuba diving and water skiing when the weather is hot in summer.

고득점 따기 TIP >
각각의 야외 활동을 즐기는 이유를 우리나라의 지형과 관련해서 구체적으로 묘사해 주는 것도 좋은 방법입니다.

STEP 4 나만의 답변

나만의 답변을 만들어 봅시다.

1 야외 활동 1 — There are many outdoor activities in my country. First, _____ is a popular outdoor activity in _____

2 특징 — _____

3 야외 활동 2 — Also, you can enjoy fun outdoor activities in _____

4 특징 — _____

고수의 답변 해석 | 우리나라에는 많은 야외 활동이 있습니다. 첫째로, 등산이 인기 있는 야외 활동인데 봄과 가을에 그렇습니다. 우리나라에는 산이 많으며, 날씨가 좋을 때 많은 사람들이 등산을 즐깁니다. 특히 가을에는 단풍이 들어 장관을 이룹니다. 또한, 여름에는 즐거운 야외 활동을 즐길 수 있습니다. 사람들은 뜨거운 여름에는 수영, 스쿠버 다이빙과 수상 스키를 하러 갑니다.

267

Q3 기억에 남는 어릴 적 야외 활동

🎧 P2_11_Q3

Describe for me an early memory that you have of your country's geography. Perhaps you visited a special place or went to an important natural landmark. Describe what you saw when you visited the special place.

당신 나라의 지리에 관해 어렸을 때의 기억을 묘사해 주세요. 어쩌면 특별한 장소나 중요한 자연 지형물에 갔을 수도 있고요. 그 특별한 장소에 갔을 때 무엇을 봤는지 묘사해 주세요.

STEP 1 유형 분석하기

경험 이야기를 할 때는 어떤 것을 말해야 할까요?

경험 이야기 구성하기
1. 장소/시기/누구와
2. 장소의 지형 묘사
3. 야외 활동 1
4. 야외 활동 2
5. 느낌/의견

I remember the time I went to `장소` with `누구와 + 시기`. `지형 특징`, located `위치`.
As soon as we arrived, `야외 활동 1`.
After `야외 활동 1`, `야외 활동 2`.
I had an amazing time `장소`, and I will never forget this place.

STEP 2 표현 더하기

지형 소개
Jeju Island 제주도 the biggest island of South Korea 남한에서 가장 큰 섬
It is located on the south coast. 남쪽 해안에 위치해 있다.
It is part of South Korea. 남한의 일부다. a volcanic island 화산섬
Halla mountain 한라산 the highest point of South Korea 남한의 가장 높은 지점
an extinct volcano 휴화산 SoGeumGang valley 소금강 계곡 the Han river 한강
The river runs right through Seoul. 그 강은 서울을 직통해 흐른다.

활동
breathtakingly beautiful 숨이 멎을 정도로 아름다운
The water was crystal clear. 물이 투명하게 맑았다.
It looked like a painting. 그림 같았다. snorkel 스노쿨링을 하다
I couldn't believe my eyes. 눈을 믿을 수가 없었다.
Fresh air filled my lungs. 신선한 공기가 나를 가득 채웠다.

STEP 3 고수의 답변

1	장소/시기/누구와	I remember the time I went to Jeju Island with my family when I was little.
2	장소의 지형 묘사	Jeju Island is the biggest island of South Korea, located on the south coast.
3	야외 활동 1	As soon as we arrived on the island, we went to Halla Mountain, the highest point of South Korea. The scenery on the top of the mountain was breathtakingly beautiful. It looked like a painting.
4	야외 활동 2	After the hike, we enjoyed water sports at the beach. The water was crystal clear, so we could see lots of colorful fish while snorkeling.
5	느낌/의견	I had an amazing time on Jeju Island, and I will never forget this place.

고득점 따기 TIP ▶
그 장소가 어떤 지리적 특징이 있어서 유명한지를 이야기하는 것도 좋은 방법입니다.

STEP 4 나만의 답변

나만의 답변을 만들어 봅시다.

1	장소/시기/누구와	I remember the time I went to _____ with _____
2	장소의 지형 묘사	_____ located _____
3	야외 활동 1	As soon as we arrived _____
4	야외 활동 2	After _____
5	느낌/의견	I had an amazing time _____ and I will never forget this place.

고수의 답변 해석 | 제가 어릴 적, 가족과 함께 갔던 제주도 여행이 기억납니다. 남쪽 해안에 위치한 제주도는 한국에서 가장 큰 섬입니다. 섬에 도착한 우리는 바로 한국에서 가장 높은 산, 한라산을 올랐습니다. 산꼭대기에서 바라본 절경은 마치 그림과 같았고 숨이 멎을 만큼 아름다웠습니다. 등산을 마치고 우리는 해변에서 물놀이를 즐겼습니다. 물이 무척 맑고 깨끗해서 스노클링을 하면서 색색의 물고기들을 많이 볼 수 있었습니다. 제주도에서 정말 환상적인 시간을 보냈고, 결코 잊을 수 없을 것 같습니다.

12 도서관
Library

| 오픽고수의 생생 Tip |

OPIc에서 돌발 질문은 매 시험마다 적어도 2~3개 많으면 3~6문제 이상 출제가 되므로 시험을 볼 때 당황하지 않도록 최근에 자주 출제되는 돌발 질문을 중심으로 꼼꼼히 준비해야 합니다.

최근에 도서관을 가 봤던 경험이 없다면 도서관에 관련된 돌발 질문은 흔히 당황할 수 있는 질문들입니다. 시험 전, 미리 도서관이 어떻게 생겼는지 도서관에서의 과거 경험 등의 주제를 사전에 준비해야 합니다.

🎧 P2_12

| 빈출 문제 살펴보기 |

Q1 우리나라 도서관 묘사   p.272 ▶ IM 풀이

Describe a typical library in your country. What does it look like? What can you see there?

당신 나라의 전형적인 도서관을 묘사하세요. 어떻게 생겼나요? 무엇을 볼 수 있나요?

Q2 도서관의 예전과 지금 비교   p.274 ▶ IM 풀이

Can you tell me about the libraries in the past? How is it different from the libraries of today?

과거의 도서관에 대해서 말해 줄 수 있나요? 지금의 도서관과 어떻게 다른가요?

Q3 도서관에서의 경험   p.276 ▶ IM 풀이

Have you ever had a time when you had a problem in the library? Maybe someone was disruptive or too loud in the library. Explain the problem and tell me how you solved it with a lot of details.

도서관에서 문제가 있었던 적이 있었나요? 아마 누군가가 방해를 했다거나 도서관에서 시끄럽게 했던 경험이 될 수도 있겠죠. 그 문제를 어떻게 해결했는지 자세히 설명해 주세요.

 **우리나라 도서관 묘사**

Describe a typical library in your country. What does it look like? What can you see there?
당신 나라의 전형적인 도서관을 묘사하세요. 어떻게 생겼나요? 무엇을 볼 수 있나요?

STEP 1 유형 분석하기

장소 묘사는 어떤 것을 말해야 할까요?

장소 묘사 구성하기
1 이름/위치
2 분위기
3 시설 (보이는 것)
4 느낌

There are many 장소 in my country.
장소 is usually 분위기 .
As soon as I enter 장소 , I can see 보이는 것 .
(또는) There is/are ~로 설명하면 됩니다.
I think it is a good place to (v) .

STEP 2 표현 더하기

도서관 종류
a school library 학교 도서관 a city library 시립 도서관 a public library 공립 도서관
a children's library 어린이 도서관 a medical library 의학 도서관
a reference library 참고 도서관

도서관 분위기
quiet 조용한 clean 깨끗한 modern 현대적인 messy 지저분한 well-organized 잘 정리된
spacious 넓은 small 작은 bright 밝은 dark 어두운 cozy 아늑한 comfortable 쾌적한
warm 따뜻한

도서관 시설
a computer zone 컴퓨터실 a study room 스터디룸 a reading area 독서 공간
a book return desk 책 반납대 an information desk 안내 데스크
a children's book center 어린이 공간 a multimedia room 멀티미디어실
a reference room 열람실 a cafeteria 식당 a restroom 화장실

추가 단어
bookshelves with books 책으로 가득 찬 책장 magazines 잡지 CDs CD DVDs DVD
newspapers 신문 copy machines 복사기 printers 프린터

STEP 3 고수의 답변

P2_12_Q1 answer

1 이름/위치 There are many libraries in my country like school libraries and public libraries.
2 분위기 Libraries are usually quiet.
3 시설 (보이는 것) As soon as I enter the library, I can see an information desk and a librarian on the first floor. On the second floor, I can see many bookshelves with books. I can also see a computer zone, reading areas, and study rooms. On the third floor, there is a multimedia room and a reference room.
4 느낌 I think it is a good place to study and read books.

고득점 따기 TIP ›
내가 자주 가는 도서관을 묘사하라는 질문에도 동일하게 답변을 할 수 있습니다. 다만, 내가 가는 도서관 이름과 위치를 정확히 밝혀 주세요.

STEP 4 나만의 답변

나만의 답변을 만들어 봅시다.

1 이름/위치 There are many libraries in my country _____
2 분위기 Libraries are usually _____
3 시설 (보이는 것) As soon as I enter the library, I can see _____
4 느낌 I think it is a good place to _____

고수의 답변 해석 | 우리나라에는 학교 도서관이나 공립 도서관과 같은 도서관이 많이 있습니다. 도서관은 주로 조용합니다. 도서관을 들어서면 바로 1층에 안내 데스크와 도서관 사서가 있습니다. 2층에는 책들로 가득 찬 책꽂이들이 있고, 컴퓨터를 사용하는 공간, 책을 읽는 공간, 그리고 독서실이 있습니다. 3층에는 시청각실과 열람실이 있습니다. 그곳은 공부를 하고 독서하기에 좋은 곳입니다.

Q2 도서관의 예전과 지금 비교

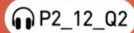 P2_12_Q2

Can you tell me about the libraries in the past? How is it different from the libraries of today?
과거의 도서관에 대해서 말해 줄 수 있나요? 지금의 도서관과 어떻게 다른가요?

STEP 1 유형 분석하기

변화 묘사는 어떻게 준비해야 할까요?

예전 vs. 현재 비교하기 구성하기

1 비교 1

2 비교 2

3 느낌/의견

First, in the past, 과거의 도서관 , but now, 현재의 도서관 .
Also, when I was young, 과거의 도서관 .
On the other hand 현재의 도서관 .
I think 느낌/의견 .

TIP ▶ 시제 주의하기(예전의 일은 무조건 과거시제 또는 과거 완료형, 현재의 일은 현재시제만 사용)

STEP 2 표현 더하기

과거의 도서관

I had to check out books with a librarian. 도서관 사서에게 책을 직접 빌려야 했었다.
I couldn't watch movies in a library. 도서관에서 영화를 볼 수가 없었다.
I had to wait for a seat if the library was full. 도서관이 만석이면 자리를 기다려야 했다.
There were only a few computers. 컴퓨터가 많지 않았다.

지금의 도서관

I can check out books from a self check-out machine.
자동 대출 기계를 사용해서 직접 책을 빌릴 수 있다.
I can watch movies in a library. 도서관에서 영화를 볼 수 있다.
I can reserve a seat in advance on the Internet. 인터넷으로 미리 내 좌석을 예약할 수 있다.
There are more computers. 컴퓨터가 더 많이 있다.

STEP 3 고수의 답변

1 비교 1 First, in the past, I had to check out books with a librarian only, but now, I can check out books without anybody because there is a self check-out machine.

2 비교 2 Also, when I was young, I had to wait for a seat if the library was full. On the other hand, I don't have to wait because I can reserve my seat in advance on the Internet.

3 느낌/의견 I think a library of today is better because it is more convenient.

P2_12_Q2 answer

고득점 따기 TIP ▶
비교·대조를 했을 때, A와 B 두 대상에 대한 의견도 잊지 말고 꼭 이야기하세요!

STEP 4 나만의 답변

나만의 답변을 만들어 봅시다.

1 비교 1 First, in the past, _____

but now, _____

2 비교 2 Also, when I was young, _____

On the other hand, _____

3 느낌/의견 I think _____

고수의 답변 해석 | 과거에는, 사서를 통해서만 책을 대출할 수 있었는데, 요즘은 사람 없이 자동 대출 기계로 대신할 수 있습니다. 또한 제가 어렸을 때는 도서관에 자리가 다 차면 기다려야 했는데, 지금은 인터넷으로 미리 좌석을 예약할 수 있어서 기다리지 않아도 됩니다. 오늘날의 도서관이 예전보다 훨씬 더 편리해진 것 같습니다.

Q3 도서관에서의 경험

Have you ever had a time when you had a problem in the library? Maybe someone was disruptive or too loud in the library. Explain the problem and tell me how you solved it with a lot of details.

도서관에서 문제가 있었던 적이 있었나요? 아마 누군가가 방해를 했다거나 도서관에서 시끄럽게 했던 경험이 될 수도 있겠죠. 그 문제를 어떻게 해결했는지 자세히 설명해 주세요.

STEP 1 유형 분석하기

경험 이야기를 할 때는 어떤 것을 말해야 할까요?

경험 이야기하기 구성하기

1 언제/어디서
2 갔던 이유
3 장소/분위기
4 일어난 일
5 해결한 일/느낌

시기 , I went to 갔던 장소 .
I wanted to 갔던 목적 .
On that day, 그날의 분위기 .
있었던 일 설명 .
Finally, 결과 + 느낌 .

TIP ▶ 항상 과거시제를 사용하되, 그때의 일을 생동감 있게 표현하고 싶다면 과거진행형 사용하기
▶ 육하원칙을 기본으로 이야기 꾸미기 (언제/어디서/누구와/무엇을/결과)

STEP 2 표현 더하기

도서관에서 경험한 일

Someone talked too loudly on the phone. 누군가가 전화 통화를 너무 시끄럽게 했다.
Kids ran around the library. 아이들이 도서관에서 마구 뛰어다녔다.
I couldn't find the books I wanted. 내가 원하는 책을 찾지 못했다.
I lost my phone in the library. 도서관에서 휴대 전화를 잃어버렸다.
The library was too hot, so I couldn't concentrate on my study.
도서관이 너무 더워서 공부에 집중할 수 없었다.

도서관에서 해결한 문제

I moved my seat to another area in the library. 도서관에서 다른 장소로 자리를 옮겼다.
I complained to the person. 그 사람에게 항의했다.
I decided not to go to that library again. 다시는 그 도서관에 가지 않기로 다짐했다.
I talked to the librarian about the situation which happened in the library.
도서관에서 일어난 일을 도서관 사서에게 말했다.

STEP 3 고수의 답변

1	언제/어디서	A few months ago, I went to a public library near my house.
2	갔던 이유	I wanted to read some books in a quiet place. Then, I thought a library would be a good place to read a book.
3	장소/분위기	On that day, there were a few people in the library. I was listening to music by earphones while reading a book. I felt relaxed and peaceful.
4	일어난 일	After a moment, I could hear a loud sound from somewhere. I found the girl next to my desk was talking too loudly on the phone. I was annoyed. I tried to keep down my anger, but she didn't stop talking on the phone.
5	해결한 일/느낌	Finally, I complained to her. Then, she apologized to me. It was a stressful moment at a library.

P2_12_Q3 answer

고득점 따기 TIP ▶
- 일어난 사건만 이야기하기보다는 그 사건에 대한 결과와 느낌도 꼭 함께 이야기합니다.
- 사건이 일어나기 전, 그 장소의 분위기에 대해서 묘사를 한다면 듣는 사람에 의해 그 상황을 상상하는 데 더 도움이 됩니다. (OPIc은 평가자들이 들었을 때 그 상황이 잘 전달되면 더 좋습니다.)

STEP 4 나만의 답변

나만의 답변을 만들어 봅시다.

1	언제/어디서	_____, I went to _____
2	갔던 이유	I wanted to _____
3	장소/분위기	On that day, _____
4	일어난 일	_____
5	해결한 일/느낌	Finally, _____

고수의 답변 해석 | 몇 달 전, 집 근처의 공립 도서관에 갔습니다. 조용한 곳에서 책을 읽기에는 도서관이 가장 적당하다고 생각했습니다. 그날 도서관에는 몇 명의 사람들이 있었습니다. 저는 책을 읽으면서 이어폰을 끼고 음악을 듣고 있었습니다. 기분이 편하고 평온했습니다. 잠시 후, 어디선가 큰 소리가 들렸는데, 내 옆의 한 여자아이가 큰소리로 통화 중이었던 것입니다. 짜증이 나도 참으려 노력했지만, 그녀는 계속해서 통화를 했습니다. 결국엔 그녀에게 이야기했고, 그녀는 제게 사과를 했습니다. 짜증 나는 순간이었습니다.

13

테크놀로지

Technology

| 오픽고수의 생생 Tip |

'테크놀로지'에 관련된 주제는 음악을 들을 때 주로 사용하는 음악 기기 와 비슷한 패턴과 표현들이 많이 나옵니다. 이전에 배웠던 음악에 관련된 표현들도 많이 응용하면 도움이 됩니다. 단, 표현하기 너무 어려운 기기 를 선택할 필요는 없습니다.

 P2_13

| 빈출 문제 살펴보기 |

Q1 자주 사용하는 테크놀로지   p.280 ▶ IM 풀이

What kind of technology do you mostly use these days? It can be a mobile phone or a laptop computer. What do you usually do using it?

어떤 종류의 테크놀로지를 요즘 주로 사용하나요? 휴대 전화이나 노트북일 수도 있을 텐데요. 그것을 사용해서 무엇을 주로 하나요?

Q2 테크놀로지의 예전과 현재의 차이점   p.282 ▶ IM 풀이

Tell me about the technology you used in your childhood. How is it different from the past to now?

어릴 적 사용했던 테크놀로지에 대해서 말해 주세요. 과거와 지금이 어떻게 다른가요?

Q1 자주 사용하는 테크놀로지 🎧 P2_13_Q1

What kind of technology do you mostly use these days? It can be a mobile phone or a laptop computer. What do you usually do using it?

어떤 종류의 테크놀로지를 요즘 주로 사용하나요? 휴대 전화이나 노트북일 수도 있을 텐데요. 그것을 사용해서 무엇을 주로 하나요?

STEP 1 유형 분석하기

내용 전달을 할 때는 어떤 것을 준비해야 할까요?

내용 전달 구성하기

1 주로 사용하는 기기
2 사용하는 이유
3 사용하는 목적
4 느낌/의견

I use `기기` .
I take it with me all the time because to `이유` .
I use `기기` to `목적 1` . Sometimes, `목적 2` .
I can't live without `기기` .

TIP ▶ 너무 평범하고 짧은 답변이 나올 듯한 주제에서는 다양한 상황과 상대를 선택하여 내용 전달하기

STEP 2 표현 더하기

자주 사용하는 테크놀로지
a smart phone 스마트폰 a cell phone 휴대 전화 a laptop computer 노트북 컴퓨터
TV 텔레비전 a camcorder 캠코더 a digital camera 디지털 카메라
an MP3 player MP3 플레이어

테크놀로지를 사용하는 목적
search for information 정보를 찾다 check an email 이메일을 확인하다
surf the Internet 인터넷 서핑을 하다 listen to music 음악을 듣다 take a picture 사진을 찍다
read an article 기사를 읽다 watch a video online 동영상을 보다
work on my project 프로젝트 작업을 하다 study 공부하다

STEP 3 고수의 답변

🔊 P2_13_Q1 answer

1	주로 사용하는 테크놀로지	I use my cell-phone every day.
2	사용하는 이유	I take it with me all the time because it is handy and easy to carry anywhere.
3	사용하는 목적	I use my phone to search for information, check an email, and surf the Internet in my free time. Sometimes, I listen to music by using a music application on my phone.
4	느낌	I can't live without my cell-phone.

고득점 따기 TIP ▶
자주 사용하는 테크놀로지를 사용하는 목적에 대해 자세히 말하면 더욱더 좋습니다.

STEP 4 나만의 답변

나만의 답변을 만들어 봅시다.

1	주로 사용하는 테크놀로지	I use _____
2	사용하는 이유	I take it with me all the time because _____
3	사용하는 목적	I use _____ to _____ Sometimes, _____
4	느낌	I can't live without _____

고수의 답변 해석 | 저는 매일 휴대 전화를 사용합니다. 어디든 휴대가 용이하기 때문에, 항상 휴대 전화를 가지고 다닙니다. 저는 한가한 시간에 휴대 전화로 정보를 찾고, 이메일을 확인하며, 인터넷 검색을 합니다. 가끔은 음악 앱을 통해서 휴대 전화로 음악을 듣기도 합니다. 휴대 전화 없이는 살 수 없을 것 같습니다.

Q2 테크놀로지의 예전과 현재의 차이점  P2_13_Q2

Tell me about the technology you used in your childhood. How is it different from the past to now?
어릴 적 사용했던 테크놀로지에 대해서 말해 주세요. 과거와 지금이 어떻게 다른가요?

STEP 1 유형 분석하기

변화 묘사는 어떻게 준비해야 할까요?

예전 vs. 현재 비교하기 구성하기
1 가장 큰 변화
2 과거의 테크놀로지
3 현재의 테크놀로지

4 느낌/의견

I think the biggest change is `변화` .
When I was `시기, 과거의 테크놀로지` .
On the other hand, I use `현재 사용하는 테크놀로지` .
I think using `기기` is `느낌` .
Technology makes my life better and I can save my time.

TIP ▸ 시제 주의하기 (예전 일은 무조건 과거시제 또는 과거완료형, 현재 일은 현재시제만 사용)

STEP 2 표현 더하기

과거에 자주 사용했던 테크놀로지
a pager 삐삐   2G phones 2G 폰   a film camera 필름 카메라
a desktop computer 데스크톱 컴퓨터

STEP 3 고수의 답변

P2_13_Q2 answer

1 가장 큰 변화 — I think the biggest change is with my mobile device.
2 과거에 사용했던 테크놀로지 — When I was a high-school student, I used 2G phones.
3 현재 사용하는 테크놀로지 — On the other hand, I use a 4G phone which is a smart phone today.
4 테크놀로지에 대한 의견 — I think using a smart phone is better because I can search for information and download files faster. Technology makes my life better and I can save my time.

고득점 따기 TIP ▶
고득점을 받기 위해서는 테크놀로지에 대한 의견을 잊지 않고 꼭 포함해야 합니다.

STEP 4 나만의 답변

나만의 답변을 만들어 봅시다.

1 가장 큰 변화 — I think the biggest change is _____

2 과거에 사용했던 테크놀로지 — When I was _____

3 현재 사용하는 테크놀로지 — On the other hand, I use _____

4 테크놀로지에 대한 의견 — I think using _____ is _____
Technology makes my life better and I can save my time.

고수의 답변 해석 | 가장 큰 변화는 휴대 전화에 있습니다. 제가 고등학생일 때에는, 2G 전화기를 사용했습니다. 그러나 지금은 스마트폰이라고 하는 4G 전화기를 사용합니다. 스마트폰을 사용하면 정보 검색과 파일을 다운받는 시간이 더 빨라져 좋습니다. 테크놀로지는 우리의 일상을 더욱 좋게 만들었고, 시간도 절약할 수 있게 되었습니다.

14
재활용
Recycling

| 오픽고수의 생생 Tip |

'재활용'은 기본 상식을 영어로 설명할 수 있는지 알아보는 질문입니다. 소수의 기본 표현만 알아 두고, 예를 들어 가면서 설명한다면 충분히 좋은 답변을 이끌어 낼 수 있습니다. 준비한 답변이 바로 떠오르지 않는다면 "Well, that's a good question, but I need to think for a bit."(좋은 질문이긴 한데 조금 생각해 봐야 겠어요.) 같은 문장으로 생각할 시간을 벌고 긴장을 푸는 것도 좋은 방법입니다.

🎧 P2_14

| 빈출 문제 살펴보기 |

Q1 우리나라의 재활용   p.286 ▶ IM 풀이

Tell me about recycling in your country. How do people recycle? What are some things that are recycled in your country?

당신 나라에서 하는 재활용에 대해 말해 주세요. 사람들은 어떻게 재활용하나요? 당신의 나라에서 재활용되는 것들은 무엇인가요?

Q2 집에서 재활용을 하는 순서   p.288 ▶ IM 풀이

Describe each step you take when you recycle at home. What do you usually recycle? Why do you think it's important to recycle?

집에서 재활용할 때 거치는 각 단계를 설명해 주세요. 보통 어떤 것을 재활용하나요? 왜 재활용이 중요한가요?

Q3 어렸을 때의 재활용과 관련한 경험   p.290 ▶ IM 풀이

What was the most memorable experience you had with recycling in your childhood? What happened? Why was it so memorable to you?

어렸을 때 재활용했던 경험 중 가장 기억에 남는 경험이 무엇인가요? 어떤 일이 있었나요? 왜 기억에 남았나요?

Q1 우리나라의 재활용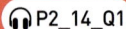

Tell me about recycling in your country. How do people recycle? What are some things that are recycled in your country?
당신 나라에서 하는 재활용에 대해 말해주세요. 사람들은 어떻게 재활용하나요? 당신의 나라에서 재활용되는 것들은 무엇인가요?

동영상 강의

STEP 1 유형 분석하기

재활용 묘사는 어떻게 아이디어를 구상할까요?

재활용 묘사 구성하기
1 재활용 품목
2 재활용하는 방법
3 또 다른 재활용
4 느낌

We recycle 재활용 하는 품목 1 .
We separate the materials carefully and put it in different colored bins.
Also, 재활용 하는 품목 2 is recycled in Korea.
I think it is important to recycle to protect our environment.

STEP 2 표현 더하기

재활용 품목
plastic 플라스틱 paper 종이 aluminum 알루미늄 glass 유리 batteries 건전지
electronics 전자용품 food waste 음식물 쓰레기 clothing and fabrics 옷과 천

추가 단어
separate 분리(수거)하다 materials 자재 separate A from B A를 B에서 분리하다
compost 퇴비 different colored bins 다른 색의 통
recyclables 재활용품 trash 쓰레기 protect our environment 우리의 환경을 보호하다

STEP 3 고수의 답변

1 재활용 품목 — We recycle plastic, paper, aluminum and glass.
2 재활용하는 방법 — We separate the materials carefully and put them in different colored bins.
3 또 다른 재활용 — Also, food waste is recycled in Korea. We must separate it from other wastes for compost.
4 느낌 — I think it is important to recycle to protect our environment.

P2_14_Q1 answer

STEP 4 나만의 답변

나만의 답변을 만들어 봅시다.

1 재활용 품목 — We recycle _____
2 재활용하는 방법 — We separate the materials carefully and put them in different colored bins.
3 또 다른 재활용 — Also, _____ is recycled in Korea. _____
4 느낌 — I think it is important to recycle to protect our environment.

고수의 답변 해석 | 우리는 플라스틱, 종이, 알루미늄과 유리를 재활용합니다. 물건들을 신중히 분리해 다른 색깔의 수거함에 따로 담습니다. 우리는 퇴비를 만들기 위해 음식물 쓰레기도 따로 분리해 버리고 재활용을 합니다. 우리의 환경을 보호하기 위해 재활용은 중요하다고 생각합니다.

Q2 집에서 재활용을 하는 순서

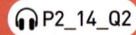

Describe each step you take when you recycle at home. What do you usually recycle? Why do you think it's important to recycle?
집에서 재활용할 때 거치는 각 단계를 설명해 주세요. 보통 어떤 것을 재활용하나요? 왜 재활용이 중요한가요?

STEP 1 유형 분석하기

과정 설명은 어떻게 준비해야 할까요?

과정 설명 구성하기

1. 방법 First, 방법 설명 .
2. 절차 1 For example, 절차 1 .
3. 절차 2 After that, 절차 2 .
4. 느낌/의견 느낌 + 의견 .

STEP 2 표현 더하기

재활용 절차
separate A according to B A를 B에 따라 분리하다   separate A from B A를 B로부터 분리하다
put A into B A를 B에 넣다   collect all the recyclables 재활용품을 다 모으다
donate clothes for reuse 재사용을 위해 옷을 기부하다

추가 표현
different products 다른 물품들   It's required by law. 법으로 정해져 있다.
It smells awful. 냄새가 끔찍하다.   I don't like doing it. 하기 싫다.
It's quite a hassle. 꽤 귀찮은 일이다.
I have to do it to protect the environment. 환경을 보호하기 위해 꼭 해야 한다.

STEP 3 고수의 답변

P2_14_Q2 answer

1	방법	First, I separate different products according to their material.
2	절차 1	For example, I separate plastic from glass and put them in different bins.
3	절차 2	After that, I put the food waste into its bin.
4	느낌/의견	It smells awful, so I don't like doing it, but it's required by law in my country.

고득점 따기 TIP ▶

- 고득점을 받기 위해서는 개인적인 이야기를 많이 넣는 것이 좋습니다.
  Ex) I drink a lot of milk in plastic containers. So when I recycle, I make sure to collect all my milk cartons first and separate them from other recyclables.
  나는 플라스틱 통에 있는 우유를 많이 마시는데 재활용을 하면 우선 우유 곽부터 다 모은 후, 다른 재활용품에서 분리한다.

- 해당 행동에 대한 특별한 순서가 없다고 해도 간단한 예시 포함하여 말하고 마무리에는 그 행동에 대한 자신의 의견이나 느낌으로 정리하는 것이 좋습니다.

STEP 4 나만의 답변

나만의 답변을 만들어 봅시다.

1	방법	First, _____
2	절차 1	For example, _____
3	절차 2	After that, _____
4	느낌/의견	_____

고수의 답변 해석 | 일단, 재활용 쓰레기를 재질에 따라 따로 분리합니다. 예를 들어, 플라스틱은 유리와 분리해서 각기 다른 수거함에 넣습니다. 그러고 나서 음식물 쓰레기를 음식물 수거함에 버립니다. 냄새가 고약해서 음식물 쓰레기 분리는 하기 싫지만, 우리나라에서는 법적인 의무입니다.

Q3 어렸을 때의 재활용과 관련한 경험

What was the most memorable experience you had with recycling in your childhood? What happened? Why was it so memorable to you?
어렸을 때 재활용했던 경험 중 가장 기억에 남는 경험이 무엇인가요? 어떤 일이 있었나요? 왜 기억에 남았나요?

STEP 1 유형 분석하기

경험 이야기를 할 때는 어떤 것을 말해야 할까요?

경험 이야기하기 구성하기
1 시기
2 느낌/한 일
3 느낌/의견

One day, when I was 시기 + 있었던 일 .
한 일에 대한 설명 + 그 일에 대한 느낌 .
Now, 그 경험에 대한 느낌 .

TIP ▶ 항상 과거시제를 사용하되, 그때의 일을 생동감 있게 표현하고 싶다면 과거진행형 사용하기
▶ 육하원칙을 기본으로 이야기 꾸미기 (언제/어디서/누구와/무엇을/결과)

STEP 2 표현 더하기

시기
when I was in elementary school 초등학교 때
when I was in middle school 중학교 때
when I was little 어렸을 때
when I was ten 열 살 때

한 일/사건
learn how to recycle at school 학교에서 재활용하는 것을 배우다
collect all the trash at home 집에 있는 쓰레기를 다 모으다
separate A carefully A를 신중히 분리하다
put A in different colored bins A를 다른 색의 수거함에 넣다

느낌
I was very optimistic. 아주 낙관적이었다.
I felt like I could change the world. 내가 세상을 바꿀 수 있을 것 같았다.
I was excited. 아주 신났었다.
I was serious about recycling. 재활용하는 것에 진지했다.
I am not so crazy about recycling. 재활용하는 것에 그다지 빠져 있지는 않다.

STEP 3 고수의 답변

1 시기 — One day, when I was ten, I learned how to recycle at school.

2 느낌/한 일 — I was very optimistic, and I felt like I could change the world. As soon as I got home, I collected all the trash at home. Then, I separated it carefully and put them in different colored bins. Back then, I was very excited and serious about recycling, so I even made my little sister do it.

3 느낌/의견 — Now, I'm not so crazy about recycling, but I still think it's important.

P2_14_Q3 answer

고득점 따기 TIP ›
경험을 이야기할 때는 당시 기분을 구체적으로 묘사하면 고득점을 받을 수 있습니다.

STEP 4 나만의 답변

나만의 답변을 만들어 봅시다.

1 시기 — One day, when I was _____

2 느낌/한 일 — _____

3 느낌/의견 — Now, _____

고수의 답변 해석 | 열 살 때, 학교에서 재활용하는 법을 배웠습니다. 저는 세상을 변화시킬 수 있다는 긍정적인 생각이 들었습니다. 집에 오자마자 쓰레기를 모았습니다. 그리고 세심하게 분리해 다른 색깔의 수거함에 따로 담았습니다. 그 시절엔 재활용하는 것에 대해 매우 신이 났고 진지해서, 여동생에게도 같이하도록 시켰습니다. 지금은 그렇게 열심히 분리수거를 하지 않지만 여전히 중요하다고 생각합니다.

15 교통
Transportation

| 오픽고수의 생생 Tip |

우리나라 교통에 대해서 나오는 돌발 질문은 자주 출제가 됩니다. 특히, 과거와 현재 비교하기에 대한 질문에 미리 꼼꼼히 준비해야 합니다.

 P2_15

| 빈출 문제 살펴보기 |

Q1 우리나라 대중교통   p.294 ▶ IM 풀이

I'd like to know about public transportation in your country. What kind of public transportation do you have in your country? Which one do you prefer to take and why?

당신 나라의 대중교통에 대해 알고 싶어요. 어떤 종류의 대중교통이 있나요? 당신은 무엇을 더 선호하며 그 이유는 무엇인가요?

Q2 우리나라 대중교통의 변화   p.296 ▶ IM 풀이

What has changed to the public transportation system in your country since you were a child?

당신이 어렸을 때 이후로 당신 나라의 대중교통 시스템은 어떻게 바뀌었나요?

Q3 교통과 관련된 경험   p.298 ▶ IM 풀이

Please describe a memorable experience you had while taking public transportation. When and where did it happen?

대중교통을 타고 가다가 생겼던 기억에 남는 경험에 대해 묘사해 주세요. 언제, 어디서 일어난 일이었나요?

Q1 우리나라 대중교통

🎧 P2_15_Q1

I'd like to know about public transportation in your country. What kind of public transportation do you have in your country? Which one do you prefer to take and why?

당신 나라의 대중교통에 대해 알고 싶어요. 어떤 종류의 대중교통이 있나요? 당신은 무엇을 더 선호하며 이유는 무엇인가요?

STEP 1 유형 분석하기

내용 전달을 할 때는 어떤 것을 준비해야 할까요?

내용 전달 구성하기
1. 우리나라 대중교통
2. 대중교통 종류
3. 내가 선호하는 대중교통/ 이유

I think public transportation in my country is `의견`.
There are two types of public transportation such as bus and subway.
I prefer to take `대중교통 종류`.
I like it because `선호하는 이유 1`.
In addition, `선호하는 이유 2`.

STEP 2 표현 더하기

우리나라 대중교통이 좋은 이유

It comes on time. 제시간에 온다.
It comes frequently[often]. 자주 온다.
The subway station is near my house. 지하철역이 집 근처에 있다.
The bus stop is near my house. 버스 정류장이 집 근처에 있다.
It is convenient to go anywhere. 어디든 갈 수 있다.
There is no traffic. 교통 체증이 없다.
It is easy to transfer. 환승하기 쉽다.
There are many subway lines all around the city. 도시에 지하철 노선이 많이 있다.
There are many bus stops all around the city. 도시에 버스 정류장이 많이 있다.

STEP 3 고수의 답변

1	우리나라 대중교통	I think public transportation in my country is very cheap and convenient to use.
2	대중교통 종류	There are two types of public transportation such as bus and subway.
3	내가 선호하는 대중교통/이유	I prefer to take a subway. I like it because it comes on time and there is no traffic. In addition, it's easy to transfer to another line.

🎧 P2_15_Q1 answer

고득점 따기 TIP ▶
- 이유를 묻는 질문에는 이유를 3개 이상씩 말하면 더더욱 좋은 점수를 받을수 있습니다.
- 너무 평범하고 짧은 답변이 나올듯한 주제에서는 다양한 상황과 상대를 선택하여 내용을 전달하는 것이 좋습니다.

STEP 4 나만의 답변

나만의 답변을 만들어 봅시다.

1	우리나라 대중교통	I think public transportation in my country is _____
3	대중교통 종류	There are two types of public transportation such as bus and subway.
4	내가 선호하는 대중교통/이유	I prefer to take _____ I like it because _____ In addition, _____

고수의 답변 해석 | 우리나라의 대중교통은 저렴하고 편리한 편입니다. 버스와 지하철같은 두 가지의 교통수단이 있습니다. 저는 지하철을 선호하는데, 그 이유는 정시에 도착하고 교통 체증이 없으며 갈아타기도 쉽기 때문입니다.

Q2 우리나라 대중교통의 변화

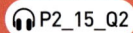 P2_15_Q2

What has changed to the public transportation system in your country since you were a child?
당신이 어렸을 때 이후로 당신 나라의 대중교통 시스템은 어떻게 바뀌었나요?

STEP 1 유형 분석하기

변화 묘사는 어떻게 준비해야 할까요?

예전 vs. 현재 비교하기 구성하기

1. 변화 1
2. 변화 2
3. 변화 3

When I was young, 과거의 대중교통 .
On the other hand, 현재의 대중교통 .
When I was 시기 + 과거의 대중교통 ,
but now, 현재 .
Also, 과거 . Now, 현재 .

TIP ▶ 두 대상의 공통점과 차이점, 장단점 설명하기
▶ 자신의 생각 또는 의견을 마지막에 언급하기

STEP 2 표현 더하기

어릴 적 교통

There were a few subway lines. 지하철 노선이 몇 개 없었다.
There were a few buses. 버스가 몇 대 없었다.
I paid in cash when I took a bus. 버스를 탈 때는 현금으로 냈다.
I bought a ticket to take a subway. 지하철을 타기 위해 표를 샀다.
There were no screen-door systems. 스크린도어가 없었다.
There was no discount when I transferred. 환승 할인이 되지 않았다.

지금의 교통

There are more subway lines. 지하철 노선이 더 생겼다.
There are more buses. 버스가 더 생겼다.
I use my transportation card. 나는 교통카드를 사용한다.
There are screen doors for safety reasons. 안전상의 이유로 스크린도어가 있다.
I can get a discount when I transfer. 환승 할인을 받을 수 있다.
I can check my bus schedule on my smart phone.
스마트폰을 이용해서 버스 스케줄을 확인할 수 있다.

STEP 3 고수의 답변

P2_15_Q2 answer

1 변화 1   When I was young, there were a few subway lines. On the other hand, there are more subway lines now.

2 변화 2   When I was in elementary school, I paid in cash when I took a bus, but now, I use my transportation card.

3 변화 3   Also, there were no screen-door systems in the past. Now, there are screen-doors for safety reasons in the subway station.

고득점 따기 TIP ▶
과거에 일어났던 일은 항상 '과거시제'로, 현재에 있는 부분은 '현재시제'로 구분해서 사용할 줄 알아야 합니다.

STEP 4 나만의 답변

나만의 답변을 만들어 봅시다.

1 변화 1   When I was young, _____

On the other hand, _____

2 변화 2   When I was _____ ,

but now, _____

3 변화 3   Also, _____

Now, _____

고수의 답변 해석 | 제가 어릴 적에는 몇 개의 노선밖에 없었는데 현재는 많은 노선들이 있습니다. 제가 초등학생 때는 현금을 내고 버스를 탔는데, 지금은 교통 카드를 사용합니다. 예전에는 지하철역에 스크린도어가 설치되어 있지 않았지만 지금은 안전을 위해 역에 설치되어 있습니다.

Q3 교통과 관련된 경험

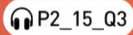 P2_15_Q3

Please describe a memorable experience you had while taking public transportation. When and where did it happen?
대중교통을 타고 가다가 생겼던 기억에 남는 경험에 대해 묘사해 주세요. 언제, 어디서 일어난 일이었나요?

STEP 1 유형 분석하기

경험 이야기를 할 때는 어떤 것을 말해야 할까요?

경험 이야기하기 구성하기
1. 언제/어디서
2. 그날의 날씨
3. 일어난 사건
4. 사건의 결과/느낌

시기, 일이 일어난 장소 설명 .
On that day, 날씨 묘사 .
일어났던 사건 설명 .
Finally, 사건의 결과 + 느낌 묘사 .

TIP ▶ 항상 과거시제를 사용하되, 그때의 일을 생동감 있게 표현하고 싶다면 과거진행형 사용하기
▶ 육하원칙을 기본으로 이야기 꾸미기 (언제/어디서/누구와/무엇을/결과)

STEP 2 표현 더하기

대중교통을 타고 가다가 생긴 일
I missed the bus. 버스를 놓쳤다.
There was a big accident on the highway. 고속도로에 큰 사고가 났다.
There was a huge traffic jam on the road. 도로에 교통 체증이 심했다.
I slipped on the icy road. 꽁꽁 얼은 길에서 미끄러졌다.
The subway station was closed due to flooding from heavy rainfall.
큰 비로 인해 지하철역이 물에 잠겨 폐쇄되었다.

사건의 결과
I was late to work due to the heavy traffic jam. 심한 교통 체증 때문에 회사에 늦었다.
I was late for an appointment. 약속에 늦었다.
I couldn't make it to the appointment. 약속에 가지 못했다.
I had a big fight with my boy-friend. 남자 친구랑 크게 싸웠다.

STEP 3 고수의 답변

1 언제/어디서 — A month ago, I was taking a bus to go to work in the morning.

2 그날의 날씨 — On that day, it was raining heavily.

3 일어난 사건 — I came out of my house earlier than usual because of the bad weather. However, I was stuck in traffic for one hour and a half. I found out there was a huge accident on the highway.

4 사건의 결과/느낌 — Finally, I was late to work. Luckily, all the other coworkers were late as well due to the heavy rainfall. I felt relieved. It was a lucky day.

고득점 따기 TIP ▸
- 일어난 사건만 이야기하기보다는 그 사건에 대한 결과와 느낌도 꼭 함께 이야기합니다.
- 날씨 때문에 교통에 문제가 생긴 사건을 미리 생각해 놓으면 나중에 '날씨'와 관련된 돌발 질문과 함께 응용해서 쓸 수도 있습니다.

STEP 4 나만의 답변

나만의 답변을 만들어 봅시다.

1 언제/어디서 _____

2 그날의 날씨 On that day, _____

3 일어난 사건 _____

4 사건의 결과/느낌 Finally, _____

고수의 답변 해석 | 한 달 전, 저는 출근길 버스를 타고 있었습니다. 그날은 많은 비가 내렸습니다. 궂은 날씨 때문에 평소보다 일찍 집에서 나왔는데 한 시간 반 동안이나 길에서 꼼짝도 하지 못했습니다. 알고 보니 고속도로에 큰 사고가 있었습니다. 결국엔 직장에 늦고 말았는데, 다행히도 다른 동료들 역시 호우로 인해 지각해서 안도했습니다. 운이 좋은 날이었습니다.

16
가구/가전
Furniture/ Home appliances

| 오픽고수의 생생 Tip |
'가구'와 '가전'은 꾸준히 나오는 주제입니다. 두 주제를 함께 준비하면 시간을 절약할 수 있습니다.

🎧 P2_16

| 빈출 문제 살펴보기 |

Q1 가장 좋아하는 가구　　　　　p.302 ▶ IM 풀이

Now let's talk about the furniture in your home. What kind of furniture do you have in your home? What is your favorite piece of furniture?

이제 당신의 집 안에 있는 가구에 대해 이야기해 봅시다. 집 안에 어떤 종류의 가구가 있나요? 가구 중에 가장 마음에 드는 것은 무엇인가요?

Q2 과거와 현재의 가구 비교　　　p.304 ▶ IM 풀이

What are differences between the furniture you had at home in your childhood and the furniture you have today? Please compare them as many details as possible.

당신이 어릴 적에 그리고 오늘날 가지고 있는 가구의 차이는 무엇인가요? 가능한 한 자세하게 비교하세요.

Q3 집에 있는 가전제품 묘사　　　p.306 ▶ IM 풀이

What kind of home appliances do you have at home? Which one do you mostly use in your daily life?

집에 어떤 종류의 가전제품을 가지고 있나요? 당신은 일상에서 어떤 것을 주로 사용하나요?

Q4 빌린 가전제품이 고장 난 경험　p.308 ▶ IM 풀이

Did you ever get in trouble when you borrowed a household appliance that became broken? What kind of problem was it? How did you handle it?

당신은 빌린 가전제품이 고장 나서 곤란에 처한 적이 있나요? 어떤 문제였나요? 어떻게 대처했나요?

Q1 가장 좋아하는 가구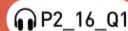

Now let's talk about the furniture in your home. What kind of furniture do you have in your home? What is your favorite piece of furniture?

이제 당신의 집 안에 있는 가구에 대해 이야기해 봅시다. 집 안에 어떤 종류에 가구가 있나요? 가구 중에 가장 마음에 드는 것은 무엇인가요?

STEP 1 유형 분석하기

사물 묘사는 어떤 것을 말해야 할까요?

사물 묘사 구성하기
1. 집에 있는 가구
2. 가장 좋아하는 가구
3. 그 가구의 특징
4. 느낌/의견

In my living room, 거실에 있는 가구 .
In my room, 방에 있는 가구 .
My favorite piece is 가장 좋아하는 가구 .
가구의 특징 설명 .
느낌 또는 의견 설명 .

STEP 2 표현 더하기

방에 있는 가구
a bed 침대 a desk 책상 a chair 의자 a closet 옷장
a bookshelf with many books 책이 꽉 찬 책장 a dressing table 화장대 a hanger 옷걸이
a drawer (작은) 서랍장 a dresser (큰) 서랍장

거실에 있는 가구
a couch[sofa] 소파 a TV stand TV 받침대 a tea table 티 테이블 a dining table 식탁
a side table 작은 탁자 a display cupboard 장식장 a rocking chair 흔들의자

STEP 3 고수의 답변

1 집에 있는 가구
My house doesn't have many pieces of furniture because I like simple things. In my living room, there is a small but comfortable sofa, a display cupboard, a TV table, and a rocking chair. My room is small, so there are only a few things. In my room, there is a bed, a closet, a dressing table, and a very small desk and a chair.

2 가장 좋아하는 가구   My favorite piece is my bed.
3 그 가구의 특징   I can relax after a long day at work on the bed.
4 느낌/의견   It is the most relaxing place to me.

고득점 따기 TIP ▶
가구 묘사를 할 때, 가구만 나열하는 것보다는 가구가 배치되어 있는 장소의 분위기도 함께 언급한 후 사물묘사를 하는 것이 더 좋습니다. 마무리는 그 사물이 배치된 전체 장소에 대한 느낌으로 이야기하면 더 좋습니다.

STEP 4 나만의 답변

나만의 답변을 만들어 봅시다.

1 집에 있는 가구
In my living room, _____

In my room, _____

2 가장 좋아하는 가구   My favorite piece is _____

3 그 가구의 특징   _____

4 느낌/의견   _____

고수의 답변 해석 | 제가 간단한 것들을 좋아해서 저의 집은 가구가 많이 없습니다. 거실에는 작지만 편안한 소파, 장식장, TV 테이블, 그리고 흔들의자가 있습니다. 제 방은 작아서 단지 몇 개만 있는데 침대, 옷장, 화장대, 그리고 아주 작은 책상과 의자가 있습니다. 가장 좋아하는 것은 침대입니다. 일터에서 긴 하루를 보낸 후 침대에서 쉴 수 있습니다. 저에게는 가장 편안한 장소입니다.

Q2 과거와 현재의 가구 비교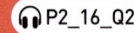

What are differences between the furniture you had at home in your childhood and the furniture you have today? Please compare them as many details as possible.
당신이 어릴 적에 그리고 오늘날 가지고 있는 가구의 차이는 무엇인가요? 가능한 한 자세하게 비교하세요.

STEP 1 유형 분석하기

과거와 현재 비교는 어떤 것을 말해야 할까요?

과거와 현재 비교 구성하기

1 가구의 변화
2 어릴 적과 현재 비교 1
3 어릴 적과 현재 비교 2
4 느낌/의견

There are some changes of furniture in 가구의 변화가 많은 장소 . 어릴 적 가구 묘사 , but now 현재 사용하는 가구 비교 . 두 번째로 변화된 점 I used to 과거에 사용했던 가구의 특징 , but 현재 가구의 특징 .
Things got bigger and simpler now compared to the past.

STEP 2 표현 더하기

어릴 적 사용했던 가구
a single bed for children (아동용) 싱글 침대   a bunk bed 이층 침대
colorful with patterns 패턴이 있는 화려한   bright and colorful 밝고 화려한
a small storage space 작은 저장 공간

현재 사용하는 가구
a queen[king]-sized bed 퀸[킹] 사이즈 침대   simple black and white color 단순한 흑백 컬러
a large storage space 큰 저장 공간   a tall and big bookshelf 높고 큰 책꽂이

STEP 3 고수의 답변

🎧 P2_16_02 answer

1 가구의 변화 — There are some changes of furniture in my room.
2 어릴 적과 현재 비교 1 — I had a single bed when I was young. But now, I have a double bed, so it is longer and bigger than the past.
3 어릴 적과 현재 비교 2 — The colors of furniture have changed a lot. I used to have colorful pieces like pink and green, but my furniture is mostly white or black in my room now.
4 의견 — Things got bigger and simpler now compared to the past.

고득점 따기 TIP ▶
두 대상에 대한 비교를 할 때에는 A와 B 두 대상에 대한 의견도 잊지 말고 꼭 이야기하세요.

STEP 4 나만의 답변

나만의 답변을 만들어 봅시다.

1 가구의 변화 — There are some changes of furniture in _____
2 어릴 적과 현재 비교 1 — _____
3 어릴 적과 현재 비교 2 — _____
4 의견 — Things got bigger and simpler now compared to the past.

고수의 답변 해석 | 제 방에 있는 가구들에 몇 가지 변화가 있습니다. 어릴 때에는 싱글 침대가 있었지만, 지금은 이전보다 더 길고 큰 더블 침대가 있습니다. 가구 색깔에는 큰 변화가 있었습니다. 예전에는 분홍과 초록처럼 다채로운 색깔의 가구를 사용하곤 했었지만, 지금은 대부분 흰색 또는 검은색의 가구를 가지고 있습니다. 현재 가구들은 과거에 비해 더 크고 간단해졌습니다.

Q3 집에 있는 가전제품 묘사

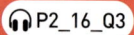 P2_16_Q3

What kind of home appliances do you have at home? Which one do you mostly use in your daily life?
집에 어떤 종류의 가전제품을 가지고 있나요? 당신은 일상에서 어떤 것을 주로 사용하나요?

STEP 1 유형 분석하기

사물 묘사는 어떤 것을 말해야 할까요?

사물 묘사 구성하기
1 집에 있는 가전제품
2 주방에 있는 가전제품
3 방에 있는 전자제품
4 주로 사용하는 가전제품

I have many useful household appliances at home.
In the kitchen, 주방에 있는 가전제품 .
In my room, 방에 있는 전자제품 .
I mostly use 주로 사용하는 가전제품 .

STEP 2 표현 더하기

주방에 있는 가전제품
a refrigerator 냉장고 a stove 가스레인지 a water cooler 음료 냉각기 a cooker 밥솥
a microwave oven 전자레인지 a washing machine 식기 세척기 a water heater 온수기

방에 있는 전자제품
an air conditioner 에어컨 a laptop computer 노트북 a desktop computer 데스크톱 컴퓨터
a stereo system 오디오 a portable beam projector 휴대용 빔 프로젝터

STEP 3 고수의 답변

1. 집에 있는 가전제품 — I have many useful household appliances at home.
2. 주방에 있는 가전제품 — In the kitchen, there is a refrigerator, stove, water cooler, cooker, microwave oven, washing machine and water heater.
3. 방에 있는 전자제품 — In my room, I have an air conditioner and my laptop computer.
4. 주로 사용하는 가전제품 — I mostly use a microwave oven every day. I can simply heat some food from the fridge and enjoy eating warm food. It is the most useful appliance to me.

고득점 따기 TIP ▶
가전제품을 묘사할 때, 거실이나 부엌에 있는 가전제품만 나열하는 것보다는 자신의 방이나 가전제품이 있을 만한 다양한 장소도 함께 이야기하면서 다양한 가전제품 관련 단어를 나열해 보세요. 또한 평소에 자주 사용하는 제품이 있다면 함께 언급해도 좋습니다.

STEP 4 나만의 답변

나만의 답변을 만들어 봅시다.

1. 집에 있는 가전제품 — I have many useful household appliances at home.
2. 주방에 있는 가전제품 — In the kitchen, _____
3. 방에 있는 전자제품 — In my room, _____
4. 주로 사용하는 가전제품 — I mostly use _____

고수의 답변 해석 | 저는 집에 유용한 가전제품이 많이 있습니다. 부엌에는 냉장고, 가스레인지, 음료수 냉각기, 밥솥, 전자레인지, 식기 세척기, 그리고 온수기가 있습니다. 제 방에는 에어컨과 노트북이 있습니다. 저는 주로 매일 전자레인지를 사용합니다. 냉장고에서 음식을 꺼내서 간단히 데워 먹을 수 있습니다. 저에게 가장 유용한 제품입니다.

Q4 빌린 가전제품이 고장 난 경험

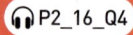

Did you ever get in trouble when you borrowed a household appliance that became broken? What kind of problem was it?
How did you handle it?

당신은 빌린 가전제품이 고장 나서 곤란에 처한 적이 있나요? 어떤 문제였나요? 어떻게 대처했나요?

STEP 1 유형 분석하기

경험 이야기는 어떤 것을 말해야 할까요?

경험 이야기 구성하기

1 물건을 빌린 시기
2 빌린 물건/이유
3 고장 나게 된 사건
4 해결 방법
5 느낌/의견

그 사건이 일어나게 된 시기 .
빌렸던 물건/계기 .
물건이 고장 나게 된 사건 .
해결 방법 .
그 사건에 대한 의견 . I think it was a bad day.

STEP 2 표현 더하기

물건을 빌린 시기
I think it was about a year ago. 내 생각엔 1년 전쯤인 것 같다.
I think it was a few months ago. 내 생각엔 몇 달 전쯤인 것 같다.

물건을 빌리게 된 계기
Urgently, I had to borrow it for my work. 급하게 일 때문에 빌리게 되었다.
I borrowed it for a trip. 여행을 가려고 그것을 빌리게 되었다.
I borrowed it for a few days for my school assignment. 학교 과제 때문에 며칠 빌리게 되었다.

빌린 물건이 고장 난 사건
The power of the camera was off by itself. 카메라 전원이 저절로 꺼졌다.
I dropped it on the floor by mistake. 실수로 바닥에 떨어뜨렸다.
I dropped the phone in the water by accident. 실수로 휴대 전화를 물에 빠뜨렸다.

STEP 3 고수의 답변

P2_16_Q4 answer

1 시기	I don't usually borrow things from others. One day, I lost my digital camera on my trip by a careless mistake.
2 빌린 물건/이유	Urgently, I had to borrow a camera from one of my friends for my project at work. My friend lent her camera to me without hesitation.
3 고장 나게 된 사건	I was taking photos of trees and flowers at a park but all of a sudden, the power of the camera was off by itself. I was embarrassed and confused.
4 해결 방법	I took the camera to the customer service center right away and paid for repair fees.
5 느낌/의견	I wasn't sure if it was my fault or something was wrong with the camera. **I think it was a bad day.**

고득점 따기 TIP ›
일어난 사건만 이야기하기보다는 그 사건에 대한 결과와 느낌도 함께 이야기합니다. 사건이 일어나기 전, 그 장소의 분위기에 대해 묘사를 하는 것은 듣는 사람에 의해 그 상황을 상상하게 하는 데 더 도움이 됩니다. 특히 과거진행형을 사용하면 그때의 상황이 더 생생하게 그려지는 데 도움이 됩니다.

STEP 4 나만의 답변

나만의 답변을 만들어 봅시다.

1 시기	
2 빌린 물건/이유	
3 고장 나게 된 사건	
4 해결 방법	
5 느낌/의견	

I think it was a bad day.

고수의 답변 해석 | 저는 대개는 다른 사람한테서 물건을 빌리지 않습니다. 하루는, 부주의한 실수로 여행 중에 디지털 카메라를 잃어버렸고, 긴급하게 업무중인 프로젝트를 위해 제 친구 중 한 명에게 카메라를 빌려야만 했습니다. 제 친구는 망설임 없이 카메라를 저에게 빌려주었습니다. 저는 공원에서 나무들과 꽃들의 사진을 찍고 있었는데 갑자기 카메라 전원이 저절로 꺼졌습니다. 저는 당황했고 혼란스러웠습니다. 곧바로 카메라를 가지고 고객서비스센터에 갔고 수리비를 지불했습니다. 저는 그것이 제 잘못인지 아니면 카메라에 무엇이 잘못된 건지 알 수 없었습니다. 운이 안 좋은 날이었다고 생각합니다.

17 계절/날씨

Seasons/ Weather

| 오픽고수의 생생 Tip |

계절 및 날씨를 묻는 질문은 쉬운 것 같으나 정작 할 말이 없는 문제이기도 합니다. 우리나라만의 독특한 사계절의 특성을 살려서 흥미진진한 계절 묘사를 시도해 보는 것도 좋습니다. 또한, 각 계절마다 특색 있게 즐길 수 있는 야외 활동 및 변화하는 자연 및 사람들의 옷차림이나 기분, 자연재해까지 연관지어 이야기할 수 있다면 더욱 좋습니다.

🎧 P2_17

| 빈출 문제 살펴보기 |

Q1 오늘의 날씨 묘사   p.312 ▶ IM 풀이

Tell me about today's weather. What is happening right now?

오늘의 날씨에 대해 말해 주세요. 현재 어떤 일이 일어나고 있나요?

Q2 날씨 변화

How has the weather changed over the years in your country? How has the climate changed from when you were little?

당신의 나라에서는 수년 동안 날씨가 어떻게 변해 왔나요? 당신이 어렸을 때부터 기후가 어떻게 변했나요?

Q3 계절 묘사   p.314 ▶ IM 풀이

What kind of seasons are there in your country? Are there any distinct changes? Please describe the characteristics of each season.

당신의 나라에는 어떤 종류의 계절이 있나요? 계절마다 뚜렷한 변화가 있나요? 각각의 계절의 특징들을 묘사해 주세요.

Q4 가장 좋아하는 계절

I'd like to know about your favorite season of the year. Why do you like it? Do you have any memorable experiences that happened in that season?

일 년 중 당신이 가장 좋아하는 계절에 대해 알고 싶습니다. 왜 그 계절을 좋아하나요? 그 계절에 있었던 기억에 남는 경험이 있나요?

Q5 계절에 따른 활동   p.316 ▶ IM 풀이

What kind of activities do people usually do in your country in each season? What are the most popular activities in each season?

당신의 나라에서는 각각의 계절에 사람들은 어떤 종류의 활동을 하나요? 각 계절에 가장 인기 있는 활동은 무엇인가요?

Q1 오늘의 날씨 묘사

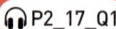

Tell me about today's weather. What is happening right now?
오늘의 날씨에 대해 말해주세요. 현재 어떤 일이 일어나고 있나요?

동영상 강의

STEP 1 유형 분석하기

날씨 묘사는 어떤 것을 준비해야 할까요?

날씨 묘사 구성하기

1. 오늘 날씨 설명
2. 지난주 날씨와 비교
3. 다음 주 날씨
4. 느낌/계획

The weather is 오늘의 날씨 today.
지난주 날씨 last week but this week, the weather is 이번 주 날씨 묘사 .
According to the weather forecast, 다음 주 날씨 .
So, I think 느낌 + 계획 .

TIP ▶ 〈It's + 형용사〉, 〈The weather is + 형용사〉 표현을 이용해서 날씨 묘사하기
  ▶ 이전 날씨, 현재 날씨, 미래 날씨 등을 비교해 보기 (시제 주의)
  ▶ 날씨와 관련된 기분이나 계획 등으로 마무리하기

STEP 2 표현 더하기

날씨
chilly 쌀쌀한 sunny 화창한 warm 따뜻한 rainy 비 오는 foggy 안개 낀 dry 건조한
freezing 혹독하게 추운 cloudy 구름 낀 partly cloudy 부분적으로 구름 낀
boiling hot 찌는 듯이 더운 scorching hot 타는 듯이 더운 stormy 폭풍우 치는 snowy 눈 오는
windy 바람 부는 sleety 진눈깨비가 오는 humid 습한

추가 표현
It's raining cats and dogs. 비가 억수같이 쏟아지다.
The sky is clear. 하늘이 맑다.
It's mild out. 밖에 날씨가 풀렸다.
We couldn't ask for a better day than this. 날씨가 완벽하다.
according to the weather forecast 일기예보에 따르면
get cold 추워지다 bundle up 껴입다

STEP 3 고수의 답변

1 오늘 날씨 설명   The weather is warm and sunny today. I think it is the perfect weather for picnics.
2 지난주 날씨와 비교   It rained last week but this week, the weather is simply amazing.
3 다음 주 날씨   According to the weather forecast, it will get cold next week.
4 느낌/계획   So, I think I will bundle up when I go hiking next weekend.

🎧 P2_17_Q1 answer

고득점 따기 TIP ▶
- 날씨와 관련해서 현재 입고 있는 옷, 보이는 풍경, 사람 등을 구체적으로 묘사하는 것도 좋습니다.
- 현재완료 시제를 이용하여 요즘 날씨를 이야기해 봅시다.
  Ex) The weather has been sunny and warm lately. 최근 날씨가 맑고 따뜻했습니다.

STEP 4 나만의 답변

나만의 답변을 만들어 봅시다.

1 오늘 날씨 설명   The weather is _____ today.

2 지난주 날씨와 비교   _____ last week but this week, the weather is _____

3 다음 주 날씨   According to the weather forecast, _____

4 느낌/계획   So, I think _____

고수의 답변 해석 | 오늘은 날씨가 따뜻하고 맑습니다. 소풍 가기에 좋은 날씨인 것 같습니다. 지난주에는 비가 왔지만 이번 주는 날씨가 정말 좋습니다. 하지만 일기예보에서는 다음 주부터 추워진다고 합니다. 그래서 다음 주말에 등산을 갈 때에는 따뜻하게 입고 가야 할 것 같습니다.

Q3 계절 묘사

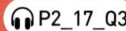 P2_17_Q3

What kind of seasons are there in your country? Are there any distinct changes? Please describe the characteristics of each season.
당신의 나라에는 어떤 종류의 계절이 있나요? 계절마다 뚜렷한 변화가 있나요? 각각의 계절의 특징들을 묘사해 주세요.

STEP 1 유형 분석하기

계절 묘사는 어떻게 이야기할까요?

계절 묘사 구성하기
1. 서론
2. 봄 소개
3. 여름 소개
4. 가을 소개
5. 겨울 소개
6. 내가 좋아하는 계절

I live in Korea, and we have four distinct seasons.
First of all, in spring, it is 날짜 설명 + 관련 활동 및 풍경 묘사 .
In summer, it is 날짜 설명 + 관련 활동 및 풍경 묘사 .
In fall, it is 날짜 설명 + 관련 활동 및 풍경 묘사 .
Lastly in winter, it is 날짜 설명 + 관련 활동 및 풍경 묘사 .
Personally, I like 계절 the best because 이유 .

STEP 2 표현 더하기

봄
sunny and warm 화창하고 따뜻한   nice and warm 따뜻하고 좋은
enjoy beautiful cherry blossoms 아름다운 벚꽃을 즐기다
Yellow dust blows over from China. 중국에서 황사가 불어오다.

여름
scorching hot 타는 듯이 더운
The temperature goes up to 36 degrees Celsius. 섭씨 36도까지 오르다.
hot and humid 덥고 습한   rainy season 우기   cool off from the heat 열기를 식히다

가을
sunny and windy 화창하고 바람 부는   The sky is high. 하늘이 높다.   It gets chilly. 쌀쌀해진다.
Leaves turn red and yellow. 단풍이 들다.   The sky is clear. 하늘이 맑다.

겨울
freezing cold 혹독하게 추운   It snows heavily. 눈이 많이 내린다.
The temperature falls below zero. 온도가 영하로 떨어진다.

STEP 3 고수의 답변

1	서론	I live in Korea, and we have four distinct seasons.
2	봄 소개	First of all, in spring, it is sunny and warm, so I can enjoy beautiful cherry blossoms.
3	여름 소개	In summer, it is scorching hot and humid. So, many people go to the beach to cool off from the heat.
4	가을 소개	In fall, it is sunny and windy. Also, the leaves turn red and yellow, so mountains look very beautiful in fall.
5	겨울 소개	Lastly, in winter, it is freezing cold, and it snows heavily. The temperature falls below zero.
6	내가 좋아하는 계절	Personally, I like fall the best because I can enjoy its beautiful scenery.

🎧 P2_17_Q3 answer

고득점 따기 TIP ▶
각각의 계절의 장단점을 둘 다 얘기해 보는 것도 좋은 방법입니다.

STEP 4 나만의 답변

나만의 답변을 만들어 봅시다.

1	서론	I live in Korea, and we have four distinct seasons.
2	봄 소개	First of all, in spring, it is _____
3	여름 소개	In summer, it is _____
4	가을 소개	In fall, it is _____
5	겨울 소개	Lastly, in winter, it is _____
6	내가 좋아하는 계절	Personally, I like _____ the best because _____

고수의 답변 해석 | 저는 사계절이 뚜렷한 한국에 살고 있습니다. 우선, 봄에는 날씨는 화창하고 따뜻해서 벚꽃을 즐길 수 있습니다. 여름에는 태양이 뜨겁고 습해서 많은 사람들이 더위를 식히러 바닷가에 갑니다. 가을에는 맑고 바람이 붑니다. 그리고 나뭇잎들은 붉고 노란색으로 물들어 아름다운 산의 절경을 이룹니다. 마지막으로 겨울이 되면 몹시 춥고 많은 눈이 내립니다. 기온은 영하로 떨어집니다. 개인적으로 저는 아름다운 경치를 즐길 수 있는 가을을 좋아합니다.

17 계절/날씨 PART 2

Q5 계절에 따른 활동

What kind of activities do people usually do in your country in each season? What are the most popular activities in each season?

당신의 나라에서는 각각의 계절에 사람들은 어떤 종류의 활동을 하나요? 각 계절에 가장 인기 있는 활동은 무엇인가요?

STEP 1 유형 분석하기

활동 묘사를 이야기할 때는 어떤 것을 말해야 할까요?

활동 묘사 구성하기

1. 봄 활동
2. 여름 활동
3. 가을 활동
4. 겨울 활동

First of all, in spring, 봄에 주로 하는 활동 묘사 .
In summer, 여름에 주로 하는 활동 묘사 .
In fall, 가을에 주로 하는 활동 묘사 .
Lastly, in winter, 겨울에 주로 하는 활동 묘사 .

TIP ▸ 현재시제 사용하기
▸ 각 계절의 날씨의 특징을 연관 지어 활동 설명하기

STEP 2 표현 더하기

봄

go on a picnic with friends and family 친구와 가족과 소풍을 가다
enjoy the beautiful cherry blossoms 아름다운 벚꽃을 즐기다
participate in a cherry blossom festival 벚꽃 축제에 참여하다

여름

enjoy water sports 수상 스포츠를 즐기다 sunbathe at the beach 해변에서 일광욕하다
go to the sea to cool off from the heat 열기를 식히기 위해 바다에 가다

가을

go hiking 등산을 가다
enjoy the striking scenery of the mountains 산의 빼어난 경치를 즐기다

겨울

go to the ski resort 스키 리조트에 가다
enjoy skiing and snowboarding 스키와 스노보드를 즐기다
enjoy a cup of hot chocolate at a café 카페에서 핫초코 한 잔을 즐기다

STEP 3 고수의 답변

1 봄 활동 — First of all, in spring, the weather is nice and mild. So many people go on a picnic with their family and friends.

2 여름 활동 — In summer, the weather is hot and humid. So lots of people go to the sea and water parks to cool off from the heat.

3 가을 활동 — In fall, many people go hiking to enjoy the striking scenery of the mountains.

4 겨울 활동 — Lastly, in winter, the most popular outdoor activities are skiing and snowboarding since it snows heavily during the winter season.

P2_17_Q5 answer

고득점 따기 TIP
- 하나의 활동을 이야기할 때 육하원칙을 이용하여 더욱 구체적으로 이야기해 줍니다.
- 활동 묘사를 할 때 흔히 볼 수 있는 광경까지 같이 묘사해 봅시다.

Ex) Lots of people go to the sea to cool off from the heat in summer. So, beaches get really crowded at this time of year. 많은 사람들이 더위를 식히기 위해 여름에 바다에 갑니다. 그래서 일 년 이맘때쯤에는 해변이 굉장히 붐비게 됩니다.

STEP 4 나만의 답변

나만의 답변을 만들어 봅시다.

1 봄 활동 — First of all, in spring, _____

2 여름 활동 — In summer, _____

3 가을 활동 — In fall, _____

4 겨울 활동 — Lastly, in winter, _____

고수의 답변 해석 | 우선, 봄에는 날씨가 온난하고 좋아서 많은 사람들이 가족이나 친구들과 함께 소풍을 갑니다. 덥고 습한 여름에는 더위를 식히러 많은 사람들이 바닷가나 워터파크에 갑니다. 가을에는 많은 사람들이 멋진 산의 경치를 즐기러 등산을 갑니다. 끝으로 겨울에는 많은 눈이 내려 스키나 스노보드 같은 야외 활동이 매우 인기가 높습니다.

PART 3

Role-Play 파헤치기

01 면접관에게 질문하기
면접관의 집에 관해 질문하기
면접관 나라의 교통에 관해 질문하기
캐나다 여행 계획에 관해 질문하기
면접관이 바이올린 켜는 것에 관해 질문하기
면접관이 즐기는 산책에 관해 질문하기
면접관에게 쇼핑에 관해 질문하기
면접관이 즐겨 보는 TV 프로그램에 관해 질문하기
서부 캐나다의 지리에 관해 질문하기
면접관의 가족의 관해 질문하기
이탈리아 음식을 요리하는 것에 관해 질문하기

02 전화로 질문하기 / 주어진 상황에서 직접 질문하기
식당에 전화해서 예약하기
영화관에 전화해서 표 예매하기
친구와 조깅을 하기 위해 약속 잡기
사고 싶은 휴대 전화에 대해 전화해서 문의하기
가구점에 전화해서 문의하기
여행사에 전화해서 문의하기
은행에 가서 계좌 발급받기
헬스장에 전화해서 문의하기
호텔에 전화해서 문의하기
고장 난 물건을 고치기 위해 질문하기

03 대안 제시하기
친구와의 콘서트 약속을 취소해야 하는 상황에서 대안 제시하기
가구점에 전화해서 내안 세시하기
여행사에 전화해서 문제된 상황을 설명하고 대안 제시하기
원하는 기능이 없는 휴대 전화 구매 후 교환하기
차 사고로 명절 식사에 참석 못하는 상황에서 대안 제시하기

04 부탁하기
새로 개업한 식당에 같이 가자고 부탁하기
식당 예약을 하기 위해 부탁하기
물건을 두고 온 상황에서 부탁하기
물건을 사용할 수 있도록 부탁하기
좋은 장소를 추천해 달라고 부탁하기

01 면접관에게 질문하기

| 오픽고수의 생생 Tip |
- 오픽 롤플레이에서는 거짓말도 실력입니다!
- 처음 시작과 끝 마무리를 자신 있게 해야 합니다.
- 누군가와 실제로 대화하듯 리액션도 잊지 말고 연기하세요.

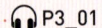 P3_01

| 자주 쓰이는 의문문 |
이 패턴이 익숙해지도록 자주 연습해서 다양하게 응용하세요.

질문하기 (의문문 만들기)

❶ 종류 질문하기
What kind of 대상(n) do you 하는 일(v)?

❷ 위치 질문하기
Where is your 장소(n) located?

❸ 빈도 질문하기
How often do you 하는 일(v)?

❹ 누구인지 질문하기
Who do you 하는 일(v) with?

❺ 좋은지 질문하기
Do you like 대상(n)?
(If so,) Why do you like 대상(n) / 하는 일(to+v)?

❻ 소유 여부 질문하기
Do you have 대상(n) in 장소(n)?

❼ 주로 하는 일 질문하기
What do you usually 하는 일(v) with 사람?

❽ 생김새 질문하기
What does your 사람/대상(n) look like?

❾ 가장 좋아하는 종류가 무엇인지 질문하기
What kind/type of 대상(n) do you like the most?

❿ 몇 개[사람]인지 질문하기
How many 작은 대상(n) are there in 더 큰 대상(n)?

| 빈출 문제 살펴보기 |

Q1 면접관의 집에 관해 질문하기

I have a house in the states. Ask me three or four questions about my house.

저는 미국에 집이 있습니다. 제 집에 대해 3~4가지 질문하세요.

Q2 면접관의 나라 교통에 관해 질문하기

I like to use transportation. Ask me three or four questions about transportation in my country.

저는 차편을 이용하는 것을 좋아합니다. 제 나라의 교통에 대해 3~4가지 질문하세요.

Q3 캐나다 여행 계획에 관해 질문하기

I am planning to travel to Canada next week. Ask me three or four questions about my trip.

저는 캐나다로 다음주에 여행을 가려고 합니다. 제 여행에 대해 3~4가지 질문하세요.

Q4 면접관이 바이올린 켜는 것에 관해 질문하기

I play the violin in an orchestra. Ask me three or four questions to know about this activity.

저는 오케스트라에서 바이올린을 켭니다. 이 활동에 대해 알기 위해 3~4가지 질문하세요.

Q5 면접관이 즐기는 산책에 관해 질문하기

I enjoy taking a walk. Ask me three or four questions about this activity.

저는 산책하는 것을 즐깁니다. 이 활동에 대해 3~4가지 질문하세요.

Q6 면접관에게 쇼핑에 관해 질문하기

I love shopping. Ask me three or four questions about my favorite shopping place.

저는 쇼핑을 무척 좋아합니다. 제가 가장 좋아하는 쇼핑 장소에 대해 3~4가지 질문하세요.

Q7 면접관이 즐겨 보는 TV 프로그램에 관해 질문하기

I like to watch reality shows. Ask me three or four questions about the show I like.

저는 리얼리티 쇼를 보는 것을 좋아합니다. 제가 좋아하는 프로그램에 대해 3~4가지 질문하세요.

Q8 서부 캐나다의 지리에 관해 질문하기

I live in western Canada. Ask me three or four questions to know more about the geography of the place.

저는 서부 캐나다에 삽니다. 그곳의 지리에 대해 더 잘 알 수 있도록 3~4가지 질문하세요.

Q9 면접관의 가족에 관해 질문하기

I also live with my family now. Now ask me three or four questions about my family.

저 또한 가족과 현재 살고 있습니다. 제 가족에 대해 3~4가지 질문하세요.

Q10 이탈리아 음식을 요리하는 것에 관해 질문하기

I like to cook Italian food. Now ask me three or four questions to find out everything you need to know to cook good Italian food.

저는 이탈리아 음식을 요리하기 좋아합니다. 이탈리아 요리를 잘하기 위해 알아야 되는 모든 것을 알아내기 위해 3~4가지 질문하세요.

Q1 면접관의 집에 관해 질문하기

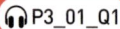

동영상 강의

I have a house in the States. Ask me three or four questions about my house.
저는 미국에 집이 있습니다. 제 집에 대해 3~4가지 질문하세요.

STEP 1 유형 분석하기

면접관에게 질문하기
1 대답하기
2 질문 1
3 질문 2
4 질문 3
5 질문 4
6 마무리

OK. Let me ask you some questions about 주제 .
질문 ?
질문 ?
질문 ?
질문 ?
Okay, that's all. Thank you.

STEP 2 표현 더하기

추가 질문

What does your house look like? 당신의 집은 어떻게 생겼나요?
Do you have a pet in your house? 집에 애완동물이 있나요?
Do you have a parking garage in your house? 집에 주차장이 있나요?
What types of house do you live in? 어떤 종류의 집에서 살고 있나요?
What do you like the most about your house? 당신의 집에서 무엇이 가장 좋습니까?
Do you enjoy living in your current house? 현재 집에서 사는 것이 즐겁습니까?

STEP 3 고수의 답변

1	서론	Oh, you have a house in the States? OK. Let me ask you some questions about your house in the States.
2	집 위치	Where is your house located in the States?
3	같이 사는 사람	Who do you live with?
4	방 개수	How many rooms are there in your house?
5	소유하는 물건	Do you have a swimming pool in your house?
6	마무리	Okay, that's all. Thank you.

P3_01_Q1 answer

고득점 따기 TIP ▶

- 질문을 하고 부연 설명을 덧붙이면 더욱 풍부하게 답변을 구성할 수 있습니다. 질문을 한 후, 그 질문에 부합되는 자신의 정보를 제공하면서 아이디어를 발전시켜 봅시다.
  Ex) Do you have a pet in your house? In my case, I have a puppy. He is adorable.
- 하나의 질문을 한 후에 조금 더 구체적으로 관련 질문을 묻는 것도 좋은 방법입니다.
  Ex) Do you have a pet in your house? For example, a puppy or a kitty?

STEP 4 나만의 답변

나만의 답변을 만들어 봅시다.

1	서론	Oh, you have a house in the States? OK. Let me ask you some questions about _____
2	집 위치	
3	같이 사는 사람	
4	방 개수	
5	소유하는 물건	
6	마무리	Okay, that's all. Thank you.

고수의 답변 해석 | 오, 미국에 집이 있다고요? 그럼 미국에 있는 당신의 집에 대해 질문을 좀 드릴게요. 집은 미국 어디에 위치하고 있나요? 누구랑 함께 사나요? 집에는 방이 몇 개 있나요? 집에 수영장이 있나요? 그럼 여기까지 할게요. 고마워요.

Q2 면접관의 나라 교통에 관해 질문하기 🎧 P3_01_Q2

I like to use transportation. Ask me three or four questions about transportation in my country.
저는 차편을 이용하는 것을 좋아합니다. 제 나라의 교통에 대해 3~4가지 질문하세요.

STEP 1 유형 분석하기

면접관에게 질문하기
1 대답하기
2 질문 1
3 질문 2
4 질문 3
5 질문 4
6 마무리

Let me ask you some questions about 주제 .
질문 ?
질문 ?
질문 ?
질문 ?
Okay, that's all. Thank you.

STEP 2 표현 더하기

추가 질문

How much is the bus fare in your country? 당신 나라의 버스요금이 어떻게 되나요?
How do you usually pay for the fare? (By cash or credit card?)
주로 어떻게 요금을 지불하나요? (현금으로 아니면 신용 카드로?)
Do you like the transportation system in your country?
당신 나라의 교통을 좋아하나요?

STEP 3 고수의 답변

1	서론	OK. Let me ask you some questions about transportation in your country.
2	교통수단 종류	What kind of transportation do you have in your country?
3	선호하는 교통	Which one do you prefer to use? (Bus or subway?)
4	이유	Why do you prefer to use that transportation?
5	교통 이용 빈도	How often do you use transportation? (Every day or on weekends?)
6	마무리	Okay, that's all. Thank you.

🎧 P3_01_Q2 answer

고득점 따기 TIP ▸

- 질문을 하고 부연 설명을 덧붙이면 더욱 풍부하게 답변을 구성할 수 있습니다. 질문을 한 후, 그 질문에 부합되는 자신의 정보를 제공하면서 아이디어를 발전시켜 봅시다.
  Ex) How often do you use transportation? In my case, I take a bus every day to go to school.
- 하나의 질문을 한 후에 조금 더 구체적으로 관련 질문을 묻는 것도 좋은 방법입니다.
  Ex) What kind of transportation do you have in your country? For example, bus or subway?

STEP 4 나만의 답변

나만의 답변을 만들어 봅시다.

1	서론	OK. Let me ask you some questions about _____
2	교통수단 종류	
3	선호하는 교통	
4	이유	
5	교통 이용 빈도	
6	마무리	Okay, that's all. Thank you.

고수의 답변 해석 | 당신 나라의 대중교통에 대해 몇 가지 물어볼게요. 어떤 종류의 대중교통이 있나요? 어떤 교통수단을 선호하나요? (버스 혹은 지하철?) 그 교통수단을 선호하는 이유는 무엇인가요? 대중교통은 얼마나 자주 이용하나요? (매일, 아니면 주말에만?) 그럼, 여기까지 할게요. 고마워요.

Q3 캐나다 여행 계획에 관해 질문하기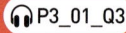

I am planning to travel to Canada next week. Ask me three or four questions about my trip.

저는 캐나다로 다음 주에 여행을 가려고 합니다. 제 여행에 대해 3~4가지 질문하세요.

STEP 1 유형 분석하기

면접관에게 질문하기
1. 대답하기
2. 질문 1
3. 질문 2
4. 질문 3
5. 질문 4
6. 마무리

Let me ask you some questions about 주제 .
질문 ?
질문 ?
질문 ?
질문 ?
Okay, that's all. Have a nice trip.

STEP 2 표현 더하기

추가 질문

What is your plan in Canada? 캐나다에서 계획이 무엇인가요?
How will you go to Canada? (By your car or an airplane?)
어떻게 캐나다에 갈 건가요? (차로 아니면 비행기로?)
When will you come back from Canada? 언제 캐나다에서 돌아올 건가요?
When will you leave for Canada? 캐나다로 언제 떠날 건가요?

STEP 3 고수의 답변

1	서론	Oh, you will travel to Canada? I am so jealous of you. OK. Let me ask you some questions about your trip to Canada.
2	여행 가는 장소	Where will you stay in Canada?
3	같이 가는 사람	Who will you go to Canada with?
4	이유	Why did you choose Canada for your trip?
5	머무는 기간	How long will you stay in Canada?
6	마무리	Okay, that's all. Have a nice trip.

고득점 따기 TIP ▶

- 질문을 하고 부연 설명을 덧붙이면 더욱 풍부하게 답변을 구성할 수 있습니다. 질문을 한 후, 그 질문에 부합되는 자신의 정보를 제공하면서 아이디어를 발전시켜 봅시다.
  Ex) Why did you choose Canada for your trip? In my case, I've been to Canada before. It's a good place.
- 하나의 질문을 한 후에 조금 더 구체적으로 관련 질문을 하는 것도 좋은 방법입니다.
  Ex) How long will you stay in Canada? For two weeks or a month?
- 시제 주의!
  곧 가게 될 여행에 관련된 질문이기 때문에 미래시제를 사용해야 합니다.

STEP 4 나만의 답변

나만의 답변을 만들어 봅시다.

1	서론	Oh, you will travel to Canada? I am so jealous of you. OK. Let me ask you some questions about _____
2	여행 가는 장소	
3	같이 가는 사람	
4	이유	
5	머무는 기간	
6	마무리	Okay, that's all. Have a nice trip.

고수의 답변 해석 | 오, 캐나다로 여행을 간다고요? 당신이 정말 부럽네요. 캐나다 여행에 관해 몇 가지 물어볼게요. 캐나다 어디에서 지낼 건가요? 누구와 함께 캐나다로 가나요? 왜 여행지로 캐나다를 선택했나요? 얼마나 오래 계실 거죠? 그럼, 여기까지 할게요. 즐거운 여행 되세요.

Q4 면접관이 바이올린 켜는 것에 관해 질문하기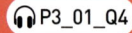

I play the violin in an orchestra. Ask me three or four questions to know about this activity.

저는 오케스트라에서 바이올린을 켭니다. 이 활동에 대해 알기 위해 3~4가지 질문하세요.

STEP 1 유형 분석하기

면접관에게 질문하기
1. 대답하기
2. 질문 1
3. 질문 2
4. 질문 3
5. 질문 4
6. 마무리

Let me ask you some questions about 주제 .
질문 ?
질문 ?
질문 ?
질문 ?
Okay, that's all. Thank you.

STEP 2 표현 더하기

추가 질문

Where do you usually practice the violin? 어디서 주로 바이올린을 연습하나요?
What is the name of the orchestra? 오케스트라 이름이 무엇인가요?
Who is your favorite violinist? 가장 좋아하는 바이올린 연주자가 누구인가요?
How long have you been playing the violin? 얼마나 오랫동안 바이올린을 켰나요?

STEP 3 고수의 답변

1	서론	You play the violin? Good! OK. Let me ask you some questions about this activity.
2	시작한 때	When did you start playing the violin?
3	시작한 이유	Why did you start playing the violin?
4	연주하는 빈도	How often do you play the violin?
5	연주하는 음악	What kind of music do you like to play?
6	마무리	Okay, that's all. Thank you.

🎧 P3_01_Q4 answer

고득점 따기 TIP ▶

- 질문을 하고 부연 설명을 덧붙이면 더욱 풍부하게 답변을 구성할 수 있습니다. 질문을 한 후, 그 질문에 부합되는 자신의 정보를 제공하면서 아이디어를 발전시켜 봅시다.
 Ex) When did you start playing the violin? In my case, I started playing the piano when I was 6.
- 하나의 질문을 한 후에 조금 더 구체적으로 관련 질문을 묻는 것도 좋은 방법입니다.
 Ex) How often do you play the violin? Every day or on weekends?

STEP 4 나만의 답변

나만의 답변을 만들어 봅시다.

1	서론	You play the violin? Good! OK. Let me ask you some questions about _____
2	시작한 때	
3	시작한 이유	
4	연주하는 빈도	
5	연주하는 음악	
0	마무리	Okay, that's all. Thank you.

고수의 답변 해석 | 바이올린을 연주하신다고요? 멋져요! 바이올린 연주에 대해 몇 가지 물어볼게요. 언제부터 바이올린을 켜셨나요? 왜 바이올린을 연주하게 되었나요? 얼마나 자주 바이올린을 연주하나요? 즐겨 연주하는 음악은 어떤 것인가요? 여기까지예요. 고마워요.

Q5 면접관이 즐기는 산책에 관해 질문하기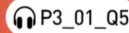

I enjoy taking a walk. Ask me three or four questions about this activity.
저는 산책하는 것을 즐깁니다. 이 활동에 대해 3~4가지 질문하세요.

STEP 1 유형 분석하기

면접관에게 질문하기	
1 대답하기	Let me ask you some questions about 주제 .
2 질문 1	질문 ?
3 질문 2	질문 ?
4 질문 3	질문 ?
5 질문 4	질문 ?
6 마무리	Okay, that's all. Thank you.

STEP 2 표현 더하기

추가 질문

Which season do you like the most? 어떤 계절이 가장 좋은가요?
What kinds of clothes do you wear? 어떤 종류의 옷을 입나요?
What kinds of shoes do you wear? 어떤 종류의 신발을 신나요?
What do you usually do before walking? 산책하기 전에 주로 무엇을 하나요?
What do you usually do after walking? 산책한 후에 주로 무엇을 하나요?

STEP 3 고수의 답변

P3_01_Q5 answer

1 서론	You like to take a walk? Me too. OK. Let me ask you some questions about this activity.
2 산책하는 이유	Why do you like to take a walk?
3 산책하는 빈도	How often do you take a walk?
4 산책하는 사람	Who do you usually go for a walk with?
5 산책하는 장소	Where do you usually go walking?
6 마무리	Okay, that's all. Thank you.

고득점 따기 TIP ▶
- 질문을 하고 부연 설명을 덧붙이면 더욱 풍부하게 답변을 구성할 수 있습니다. 질문을 한 후, 그 질문에 부합되는 자신의 정보를 제공하면서 아이디어를 발전시켜 봅시다.
  Ex) What do you usually do before walking? In my case, I usually stretch before walking.
- 하나의 질문을 한 후에 조금 더 구체적으로 관련 질문을 묻는 것도 좋은 방법입니다.
  Ex) What kinds of clothes do you wear? For example, comfortable clothes or sweatsuit?

STEP 4 나만의 답변

나만의 답변을 만들어 봅시다.

1 서론	You like to take a walk? Me too. OK. Let me ask you some questions about _____
2 산책하는 이유	
3 산책하는 빈도	
4 산책하는 사람	
5 산책하는 장소	
6 마무리	Okay, that's all. Thank you.

고수의 답변 해석 | 산책을 좋아한다고요? 저도요. 산책하는 것에 대해 좀 물어볼게요. 왜 산책하는 것을 좋아하나요? 얼마나 자주 산책하세요? 주로 누구와 함께 산책을 가나요? 대체로 어디로 가세요? 여기까지 할게요. 고마워요.

Q6 면접관에게 쇼핑에 관해 질문하기

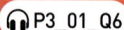 P3_01_Q6

I love shopping. Ask me three or four questions about my favorite shopping place.
저는 쇼핑을 무척 좋아합니다. 제가 가장 좋아하는 쇼핑 장소에 대해 3~4가지 질문하세요.

동영상 강의

STEP 1 유형 분석하기

면접관에게 질문하기
1 대답하기
2 질문 1
3 질문 2
4 질문 3
5 질문 4
6 마무리

Let me ask you some questions about 주제 .
질문 ?
질문 ?
질문 ?
질문 ?
Okay, that's all. Thank you.

STEP 2 표현 더하기

추가 질문

What do you usually do after shopping? 쇼핑 후에 주로 하는 일이 무엇인가요?
How often do you go shopping? 얼마나 자주 쇼핑하러 가나요?
Can you recommend a good place to shop? 쇼핑하기 좋은 장소를 추천해 줄 수 있나요?
How long do you spend shopping? 얼마나 오랫동안 쇼핑하나요?

STEP 3 고수의 답변

P3_01_Q6 answer

1	서론	You like shopping? Me too. OK. Let me ask you some questions about your favorite shopping place.
2	쇼핑 장소	Where is your favorite place for shopping?
3	이유	Why do you like to go there?
4	쇼핑 종류	What (kinds of things) do you like to shop for?
5	같이 가는 사람	Who do you usually go shopping with?
6	마무리	Okay, that's all. Thank you.

고득점 따기 TIP ▶

- 질문을 하고 부연 설명을 덧붙이면 더욱 풍부하게 답변을 구성할 수 있습니다. 질문을 한 후, 그 질문에 부합되는 자신의 정보를 제공하면서 아이디어를 발전시켜 봅시다.
  Ex) How often do you go shopping? In my case, I go shopping in my free time.
- 하나의 질문을 한 후에 조금 더 구체적으로 관련 질문을 묻는 것도 좋은 방법입니다.
  Ex) What do you like to shop for? For example, clothes or shoes?

STEP 4 나만의 답변

나만의 답변을 만들어 봅시다.

1	서론	You like shopping? Me too. OK. Let me ask you some questions about _____
2	쇼핑 장소	
3	이유	
4	쇼핑 종류	
5	같이 가는 사람	
6	마무리	Okay, that's all. Thank you.

고수의 답변 해석 | 쇼핑을 좋아한다고요? 저도 그래요. 당신이 즐겨 가는 쇼핑 장소에 대해 물어볼게요. 가장 좋아하는 쇼핑 장소는 어디예요? 그곳으로 가는 이유가 뭔가요? 주로 어떤 것을 구입하세요? 주로 누구와 같이 가나요? 여기까지예요. 고마워요.

333

Q7 면접관이 즐겨 보는 TV 프로그램에 관해 질문하기 🎧 P3_01_Q7

I like to watch reality shows. Ask me three or four questions about the show I like.
저는 리얼리티 쇼를 보는 것을 좋아합니다. 제가 좋아하는 프로그램에 대해 3~4가지 질문하세요.

STEP 1 유형 분석하기

면접관에게 질문하기
1 대답하기
2 질문 1
3 질문 2
4 질문 3
5 질문 4
6 마무리

Let me ask you some questions about 주제 .
질문 ?
질문 ?
질문 ?
질문 ?
Okay, that's all. Thank you.

STEP 2 표현 더하기

추가 질문
Who is your favorite celebrity in the show? 그 프로그램에서 가장 좋아하는 연예인이 누구인가요?
When do you usually watch the show? 언제 주로 그 프로그램을 시청하나요?
What do you usually do while watching the show?
그 프로그램을 시청하면서 주로 어떤 행동을 하나요?

STEP 3 고수의 답변

1	서론	You like watching reality shows? Me too. OK. Let me ask you some questions about your favorite TV show.
2	가장 좋아하는 쇼	What is your favorite reality show?
3	좋아하는 이유	Why do you like to watch reality show?
4	시청하는 빈도	How often do you watch the show?
5	같이 보는 사람	Who do you usually watch the show with?
6	시청하는 장소	Where do you usually watch the show?
7	마무리	Okay, that's all. Thank you.

P3_01_Q7 answer

고득점 따기 TIP ▶

- 질문을 하고 부연 설명을 덧붙이면 더욱 풍부하게 답변을 구성할 수 있습니다. 질문을 한 후, 그 질문에 부합되는 자신의 정보를 제공하면서 아이디어를 발전시켜 봅시다.
  Ex) Who is your favorite celebrity in the show? In my case, my favorite celebrity is 유재석 who is the most famous Korean celebrity.

- 하나의 질문을 한 후에 조금 더 구체적으로 관련 질문을 묻는 것도 좋은 방법입니다.
  Ex) How often do you watch the show? For example, every day or on weekends?

STEP 4 나만의 답변

나만의 답변을 만들어 봅시다.

1	서론	You like watching reality shows? Me too. OK. Let me ask you some questions about _____
2	가장 좋아하는 쇼	
3	좋아하는 이유	
4	시청하는 빈도	
5	같이 보는 사람	
6	시청하는 장소	
7	마무리	Okay, that's all. Thank you.

고수의 답변 해석 | 리얼리티 쇼를 보는 것을 좋아한다고요? 저도요. 당신이 좋아하는 TV 프로그램에 대해 몇 가지 물어볼게요. 당신이 좋아하는 리얼리티 쇼는 무엇인가요? 왜 리얼리티 쇼 보는 것을 좋아하나요? 그 프로그램을 얼마나 자주 시청하나요? 주로 누구와 함께 시청하세요? 어디에서 그 프로그램을 시청하나요? 그럼 여기까지예요. 고마워요.

Q8 서부 캐나다의 지리에 관해 질문하기 🎧 P3_01_Q8

I live in western Canada. Ask me three or four questions to know more about the geography of the place.

저는 서부 캐나다에 삽니다. 그곳의 지리에 대해 더 잘 알 수 있도록 3~4가지 질문하세요.

STEP 1 유형 분석하기

면접관에게 질문하기
1 대답하기
2 질문 1
3 질문 2
4 질문 3
5 질문 4
6 마무리

Let me ask you some questions about 주제 .
질문 ?
질문 ?
질문 ?
질문 ?
Okay, that's all. Thank you.

STEP 2 표현 더하기

관련 표현법

Are there 대상(n) in western Canada? 서부 캐나다에는 대상(n)이 있나요?
   = Do they have 대상(n) in western Canada?
Are there many mountains in western Canada? 서부 캐나다에는 산이 많이 있나요?
   = Do they have many mountains in western Canada?
Can you tell me about 대상(n)? 대상(n)에 대해 말해 줄 수 있나요?

최상급을 이용한 표현법

What is the highest mountain in western Canada? 서부 캐나다에서 가장 높은 산은 무엇인가요?
What is the biggest lake in western Canada? 서부 캐나다에서 가장 큰 호수는 무엇인가요?
Where is the most geographically unique area in western Canada?
서부 캐나다에서 지형적으로 가장 독특한 지역은 어디인가요?

추가 단어

mountains 산　lakes 호수　as well ~도(= too)　climate 기후　weather 날씨　seasons 계절

STEP 3 고수의 답변

1	서론	You live in western Canada? OK. Let me ask you some questions about the geography of the place you live.
2	산	Are there many mountains in western Canada?
3	가장 큰 산	What is the highest mountain in western Canada?
4	호수	Do they have many lakes as well?
5	계절	Can you tell me about the seasons of western Canada?
6	마무리	Okay, that's all. Thank you.

P3_01_Q8 answer

고득점 따기 TIP ▸

- 질문을 하고 부연 설명을 덧붙이면 더욱 풍부하게 답변을 구성할 수 있습니다. 질문을 한 후, 그 질문에 부합되는 우리나라 지리 정보를 제공하면서 아이디어를 발전시켜 봅시다.
  Ex) Can you tell me about the seasons of western Canada? In my country, there are four seasons.
- 하나의 질문을 한 후에 조금 더 구체적으로 관련 질문을 묻는 것도 좋은 방법입니다.
  Ex) Do they have many lakes as well? What is the biggest lake in western Canada?

STEP 4 나만의 답변

나만의 답변을 만들어 봅시다.

1	서론	You live in western Canada? OK. Let me ask you some questions about _____
2	산	
3	가장 큰 산	
4	호수	
5	계절	
6	마무리	Okay, that's all. Thank you.

고수의 답변 해석 | 서부 캐나다에 사신다고요? 당신이 사는 서부 캐나다의 지리에 대해 몇 가지 물어볼게요. 서부 캐나다에는 산이 많은가요? 서부 캐나다에서 가장 높은 산은 무엇인가요? 호수도 많이 있나요? 서부 캐나다의 계절에 대해 이야기해 주실 수 있나요? 그럼, 여기까지예요. 고마워요.

Q9 면접관의 가족에 관해 질문하기

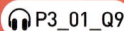

I also live with my family now. Now ask me three or four questions about my family.
저 또한 현재 가족과 살고 있습니다. 제 가족에 대해 3~4 가지 질문하세요.

STEP 1 유형 분석하기

면접관에게 질문하기
1 대답하기
2 질문 1
3 질문 2
4 질문 3
5 질문 4
6 마무리

Let me ask you some questions about 주제 .
질문 ?
질문 ?
질문 ?
질문 ?
Okay, that's all. Thank you.

STEP 2 표현 더하기

추가 질문

Who is your favorite family member? 가족 중에서 가장 좋아하는 사람은 누군가요?
Who are you closest to in your family? 가족 중에서 누구와 가장 가깝나요?
Where is your family's house located? 가족의 집은 어디에 위치해 있나요?
How old is your father? 아버지의 연세는 어떻게 되시나요?
What does your father do? 아버지께서는 무엇을 하시나요?
Who is the breadwinner of your family? 가족의 가장은 누구인가요?
Who is the youngest person in your family? 가족에서 가장 나이가 어린 사람은 누구인가요?

STEP 3 고수의 답변

P3_01_Q9 answer

1 서론 — You live with your family?
OK. Let me ask you some questions about your family.
2 가족 수 — How many people are there in your family?
3 생김새 — What does your mother look like?
4 형제자매 여부 — Do you have any siblings?
5 같이 하는 활동 — What do you usually do with your family?
6 마무리 — Okay, that's all. Thank you.

고득점 따기 TIP ▶

- 질문을 하고 부연 설명을 덧붙이면 더욱 풍부하게 답변을 구성할 수 있습니다. 질문을 한 후, 그 질문에 부합되는 자신의 정보를 제공하면서 아이디어를 발전시켜 봅시다.
  Ex) How many people are there in your family? In my case, there are four people in my family.
- 하나의 질문을 한 후에 조금 더 구체적으로 관련 질문을 묻는 것도 좋은 방법입니다.
  Ex) What does your mother look like? For example, is she tall or short?

STEP 4 나만의 답변

나만의 답변을 만들어 봅시다.

1 서론	You live with your family? OK. Let me ask you some questions about _____
2 가족 수	
3 생김새	
4 형제자매 여부	
5 같이 하는 활동	
6 마무리	Okay, that's all. Thank you.

고수의 답변 해석 | 가족과 함께 사신다고요? 가족들에 대해서 좀 물어볼게요. 가족은 몇 명인가요? 어머니께서는 어떻게 생기셨나요? 형제자매가 있나요? 가족들과 주로 무엇을 하나요? 여기까지예요. 고마워요.

Q10 이탈리아 음식을 요리하는 것에 관해 질문하기 🎧 P3_01_Q10

I like to cook Italian food. Now ask me three or four questions to find out everything you need to know to cook good Italian food.

저는 이탈리아 음식을 요리하기 좋아합니다. 이탈리아 요리를 잘하기 위해 알아야 되는 모든 것을 알아내기 위해 3~4가지 질문하세요.

STEP 1 유형 분석하기

면접관에게 질문하기

1. 대답하기
2. 질문 1
3. 질문 2
4. 질문 3
5. 질문 4
6. 마무리

Let me ask you some questions about 주제 .
질문 ?
질문 ?
질문 ?
질문 ?
Okay, that's all. Thank you.

STEP 2 표현 더하기

관련 표현법

How long do you 하는 일(v) 대상(n)? 얼마나 오래 대상(n)을 하는 일(v) 하나요?
How much 대상(n) do you use? 대상(n)을 얼마큼 사용하나요?

추가 질문

How long do you boil noodles? 얼마나 오래 면을 끓이나요?
How long do you bake pizza? 얼마나 오래 피자를 굽나요?
How long do you cook the vegetables? 얼마나 오래 채소를 익히나요?
How much oil do you use? 기름을 얼마큼 사용하나요?
How much sauce do you use? 소스를 얼마큼 사용하나요?
How much flour do you use? 밀가루를 얼마큼 사용하나요?

STEP 3
고수의 답변

1	서론	You like to cook Italian food? OK. Let me ask you some questions about cooking Italian food.
2	스파게티에 쓰는 기름의 종류	When you make spaghetti, what kind of oil do you use?
3	사용하는 기름의 양	How much oil do you use?
4	면을 끓이는 시간	How long do you boil the noodles?
5	피자에 쓰는 재료	When you make pizza, what kind of ingredients do you use?
6	마무리	Okay, that's all. Thank you.

고득점 따기 TIP
- 특정 요리를 선택해서 구체적으로 물어본다면 더욱 쉽게 질문을 만들 수 있습니다. 재료를 생각하고 직접 요리를 한다고 생각하고 질문해 봅시다.
- 여러 의문문이 자연스럽게 어울리도록 연결어를 이용하는 것도 고득점을 받는 좋은 방법입니다.

Ex) When you make pizza, what kind of ingredients do you use? Speaking of ingredients, where do you usually buy them?

STEP 4
나만의 답변

나만의 답변을 만들어 봅시다.

1	서론	You like to cook Italian food? OK. Let me ask you some questions about _____
2	스파게티에 쓰는 기름의 종류	
3	사용하는 기름의 양	
4	면을 끓이는 시간	
5	피자에 쓰는 재료	
6	마무리	Okay, that's all. Thank you.

고수의 답변 해석 | 이탈리아 음식을 요리하는 것을 좋아하세요? 이탈리아 요리에 관해서 몇 가지 물어볼게요. 스파게티를 만들 때, 어떤 종류의 기름을 사용하세요? 기름은 어느 정도 사용하나요? 면은 얼마나 오래 삶나요? 피자를 만들 때, 어떤 재료들을 넣으세요? 그럼, 여기까지예요. 고마워요.

02 전화로 질문하기/ 주어진 상황에서 직접 질문하기

| 오픽고수의 생생 Tip |
- 전화 영어에 관련된 용어를 확실하게 익혀야 합니다.
- 처음 시작과 끝 마무리를 자신 있게 해야 합니다.
- 누군가와 실제로 대화하듯 리액션도 잊지 말고 연기하세요.

🎧 P3_02

| 답안 전략 |
1 전화 걸기 / 직접 질문하기 ⋯ 2 목적 밝히기 ⋯
3 질문하기 (의문문 만들기) ⋯ 4 마무리

1 전화 걸기 / 직접 질문하기
(전화) Hello? Is this 상대? (This is 나 자신.)
(직접) Excuse me.

2 목적 밝히기
(전화) I am calling to 하고 싶은 일(v). /
　　　 I want to 하고 싶은 일(v).
(직접) I want to ask about 목적(n).

3 질문하기 (의문문 만들기)
❶ 예약 질문하기
　　Can I book/reserve 대상(n) for 인원 수?
❷ 약속 질문하기
　　Can I make an appointment with 사람? (formal)
　　Can I make a plan with 사람? (informal)
❸ 가격 질문하기
　　How much does 대상(n) cost?
　　How much is it for 대상(n)?
❹ 방법 질문하기
　　Can you tell me how to 하는 일(v)?
❺ 기간 질문하기
　　How long does 대상(n) + 하는 일(v)?
❻ 할인 질문하기
　　Is there a discount for 사람?
　　Do you have/offer a discount for 사람?
❼ 영업시간 질문하기
　　What are your hours?
　　What are your operation/business hours?
❽ 종류 질문하기
　　What kind of 물건(n) do you have in your 장소?
❾ 시설 질문하기
　　Do you have/offer 시설(n) in your 장소?

4 마무리
Thank you for your help. (I really appreciate it.)

| 빈출 문제 살펴보기 |

Q1. 식당에 전화해서 예약하기

You want to go to a nice restaurant with your friend next weekend. Call a restaurant and book a table for you and your friend.

친구와 다음 주에 좋은 식당에서 식사를 하려고 합니다. 식당에 전화해서 친구와 당신을 위해 테이블을 예약하세요.

Q2. 영화관에 전화해서 표 예매하기

You want to watch a movie with your friend this weekend. Call a movie theater and ask three or four questions to book tickets for you and your friend.

친구와 이번 주 주말에 영화를 보려고 합니다. 영화관에 전화해서 표를 예매하기 위한 3~4가지 질문을 하세요.

| 콘서트장에 전화해서 표 예매하기 |

You want to see a concert with your friend this weekend. Call a ticket booth and ask three or four questions to book tickets for you and your friend.

친구와 이번 주 주말에 콘서트를 보려고 합니다. 매표소에 전화해서 표를 예매하기 위한 3~4가지 질문을 하세요.

Q3. 친구와 조깅을 하기 위해 약속 잡기

You want to go jogging with your friend. Call your friend and ask three or four questions to make a plan for jogging.

당신은 친구와 조깅을 가고 싶습니다. 친구에게 전화를 걸어 조깅을 갈 약속을 잡기 위해 3~4가지 질문을 하세요.

| 친구와 영화를 보기 위해 약속 잡기 |

You want to watch a movie with your friend. Call your friend and ask three or four questions to make a plan for the movie.

당신은 친구와 영화를 보고 싶습니다. 친구에게 전화를 걸어 영화를 볼 약속을 잡기 위해 3~4가지 질문을 하세요.

| 친구와 수영을 가기 위해 약속 잡기 |

You want to go swimming with your friend. Call your friend and ask three or four questions to make a plan for swimming.

당신은 친구와 수영을 가고 싶습니다. 친구에게 전화를 걸어 수영 갈 약속을 잡기 위해 3~4가지 질문을 하세요.

| 친구와 여행을 가기 위해 약속 잡기 |

You want to go on a trip with your friend. Call your friend and ask three or four questions to make a plan for the trip.

당신은 친구와 여행을 가고 싶습니다. 친구에게 전화를 걸어 여행 갈 약속을 잡기 위해 3~4가지 질문을 하세요.

Q4. 사고 싶은 휴대 전화에 대해 전화해서 문의하기

You want to purchase a new smart phone. Call a phone store and ask three or four questions about the features of the phone.

당신은 새 휴대 전화를 구입하고 싶습니다. 휴대 전화 가게에 전화해서 휴대 전화의 특징에 대해 3~4가지 질문하세요.

| 사고 싶은 자전거에 대해 전화해서 문의하기 |

You want to buy a new bicycle. Call a bike shop and ask three or four questions about the features of the bike you want to buy.

당신은 새 자전거를 구입하고 싶습니다. 자전거 가게에 전화해서 자전거의 특징에 대해 3~4가지 질문하세요.

Q5. 가구점에 전화해서 문의하기

You just moved into a new house and want to purchase new furniture. Call a furniture store and ask three or four questions about furniture you want to buy.

당신은 막 새집으로 이사 와서 새 가구를 사고 싶습니다. 가구점에 전화해서 사고 싶은 가구에 대해 3~4가지 질문을 하세요.

Q6. 여행사에 전화해서 문의하기

Let's assume that you are planning a trip to go overseas during your vacation. Call one of the travel agencies in order to make the necessary arrangements and ask three to four questions about the overseas trip you want to go on.

휴가 때 해외로 여행갈 계획이 있다고 가정해 봅시다. 필요한 계획을 세우기 위해 여행사에 전화해 당신이 가고 싶은 해외여행에 관해 3~4가지 질문을 하세요.

Q7. 은행에 가서 계좌 발급받기

You need to open a new bank account. Go to the bank and ask the representative three or four questions to learn everything you need to open an account.

당신은 새 은행 계좌를 만들어야 합니다. 은행에 가서 지점장에게 계좌 발급에 관해 모든 것을 알기 위한 3~4가지 질문을 하세요.

Q8 헬스장에 전화해서 문의하기

You are interested in joining a new gym that has recently opened in your town. Contact the manager and ask some questions for more details about the gym or fitness club.

당신은 최근 당신의 동네에 문을 연 새 헬스장에 등록하는 것에 관심이 있습니다. 매니저에게 연락해서 그 헬스장에 대해 더 자세히 알기 위한 몇 가지 질문을 하세요.

Q9 호텔에 전화해서 문의하기

You have to go on a trip to another country, but you haven't booked a room. Call a hotel and book a room, asking for details.

당신은 다른 나라로 여행을 가야 하는데 방을 예약하지 않았습니다. 호텔에 전화해서 세부 사항을 물어보고 방을 예약하세요.

Q10 고장 난 물건을 고치기 위해 질문하기

Your friend has recently purchased a printer but the printer is not working properly. Call your friend and ask three or four questions to help your friend.

최근에 당신의 친구가 프린터를 하나 구입했는데 프린터가 제대로 작동하지 않습니다. 친구에게 전화해서 돕기 위한 3~4가지 질문을 하세요.

Q1 식당에 전화해서 예약하기

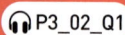

You want to go to a nice restaurant with your friend next weekend. Call a restaurant and book a table for you and your friend.

친구와 다음 주에 좋은 식당에서 식사를 하려고 합니다. 식당에 전화해서 친구와 당신을 위해 테이블을 예약하세요.

동영상 강의

STEP 1 유형 분석하기

전화해서 예약하기

1. 서론 — Okay, I will act it out.
2. 전화 걸기 — Hello, is this 상점 ?
3. 목적 밝히기 — I am calling to 하고 싶은 일(v) .
4. 질문하기 — I have some questions for you.
   - 질문 1 — 질문 ?
   - 질문 2 — 질문 ?
   - 질문 3 — 질문 ?
   - 질문 4 — 질문 ?
5. 마무리 — Thank you for your help. (I really appreciate it.)

STEP 2 표현 더하기

추가 질문

Is there a discount with my Visa Card? 제 비자카드로 할인이 되나요?
Do you offer any special menu for the day? 그날의 특별한 메뉴가 있나요?
Do you have a baby chair? 유아용 의자가 있나요?
Can I get a window seat? 창가 쪽 좌석을 배정받을 수 있나요?
Do you accept Debit Cards? 체크카드 받으시나요?

STEP 3 고수의 답변

1	서론	Okay, I will act it out.
2	전화 걸기	Hello, is this a restaurant? (Outdoor Steak House?)
3	목적 밝히기	I am calling to book a table for 2.
4	질문하기	I have some questions for you.
	질문 1(예약 확인)	Is it possible to book a table for next Friday at 6?
	질문 2(위치)	Where is your restaurant located?
	질문 3(주차장)	Is there a parking lot? (Is it for free?)
	질문 4(메뉴 종류)	What kind of dishes do you serve?
5	마무리	Thank you for your help. (I really appreciate it.)

P3_02_Q1 answer

STEP 4 나만의 답변

나만의 답변을 만들어 봅시다.

1	서론	Okay, I will act it out.
2	전화 걸기	Hello, is this _____ ?
3	목적 밝히기	I am calling to _____ for _____
4	질문하기	I have some questions for you.
	질문 1	
	질문 2	
	질문 3	
	질문 4	
5	마무리	Thank you for your help. (I really appreciate it.)

고수의 답변 해석 | 좋아요. 연기해 볼게요. 여보세요. 레스토랑(Outdoor Steak House)인가요? 2명이 앉을 테이블을 예약하려고 전화했는데요. 몇 가지 물어볼게요. 혹시 다음 주 금요일 6시에 예약 가능한가요? 레스토랑의 위치가 어떻게 되나요? 주차장이 있나요? (주차는 무료로 할 수 있나요?) 어떤 종류의 음식이 있나요? 도와주셔서 고마워요. (정말 고마워요.)

Q2. 영화관에 전화해서 표 예매하기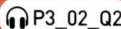

You want to watch a movie with your friend this weekend. Call a movie theater and ask three or four questions to book tickets for you and your friend.

친구와 이번주 주말에 영화를 보려고 합니다. 영화관에 전화해서 표를 예매하기 위한 3~4가지 질문을 하세요.

STEP 1 유형 분석하기

전화해서 예매하기

1 서론
2 전화 걸기
3 목적 밝히기
4 질문하기
　질문 1
　질문 2
　질문 3
　질문 4
5 마무리

Okay, I will act it out.
Hello, is this 상점 ?
I am calling to 하고 싶은 일(v) .
I have some questions for you.
질문 ?
질문 ?
질문 ?
질문 ?
Thank you for your help. (I really appreciate it.)

STEP 2 표현 더하기

추가 질문

What other facilities do you have in the theater? 영화관에 다른 시설이 뭐가 있나요?
Do you have an arcade in the theater? 영화관에 오락실이 있나요?
Can you tell me how to get there by subway? 지하철로 어떻게 가는지 알려 줄 수 있나요?
When is the last movie? 마지막 영화가 언제인가요?
How long is the movie? 영화 상영 시간이 얼마나 되나요?

STEP 3 고수의 답변

1	서론	Okay, I will act it out.
2	전화 걸기	Hello, is this a movie theater? (Lotto Cinema?)
3	목적 밝히기	I am calling to book two movies tickets.
4	질문하기	I have some questions for you.
	질문 1(영화 종류)	What movies are showing today?
	질문 2(위치)	Where is your theater located?
	질문 3(표 가격)	How much is it for a movie ticket?
	질문 4(할인)	Do you offer a discount for students?
5	마무리	Thank you for your help. (I really appreciate it.)

🔊 P3_02_Q2 answer

STEP 4 나만의 답변

나만의 답변을 만들어 봅시다.

1	서론	Okay, I will act it out.
2	전화 걸기	Hello, is this _____?
3	목적 밝히기	I am calling to _____ for _____
4	질문하기	I have some questions for you.
	질문 1	
	질문 2	
	질문 3	
	질문 4	
5	마무리	Thank you for your help. (I really appreciate it.)

고수의 답변 해석 | 좋아요. 연기해 볼게요. 여보세요, 극장(Lotto Cinema)인가요? 영화 표 두 장을 예매하려고요. 몇 가지 물어볼게요. 오늘 상영 중인 영화가 뭐죠? 극장의 위치가 어떻게 되나요? 영화 표는 얼마인가요? 학생 할인이 되나요? 도와주셔서 고마워요. (정말 고마워요.)

Q3 친구와 조깅을 하기 위해 약속 잡기 🎧 P3_02_Q3

You want to go jogging with your friend. Call your friend and ask three or four questions to make a plan for jogging.

당신은 친구와 조깅을 가고 싶습니다. 친구에게 전화를 걸어 조깅을 갈 약속을 잡기 위해 3~4가지 질문을 하세요.

STEP 1 유형 분석하기

전화해서 약속 잡기	
1 서론	Okay, I will act it out.
2 전화 걸기	Hello, is this 친구 ? This is 나 자신 .
3 목적 밝히기	I am calling to 하고 싶은 일(v) . / I want to 하고 싶은 일(v) .
4 질문하기	I have some questions for you.
질문 1	질문 ?
질문 2	질문 ?
질문 3	질문 ?
질문 4	질문 ?
5 마무리	Okay, see you later. Bye.

STEP 2 표현 더하기

추가 질문

Where do you want to go for jogging? 조깅하러 어디로 갈까?
Can you pick me up? 나를 데리러 올 수 있어?
Can you give me a ride after workout? 운동 마치고 나를 태워 줄 수 있니?
Do you want to have a meal after jogging? 조깅 마치고 밥 먹을래?
Can I ask another friend to join us? 다른 친구에게 같이 가자고 물어봐도 돼?

STEP 3 고수의 답변

1 서론	Okay, I will act it out.
2 전화 걸기	Hello, is this John? This is Janet. How are you today?
3 목적 밝히기	I want to go jogging with you tonight.
4 질문하기	I have some questions for you.
질문 1(가능 여부)	Is it possible to meet tonight?
질문 2(만날 시간)	What time do you want to see me?
질문 3(만날 장소)	Where do you want to see me?
질문 4(조깅 후)	What do you want to do after jogging?
5 마무리	Okay, see you later. Bye.

STEP 4 나만의 답변

나만의 답변을 만들어 봅시다.

1 서론	Okay, I will act it out.
2 전화 걸기	Hello, is this _____? This is _____. How are you today?
3 목적 밝히기	I want to _____
4 질문하기	I have some questions for you.
질문 1	
질문 2	
질문 3	
질문 4	
5 마무리	Okay, see you later. Bye.

고수의 답변 해석 | 좋아요, 연기해 볼게요. 여보세요, John이니? Janet이야. 잘 지내지? 오늘 밤 함께 조깅하지 않을래? 몇 가지 물어볼게. 오늘 밤 만날 수 있을까? 몇 시쯤 만날까? 어디서 볼래? 조깅하고 나서 뭐 할까? 그래, 그럼 이따 보자. 안녕.

Q4 사고 싶은 휴대 전화에 대해 전화해서 문의하기 🎧 P3_02_Q4

동영상 강의

You want to purchase a new smart phone. Call a phone store and ask three or four questions about the features of the phone.

당신은 새 휴대 전화를 구입하고 싶습니다. 휴대 전화 가게에 전화해서 휴대 전화의 특징에 대해 3~4가지 질문하세요.

STEP 1 유형 분석하기

전화해서 문의하기	
1 서론	Okay, I will act it out.
2 전화 걸기	Hello, is this 상점 ?
3 목적 밝히기	I want to 하고 싶은 일(v) .
4 질문하기	I have some questions for you.
질문 1	질문 ?
질문 2	질문 ?
질문 3	질문 ?
질문 4	질문 ?
5 마무리	Thank you for your help. (I really appreciate it.)

STEP 2 표현 더하기

추가 질문

Do you offer any discount? 할인이 되나요?
Do you have a prepaid phone? 선불로 지불하는 폰이 있나요?
How long is the contract? 계약 기간이 얼마나 되나요?
Do you offer a 1-year contract plan? 1년짜리 계약을 제공하나요?
Do you have any phone insurance plan? 폰 보험이 있나요?
Which one is the newest[lastest] phone you have? 어떤 것이 가장 최신 폰인가요?

STEP 3 고수의 답변

1 서론	Okay, I will act it out.
2 전화 걸기	Hello, is this a phone store?
3 목적 밝히기	I want to purchase a new smart phone at your store.
4 질문하기	I have some questions for you.
질문 1(폰 종류)	What kinds of phones do you offer in your store?
질문 2(최신 폰)	What is the latest phone you have?
질문 3(폰 가격)	How much is it for Samsong Kalaxy S4?
질문 4(할인)	Do you offer a discount for students?
5 마무리	Thank you for your help. (I really appreciate it.)

P3_02_Q4 answer

STEP 4 나만의 답변

나만의 답변을 만들어 봅시다.

1 서론	Okay, I will act it out.
2 전화 걸기	Hello, is this _____?
3 목적 밝히기	I want to _____
4 질문하기	I have some questions for you.
질문 1	
질문 2	
질문 3	
질문 4	
5 마무리	Thank you for your help. (I really appreciate it.)

고수의 답변 해석 | 좋아요. 연기해 볼게요. 여보세요. 휴대 전화 매장인가요? 새 휴대 전화를 구입하려고요. 몇 가지 물어볼게요. 어떤 종류의 휴대 전화들이 있나요? 최신 모델은 뭐가 있죠? 삼송 Kalaxy S4의 가격은 어떻게 되나요? 학생 할인이 되나요? 도와주셔서 고마워요. (정말 고마워요.)

Q5 가구점에 전화해서 문의하기

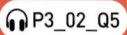 P3_02_Q5

You just moved into a new house and want to purchase new furniture. Call a furniture store and ask three or four questions about furniture you want to buy.

당신은 막 새집으로 이사 와서 새 가구를 사고 싶습니다. 가구점에 전화해서 사고 싶은 가구에 대해 3~4가지 질문을 하세요.

STEP 1 유형 분석하기

전화해서 문의하기	
1 서론	Okay, I will act it out.
2 전화 걸기	Hello, is this 상점 ?
3 목적 밝히기	I want to 하고 싶은 일(v) .
4 질문하기	I have some questions for you.
질문 1	질문 ?
질문 2	질문 ?
질문 3	질문 ?
질문 4	질문 ?
5 마무리	Thank you for your help. (I really appreciate it.)

STEP 2 표현 더하기

추가 질문

What kinds of beds do you have? 어떤 종류의 침대가 있나요?
What is your return policy? 환불 정책은 어떻게 되나요?
How do you deliver furniture? 가구 배달은 어떻게 되나요?
How long does it take to be delivered? 배달은 얼마나 걸리나요?

STEP 3 고수의 답변

1	서론	Okay, I will act it out.
2	전화 걸기	Hello, is this a furniture store? (ABC Furniture?)
3	목적 밝히기	I want to purchase a single bed.
4	질문하기	I have some questions for you.
	질문 1(침대 가격)	How much does a single bed cost?
	질문 2(위치)	Where is your store located?
	질문 3(세일 여부)	Is your store having a sale this week? (If so, how long is the sale?)
	질문 4(할인 여부)	Can I get a discount if I use my Samsong card?
5	마무리	Thank you for your help. (I really appreciate it.)

STEP 4 나만의 답변

나만의 답변을 만들어 봅시다.

1	서론	Okay, I will act it out.
2	전화 걸기	Hello, is this _____ ?
3	목적 밝히기	I want to _____
4	질문하기	I have some questions for you.
	질문 1	
	질문 2	
	질문 3	
	질문 4	
5	마무리	Thank you for your help. (I really appreciate it.)

고수의 답변 해석 | 좋아요. 연기해 볼게요. 여보세요. 가구점(ABC 가구점)이죠? 싱글 침대를 하나 사려고요. 질문이 있는데요. 싱글 침대의 가격은 어떻게 되나요? 매장의 위치가 어디죠? 이번 주에 세일이 있나요? (만약 그렇다면, 세일 기간은 얼마나 되나요?) 혹시 삼송카드로 결제하면 할인이 되나요? 도와주셔서 고마워요. (정말 고마워요.)

Q6 여행사에 전화해서 문의하기

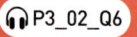

Let's assume that you are planning a trip to go overseas during your vacation. Call one of the travel agencies in order to make the necessary arrangements and ask three to four questions about the overseas trip you want to go on.

휴가 때 해외로 여행갈 계획이 있다고 가정해 봅시다. 필요한 계획을 세우기 위해 여행사에 전화해 당신이 가고 싶은 해외여행에 관해 3~4가지 질문을 하세요.

STEP 1 유형 분석하기

전화해서 문의하기

1 서론	Okay, I will act it out.
2 전화 걸기	Hello, is this 상점 ?
3 목적 밝히기	I am calling about 목적(n) .
4 질문하기	I have some questions for you.
질문 1	질문 ?
질문 2	질문 ?
질문 3	질문 ?
질문 4	질문 ?
5 마무리	Thank you for your help. (I really appreciate it.)

STEP 2 표현 더하기

추가 질문

What is the best time of the year to travel to 장소?
일 년 중 (장소)로 여행 가기에 언제가 가장 좋나요?

Do I need a passport or visa to travel to 장소?
(장소)로 여행을 가려면 여권이나 비자가 필요한가요?

Is 장소 safe to travel? (장소)는 여행 가기에 안전한가요?

Can you recommend a good place to stay in 장소?
(장소)에서 묵을 만한 좋은 곳을 추천해 줄 수 있나요?

Can you recommend a good place to eat in 장소?
(장소)의 좋은 식당을 추천해 줄 수 있나요?

Can you recommend a good place to visit in 장소?
(장소)에서 가 볼 만한 좋은 곳을 추천해 줄 수 있나요?

STEP 3 고수의 답변

1	서론	Okay, I will act it out.
2	전화 걸기	Hello, is this a travel agency? (Hama tour?)
3	목적 밝히기	I am calling about an overseas trip.
4	질문하기	I have some questions for you.
	질문 1(가격)	How much does it cost to travel to Europe?
	질문 2(기간)	How long does it take to travel to Europe?
	질문 3(환율)	What is the current exchange rate for Euro?
	질문 4(패키지)	What kind of Europe package tours do you offer?
5	마무리	Thank you for your help. (I really appreciate it.)

🎧 P3_02_Q6 answer

STEP 4 나만의 답변

나만의 답변을 만들어 봅시다.

1	서론	Okay, I will act it out.
2	전화 걸기	Hello, is this _____?
3	목적 밝히기	I am calling about _____
4	질문하기	I have some questions for you.
	질문 1	
	질문 2	
	질문 3	
	질문 4	
5	마무리	Thank you for your help. (I really appreciate it.)

고수의 답변 해석 | 좋아요. 연기해 볼게요. 여보세요. 여행사(하마투어)인가요? 해외여행을 좀 알아보고 있는데요. 몇 가지만 물어 볼게요. 유럽 여행은 경비가 얼마나 드나요? 유럽을 여행하는 데 얼마나 걸리죠? 현재 유로 환율이 어떻게 되나요? 유럽 여행 패키지 상품이 무엇이 있죠? 도와주셔서 고마워요. (정말 고마워요.)

Q7 은행에 가서 계좌 발급받기

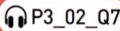 P3_02_Q7

You need to open a new bank account. Go to the bank and ask the representative three or four questions to learn everything you need to open an account.

당신은 새 은행 계좌를 만들어야 합니다. 은행에 가서 지점장에게 계좌 발급에 관해 모든 것을 알기 위한 3~4가지 질문을 하세요.

STEP 1 유형 분석하기

직접 질문하기

1 서론
2 말 걸기
3 목적 밝히기
4 질문하기
  질문 1
  질문 2
  질문 3
  질문 4
5 마무리

Okay, I will act it out.
Excuse me.
I am calling to 하고 싶은 일(v) . / I want to 하고 싶은 일(v) .
I have some questions for you.
질문 ?
질문 ?
질문 ?
질문 ?
Thank you for your help. (I really appreciate it.)

STEP 2 표현 더하기

추가 질문

What do I need to bring to open an account? 계좌를 만들려면 무엇을 가져와야 되나요?
Do I need my ID card to open an account? 계좌를 만들려면 신분증이 필요한가요?
Do you have an internet banking service? 온라인뱅킹이 있나요?
How much is the annual fee? 연회비는 얼마인가요?

계좌 종류

a savings account 보통 예금 계좌
an account with a high interest-rate 이자율이 높은 계좌
a one-year savings account 일 년짜리 예금(계좌) a fund account 펀드 계좌

STEP 3 고수의 답변

P3_02_Q7 answer

1	서론	Okay, I will act it out.
2	말 걸기	Excuse me.
3	목적 밝히기	I want to **open an account**.
4	질문하기	I have some questions for you.
	질문 1(계좌 종류)	What kind of **bank accounts** do you **offer**?
	질문 2(추천)	What would you recommend?
	질문 3(계좌 만드는 법)	Can you tell me how to **open an account**?
	질문 4(업무 시간)	What are your business hours?
5	마무리	Thank you for your help. (I really appreciate it.)

STEP 4 나만의 답변

나만의 답변을 만들어 봅시다.

1	서론	Okay, I will act it out.
2	말 걸기	Excuse me.
3	목적 밝히기	I want to open an account.
4	질문하기	I have some questions for you.
	질문 1	
	질문 2	
	질문 3	
	질문 4	
5	마무리	Thank you for your help. (I really appreciate it.)

고수의 답변 해석 | 좋아요. 연기해 볼게요. 실례합니다. 은행 계좌를 개설하려고 하는데요. 뭐 좀 물어볼게요. 어떤 종류의 계좌들이 있나요? 어떤 것을 추천해 줄 수 있나요? 계좌를 개설하려면 어떻게 하면 되죠? 은행 업무 시간이 어떻게 되나요? 도와주셔서 고마워요. (정말 고마워요.)

Q8 헬스장에 전화해서 문의하기 🎧 P3_02_Q8

You are interested in joining a new gym that has recently opened in your town. Contact the manager and ask some questions for more details about the gym or fitness club.

당신은 최근 당신의 동네에 문을 연 새 헬스장에 등록하는 것에 관심이 있습니다. 매니저에게 연락해서 그 헬스장에 대해 더 자세히 알기 위한 몇 가지 질문을 하세요.

STEP 1 유형 분석하기

전화해서 문의하기	
1 서론	Okay, I will act it out.
2 전화 걸기	Hello, is this 상점 ?
3 목적 밝히기	I am calling to 하고 싶은 일(v) . / I want to 하고 싶은 일(v) . I have some questions for you.
4 질문하기	
질문 1	질문 ?
질문 2	질문 ?
질문 3	질문 ?
질문 4	질문 ?
5 마무리	Thank you for your help. (I really appreciate it.)

STEP 2 표현 더하기

추가 질문

Is there a joining fee? (If so, how much is it?) 회원 가입비가 있나요? (만약 있다면, 얼마인가요?)
Do you have a yoga class? 요가 수업이 있나요?
Is there a one-time fee? (If so, how much is it?) 일회 출입 비용도 있나요? (만약 있다면, 얼마인가요?)
What are the monthly membership fees? 한 달 회원 이용료는 얼마인가요?
Can I freeze my membership? 회원권 이용을 중간에 쉴 수 있나요?
Do you have lockers in your gym? 헬스장에 사물함이 있나요?

STEP 3 고수의 답변

P3_02_Q8 answer

1	서론	Okay, I will act it out.
2	전화 걸기	Hello, is this a gym?(ABC fitness?)
3	목적 밝히기	I want to join your gym.
4	질문하기	I have some questions for you.
	질문 1(회원권 종류)	What kind of membership options do you offer?
	질문 2(위치)	Where is your gym located exactly?
	질문 3(주차장)	Is there a parking lot? (Is it for free?)
	질문 4(PT 가격)	How much is it for a personal training session?
5	마무리	Thank you for your help. (I really appreciate it.)

STEP 4 나만의 답변

나만의 답변을 만들어 봅시다.

1	서론	Okay, I will act it out.
2	전화 걸기	Hello, is this _____?
3	목적 밝히기	I want to _____
4	질문하기	I have some questions for you.
	질문 1	
	질문 2	
	질문 3	
	질문 4	
5	마무리	Thank you for your help. (I really appreciate it.)

고수의 답변 해석 | 좋아요. 연기해 볼게요. 여보세요, 헬스장(ABC Fitness)이죠? 헬스장에 가입하고 싶은데요. 몇 가지 물어볼게요. 어떤 종류의 멤버십이 있나요? 헬스장이 정확히 어디에 위치해 있죠? 주차장은 있나요? (무료인가요?) 개인 트레이닝 과정은 얼마인가요? 도와주셔서 고마워요. (정말 고마워요.).)

Q9 호텔에 전화해서 문의하기

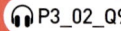 P3_02_Q9

You have to go on a trip to another country, but you haven't booked a room. Call a hotel and book a room, asking for details.

당신은 다른 나라로 여행을 가야 하는데 방을 예약하지 않았습니다. 호텔에 전화해서 세부 사항을 물어보고 방을 예약하세요.

STEP 1 유형 분석하기

전화해서 문의하기

1 서론
2 전화 걸기
3 목적 밝히기
4 질문하기
   질문 1
   질문 2
   질문 3
   질문 4
5 마무리

Okay, I will act it out.
Hello, is this 상점 ?
I am calling to 하고 싶은 일(v) . / I want to 하고 싶은 일(v) .
I have some questions for you.
질문 ?
질문 ?
질문 ?
질문 ?
Thank you for your help. (I really appreciate it.)

STEP 2 표현 더하기

추가 질문

Do you have any vacancies? 빈 방이 있나요?
What kind of rooms do you have? 어떤 종류의 방이 있나요?
Is breakfast included in the room charge? 방 가격에 아침 식사도 포함인가요?
Do you have Wi-Fi in your rooms? 방에 와이파이가 되나요?
Is it included in the room charge? 방 가격에 포함인가요?
Do you have a discount policy? 할인 정책은 어떻게 되나요?
When is the check-in and check-out time? 체크인과 체크아웃 시간은 어떻게 되나요?

STEP 3 고수의 답변

1 서론	Okay, I will act it out.
2 전화 걸기	Hello, is this a hotel?
3 목적 밝히기	I am calling to book a room.
4 질문하기	I have some questions for you.
질문 1(가격)	What are your rates?
질문 2(위치)	Where is the hotel located?
질문 3(시설 종류)	What kind of facilities do you have in your hotel?
질문 4(셔틀버스)	Do you offer a shuttle to the airport?
5 마무리	Thank you for your help. (I really appreciate it.)

P3_02_Q9 answer

STEP 4 나만의 답변

나만의 답변을 만들어 봅시다.

1 서론	Okay, I will act it out.
2 전화 걸기	Hello, is this _____?
3 목적 밝히기	I am calling to _____ for _____
4 질문하기	I have some questions for you.
질문 1	
질문 2	
질문 3	
질문 4	
5 마무리	Thank you for your help. (I really appreciate it.)

고수의 답변 해석 | 좋아요, 연기해 볼게요. 여보세요, 호텔이죠? 방을 예약하려고 하는데, 몇 가지 물어볼 게 있어요. 숙박료가 어떻게 되나요? 호텔의 위치는 어디인가요? 어떤 편의 시설들이 있죠? 공항 셔틀 버스를 운영하나요? 도와주셔서 고마워요. (정말 고마워요.)

Q10 고장 난 물건을 고치기 위해 질문하기 🎧 P3_02_Q10

Your friend has recently purchased a printer but the printer is not working properly. Call your friend and ask three or four questions to help your friend.

최근에 당신의 친구가 프린터를 하나 구입했는데 프린터가 제대로 작동하지 않습니다. 친구에게 전화해서 돕기 위한 3~4가지 질문을 하세요.

STEP 1 유형 분석하기

전화해서 질문하기

1 서론
2 전화 걸기
3 목적 밝히기
4 질문하기
　질문 1
　질문 2
　질문 3
　질문 4
5 마무리

Okay, I will act it out.
Hello, is this 상대 ?
I am calling to 하고 싶은 일(v) . / I want to 하고 싶은 일(v) .
I have some questions for you.
질문 ?
질문 ?
질문 ?
질문 ?
Call me back if you need any help.

STEP 2 표현 더하기

추가 질문

What is wrong with your new printer? 새 프린터에 무슨 문제가 있는 거야?
Have you tried to turn it on and off? 그걸 껐다 켜 봤어?
Do you want me to visit your place for checkup? 내가 너희 집에 가서 확인해 볼까?
Why don't you exchange it for a new one? 새 제품으로 교환하지 그래?

STEP 3 고수의 답변

P3_02_Q10 answer

1	서론	Okay, I will act it out.
2	전화 걸기	Hello, is this John?
3	목적 밝히기	I am calling to help you out.
4	질문하기	I have heard that you have a problem with your new printer.
	질문 1(문제 종류)	What kind of problems do you have with your new printer?
	질문 2(CD 설치)	Did you install the CD into your computer?
	질문 3(고객센터)	Did you call the customer service center?
	질문 4(기계 모델)	What is the model number?
5	마무리	Call me back if you need any help.

STEP 4 나만의 답변

나만의 답변을 만들어 봅시다.

1	서론	Okay, I will act it out.
2	전화 걸기	Hello, is this _____
3	목적 밝히기	I am calling to _____
4	질문하기	I have heard that you have a problem with your _____
	질문 1	
	질문 2	
	질문 3	
	질문 4	
5	마무리	Call me back if you need any help.

고수의 답변 해석 | 좋아요, 연기해 볼게요. 여보세요, John이니? 너를 도와주려고 전화했어. 새로 산 프린터에 문제가 생겼다고 들었어. 어떤 종류의 프린터야? 컴퓨터에 CD를 설치했니? 고객 서비스센터에 전화는 해 봤어? 모델 번호가 뭐야? 혹시 도움 필요하면 언제든 전화 줘.

03 대안 제시하기

| 오픽고수의 생생 Tip |
- 대안제시에 관련된 핵심 패턴을 완벽하게 익힙니다.
- 처음 시작과 끝 마무리를 자신 있게 해야 합니다.

🎧 P3_03

| 답안 전략 |
1 전화 걸기 / 직접 질문하기 ⋯▶ 2 목적 밝히기 ⋯▶
3 문제가 된 상황 설명하기 ⋯▶ 4 대안 제시하기 ⋯▶ 5 마무리

1 전화걸기 / 직접 질문하기
(전화) Hello? Is this 상대? (This is 나 자신.)
(직접) Excuse me.

2 목적 밝히기
(전화) I am calling to 하고 싶은 일(v). /
 I want to 하고 싶은 일(v).
(직접) I want to ask about 목적(n).

3 문제가 된 상황 설명하기
Actually, I have something to tell you.
(I am sorry to tell you this.)
The problem is (that) 문제가 된 상황 설명하기.

4 대안 제시하기
I have some options for you.
❶ 교환하기
I want to exchange 대상 A for 대상 B.
❷ 환불하기
I want to get a refund on 물건.
❸ 일정 변경하기
I want to reschedule 내 일정 for 다른 시간.
❹ 수리하기
Can you repair the 물건?
❺ 추천받기
Can you recommend another 방법?
❻ 우기기 표현법
Can you make an exception just once for me?

5 마무리
Which one do you prefer?
Do you have another idea?
Call me when you get this message.

| 빈출 문제 살펴보기 |

Q1. 친구와의 콘서트 약속을 취소해야 하는 상황에서 대안 제시하기

I am sorry, but there is a problem that you need to resolve. You are supposed to go to a concert with your friend this weekend. However, you cannot make the appointment for some reason. Call your friend and explain the situation why you have to cancel the appointment. Then, suggest two or three solutions to solve the problem.

유감이지만 해결해야 할 문제가 생겼습니다. 당신은 이번 주말에 친구와 콘서트에 가기로 되어 있지만, 어떠한 이유로 약속을 지키지 못하게 되었습니다. 친구에게 전화해서 왜 약속을 취소하게 되었는지 설명하고 문제를 해결할 수 있을 만한 2~3가지 해결책을 제시하세요.

| 친구와의 영화 약속을 취소해야 하는 상황에서 대안 제시하기 |

I am sorry, but there is a problem to solve. You planned to watch a movie with your friend. But you cannot watch the movie on the day you made an appointment. Call your friend and explain why you can't watch the movie. Then, give two alternatives to your friend.

유감이지만 해결해야 할 문제가 생겼습니다. 친구랑 영화를 보기로 했습니다. 하지만 약속을 한 그날에 영화를 보지 못하게 되었습니다. 친구에게 전화해서 영화를 보지 못하는 이유를 설명하고, 2개의 대안을 제시하세요.

Q2. 가구점에 전화해서 대안 제시하기

The furniture you ordered was delivered to you. However, you found out the furniture was not the one you wanted. Call the shop and explain the situation, then, ask what they can do for you.

당신이 주문했던 가구가 도착했습니다. 하지만, 당신이 원했던 가구가 아닌 것을 발견했습니다. 가구점에 전화해서 상황을 설명하고, 그들이 당신을 위해 무엇을 할 수 있는지 물어보세요.

Q3. 여행사에 전화해서 문제된 상황을 설명하고 대안 제시하기

I'm sorry, but there is a problem you need to resolve. You arrived at the airport on the day of the trip, but you found out your flight has been canceled and all the other flights are fully booked. Call the travel agency. Then, explain the situation and give two or three suggestions to solve this matter.

유감이지만 해결해야 할 문제가 생겼습니다. 여행 가는 날 공항에 도착했습니다. 하지만 당신의 항공편이 취소되었고 다른 항공편들은 이미 다 예약이 찼습니다. 여행사에 전화해서 상황을 설명하고 문제를 해결하기 위해 2~3가지 제안을 해 보세요.

Q4. 원하는 기능이 없는 휴대 전화 구매 후 교환하기

I'm sorry but there's a situation, which I will need you to resolve. The mobile phone you bought doesn't have the features that you require. Call the store, explain the problem and make arrangements to get an exchange for a new one that meets your needs.

유감이지만 해결해야 할 상황이 생겼습니다. 당신이 구매한 휴대 전화에 원하는 기능이 없습니다. 가게에 전화해서 문제를 설명하고 당신의 요구를 충족시켜 주는 새것으로 교환받을 수 있도록 합의를 보세요.

Q5. 차 사고로 명절 식사에 참석 못하는 상황에서 대안 제시하기

I'm sorry but there is a situation you need to resolve. On your way to the holiday meal, you've got into a car accident. Call your friend, explain the situation and give two or three suggestions so as to tell your friend when you'll be there, how long it'll take and what you'll do to fix the problem.

유감이지만 해결해야 할 상황이 생겼습니다. 명절 식사에 가는 길에 차 사고를 당했습니다. 친구에게 전화해서 상황을 설명하고 언제 도착하는지, 얼마나 시간이 걸리는지, 문제를 해결하기 위해 무엇을 할 것인지를 말할 수 있도록 2~3가지의 제안을 하세요.

Q1 친구와 콘서트 약속을 취소해야 하는 상황에서 대안 제시하기 🎧 P3_03_Q1

I am sorry, but there is a problem that you need to resolve. You are supposed to go to a concert with your friend this weekend. However, you cannot make the appointment for some reason. Call your friend and explain the situation why you have to cancel the appointment. Then, suggest two or three solutions to solve the problem.

유감이지만 해결해야 할 문제가 생겼습니다. 당신은 이번 주말에 친구와 콘서트에 가기로 되어 있지만, 어떠한 이유로 약속을 지키지 못하게 되었습니다. 친구에게 전화해서 왜 약속을 취소하게 되었는지 설명하고 문제를 해결할 수 있을 만한 2~3가지 해결책을 제시하세요.

STEP 1 유형 분석하기

전화해서 대안 제시하기

1 서론	Okay, I will act it out.
2 전화 걸기	Hello, is this 친구 ? This is 나 자신 .
3 목적 밝히기	I am calling to 하고 싶은 일(v) . Actually, I have something to tell you. (I am sorry to tell you this.)
4 문제가 된 상황 설명하기	The problem is (that) 문제가 된 상황 설명하기 .
5 대안 제시하기	I have some options for you. The first option is 첫 번째 대안 . Or, 두 번째 대안 . If it is not possible, 세 번째 대안 .
6 마무리	Which one do you prefer? Do you have another idea? Call me when you get this message.

STEP 2 표현 더하기

추가 표현

If you don't mind, I can ask my sister to go with you.
만약에 괜찮다면, 내 여동생한테 너와 같이 가라고 말할게.

You can invite your friend to the concert instead. 콘서트에 네 친구를 대신 초대해도 돼.

Why don't we watch a movie? I think I can make it.
영화를 보는 건 어때? 내 생각엔 영화는 볼 수 있을 것 같아.

Is the ticket refundable? 그 티켓 환불 가능해?

What other options can you suggest? 제안할 만한 아이디어가 있니?

STEP 3 고수의 답변

1 서론	Okay, I will act it out.
2 전화 걸기	Hello, is this John? This is Janet. How are you?
3 목적 밝히기	I am calling to tell you some bad news.
4 문제가 된 상황 설명하기	I am sorry to tell you this. The problem is (that) I have an urgent meeting at work this weekend, so I can't go to the concert with you in the evening. I am so sorry.
5 대안 제시하기	I have some options for you. The first option is we can go to the concert next weekend. Or, why don't we have a nice lunch on that day? I will treat you. If it is not possible, we can cancel the plan at this time, and we can reschedule our meeting for next month.
6 마무리	Do you have another idea?

STEP 4 나만의 답변

나만의 답변을 만들어 봅시다.

1 서론	Okay, I will act it out.
2 전화 걸기	Hello, is this _____? This is _____. How are you?
3 목적 밝히기	I am calling to _____
4 문제가 된 상황 설명하기	I am sorry to tell you this. The problem is (that) _____
5 대안 제시하기	I have some options for you. The first option is _____ Or, _____ If it is not possible, _____
6 마무리	Do you have another idea?

고수의 답변 해석 | 좋아요, 연기해 볼게요. 여보세요, John이니? 나 Janet이야. 잘 지내지? 안 좋은 소식이 있어. 정말 미안한데, 내가 이번 주말에 급한 회의가 있어서, 저녁에 함께 콘서트에 갈 수 없을 것 같아. 정말 미안해. 몇 가지 제안을 할게. 일단, 다음 주에 콘서트에 가는 거야. 아니면, 그날 맛있는 점심을 먹는 건 어때? 내가 살게. 그게 안 되면, 이번에는 약속을 취소하고 다음 달에 다시 약속을 잡도록 하자. 아니면 다른 생각이 있니?

Q2 가구점에 전화해서 대안 제시하기 🎧 P3_03_Q2

동영상 강의

The furniture you ordered was delivered to you. However, you found out the furniture was not the one you wanted. Call the shop and explain the situation, then, ask what they can do for you.

당신이 주문했던 가구가 도착했습니다. 하지만, 당신이 원했던 가구가 아닌 것을 발견했습니다. 가구점에 전화해서 상황을 설명하고, 그들이 당신을 위해 무엇을 할 수 있는지 물어보세요.

STEP 1 유형 분석하기

전화해서 대안 제시하기

1. 서론
2. 전화 걸기
3. 목적 밝히기
4. 문제가 된 상황 설명하기
5. 대안 제시하기

6. 마무리

Okay, I will act it out.
Hello, is this 가구점 ?
I am calling about 목적(n) .
The problem is (that) 문제가 된 상황 설명하기 .
I have some options for you.
The first option is 첫 번째 대안 .
Or, 두 번째 대안 .
If it is not possible, 세 번째 대안 .
Which one do you prefer?
Do you have another idea?
Call me when you get this message.

STEP 2 표현 더하기

My room is too small. Do you have a smaller desk?
내 방이 너무 작아요. 조금 더 조그만 책상이 있나요?

Do you have other color options? 다른 색상 선택 사항은 없나요?

Do I have to pay for an extra delivery charge if I exchange this?
만약 이 물건을 교환한다면, 배달 추가 비용을 제가 부담해야 하나요?

STEP 3 고수의 답변

1	서론	Okay, I will act it out.
2	전화 걸기	Hello, is this a furniture store?
3	목적 밝히기	I am calling about a single bed I ordered.
4	문제가 된 상황 설명하기	The problem is (that) it was delivered today, but I think the color is a little darker than I expected.
5	대안 제시하기	So, I have some options for you. The first option is I want to exchange the bed for another product. Or, I want to change it to a lighter color tone. If it is not possible, I want to get a refund on this product.
6	마무리	Do you have another idea?

STEP 4 나만의 답변

나만의 답변을 만들어 봅시다.

1	서론	Okay, I will act it out.
2	전화 걸기	Hello, is this _____ ?
3	목적 밝히기	I am calling about _____
4	문제가 된 상황 설명하기	The problem is (that) _____
5	대안 제시하기	So, I have some options for you. The first option is _____ Or, _____ If it is not possible, _____
6	마무리	Do you have another idea?

고수의 답변 해석 | 좋아요, 연기해 볼게요. 여보세요, 가구점이죠? 주문한 싱글 침대 때문에 전화했는데요. 오늘 배송이 되었는데, 색깔이 제가 생각했던 것보다 조금 어두운 것 같아서요. 그래서 말인데요, 제가 몇 가지 제안을 할게요. 첫 번째는, 다른 제품으로 교환하는 거예요. 아니면 좀 더 밝은 색으로 바꾸고 싶어요. 혹시 불가능하다면 환불을 받았으면 해요. 다른 대안이 있을까요?

Q3 여행사에 전화해서 문제된 상황을 설명하고 대안 제시하기 🎧 P3_03_Q3

동영상 강의

I'm sorry, but there is a problem you need to resolve. You arrived at the airport on the day of the trip, but you found out your flight has been canceled and all the other flights are fully booked. Call the travel agency. Then, explain the situation and give two or three suggestions to solve this matter.

유감이지만 해결해야 할 문제가 생겼습니다. 여행 가는 날 공항에 도착했습니다. 하지만 당신의 항공편이 취소되었고 다른 항공편들은 이미 다 예약이 찼습니다. 여행사에 전화해서 상황을 설명하고 문제를 해결하기 위해 2~3가지 제안을 해 보세요.

STEP 1 유형 분석하기

전화해서 대안 제시하기

1 서론
2 전화 걸기
3 목적 밝히기
4 문제가 된 상황 설명하기
5 대안 제시하기

6 마무리

Okay, I will act it out.
Hello, is this 상대 ? My name is 내 이름 .
I am calling about 목적(n) .
The problem is (that) 문제가 된 상황 설명하기 .
I have something to ask you.
첫 번째 대안 .
Or, 두 번째 대안 .
If it is not possible, 세 번째 대안 .
Which one do you prefer?
Do you have another idea?
Call me when you get this message.

STEP 2 표현 더하기

Can I change my destination? 제 목적지를 바꿔도 되나요?
Can I have a layover in another country? 다른 나라에서 경유할 수 있나요?
Can you look for another airline company? 다른 항공사를 알아봐 줄 수 있나요?

STEP 3 고수의 답변

1	서론	Okay, I will act it out.
2	전화 걸기	Hello, is this a travel agency? My name is Janet.
3	목적 밝히기	I am calling about my flight #222.
4	문제가 된 상황 설명하기	I am at the airport now. The problem is (that) my flight has been canceled but all the other flights are fully booked. I am confused and embarrassed now.
5	대안 제시하기	I have something to ask you. Can you find a flight for me? Or, why don't you look for an available flight in another airport nearby? If it is not possible, I can cancel my trip at this time and reschedule the trip for next month.
6	마무리	Do you have another idea?

P3_03_Q3 answer

STEP 4 나만의 답변

나만의 답변을 만들어 봅시다.

1	서론	Okay, I will act it out.
2	전화 걸기	Hello, is this _____? My name is _____.
3	목적 밝히기	I am calling about _____
4	문제가 된 상황 설명하기	I am at the airport now. The problem is (that) _____
5	대안 제시하기	I have something to ask you. _____ Or, _____ If it is not possible, _____
6	마무리	Do you have another idea?

고수의 답변 해석 | 좋아요, 연기해 볼게요. 여보세요, 여행사죠? 저는 Janet인데요. #222 비행 편 때문에 전화했어요. 제가 지금 공항에 있는데, 비행기가 취소되었는데 다른 비행 편은 모두 예약이 꽉 찼어요. 지금 너무 당황스럽네요. 몇 가지 물어볼 게 있어요. 가능한 비행기가 있는지 찾아봐 주시겠어요? 아니면, 인근 다른 공항에라도 이용할 수 있는 항공편이 있는지 알아봐 주실 수 있나요? 불가능하다면, 이번 여행은 취소하고 다음 달에 다시 여행 계획을 잡아야겠네요. 다른 방법이 있을까요?

Q4 원하는 기능이 없는 휴대 전화 구매 후 교환하기 🎧 P3_03_Q4

I'm sorry but there's a situation, which I will need you to resolve. The mobile phone you bought doesn't have the features that you require. Call the store, explain the problem and make arrangements to get an exchange for a new one that meets your needs.

유감이지만 해결해야 할 상황이 생겼습니다. 당신이 구매한 휴대 전화에 원하는 기능이 없습니다. 가게에 전화해서 문제를 설명하고 당신의 요구를 충족시켜 주는 새것으로 교환받을 수 있도록 합의를 보세요.

STEP 1 유형 분석하기

전화해서 대안 제시하기

1. 서론 — Okay, I will act it out.
2. 전화 걸기 — Hello, is this 상점 ?
3. 목적 밝히기 — I am calling about 목적(n) .
   Actually, I have something to tell you.
   (I am sorry to tell you this.)
4. 문제가 된 상황 설명하기 — The problem is (that) 문제가 된 상황 설명하기 .
5. 대안 제시하기 — I want to ask for help.
   첫 번째 대안 .
   Or, 두 번째 대안 .
   If it is not possible, 세 번째 대안 .
6. 마무리 — Which one do you prefer?
   Do you have another idea?
   Call me when you get this message.

STEP 2 표현 더하기

추가 대안

I'll drop by tomorrow. 내일 들를게요.
What are your hours? 영업시간이 어떻게 되나요?
I want to drop by and check out some other phones. 들러서 다른 휴대 전화들을 보고 싶어요.

STEP 3 고수의 답변

1	서론	Okay, I will act it out.
2	전화 걸기	Hello, is this ABC store?
3	목적 밝히기	I am calling about my new cell phone.
4	문제가 된 상황 설명하기	The problem is (that) I bought a smart phone at your store, but it doesn't have some features.
5	대안 제시하기	I want to ask for help. Can you exchange the phone for a different model? Or, I want to get a refund on this. If it is not possible, why don't I go there and look for it myself?
6	마무리	Do you have another idea?

P3_03_Q4 answer

STEP 4 나만의 답변

나만의 답변을 만들어 봅시다.

1	서론	Okay, I will act it out.
2	전화 걸기	Hello, is this _____?
3	목적 밝히기	I am calling about _____
4	문제가 된 상황 설명하기	The problem is (that) _____
5	대안 제시하기	I want to ask for help. _____ Or, _____ If it is not possible, _____
6	마무리	Do you have another idea?

고수의 답변 해석 | 좋아요. 연기해 볼게요. ABC 가게죠? 새로 산 휴대 전화 때문에 전화했는데요. 제가 그 매장에서 스마트폰을 구입했는데, 몇 가지 기능이 없네요. 도움이 필요해요. 다른 모델로 교환할 수 있나요? 아니면, 환불을 받고 싶어요. 불가능하다면, 제가 직접 가서 살펴 보면 어떨까요? 다른 방법이 있을까요?

Q5 차 사고로 명절 식사에 참석 못하는 상황에서 대안 제시하기 🎧 P3_03_Q5

I'm sorry but there is a situation you need to resolve. On your way to the holiday meal, you've got into a car accident. Call your friend, explain the situation and give two or three suggestions so as to tell your friend when you'll be there, how long it'll take and what you'll do to fix the problem.

유감이지만 해결해야 할 상황이 생겼습니다. 명절 식사에 가는 길에 차 사고를 당했습니다. 친구에게 전화해서 상황을 설명하고 언제 도착하는지, 얼마나 시간이 걸리는지, 문제를 해결하기 위해 무엇을 할 것인지를 말할 수 있도록 2~3가지의 제안을 하세요.

STEP 1 유형 분석하기

전화해서 대안 제시하기

1 서론	Okay, I will act it out.
2 전화 걸기	Hello, is this 친구 ? This is 나 자신 .
3 목적 밝히기	I am calling to 하고 싶은 일(v) .
	Actually, I have something to tell you.
4 문제가 된 상황 설명하기	(I am sorry to tell you this.)
	The problem is (that) 문제가 된 상황 설명하기 .
5 대안 제시하기	I have some options for you.
	The first option is 첫 번째 대안 .
	Or, 두 번째 대안 .
	If it is not possible, 세 번째 대안 .
6 마무리	Which one do you prefer?
	Do you have another idea?
	Call me when you get this message.

STEP 2 표현 더하기

I don't think I can make it on time. 제시간에 못 갈 것 같아요.
I think I will be two hours late. 두 시간 늦을 것 같아요.
Can you wait for me? 기다려 줄 수 있나요?
Are you free this Saturday evening? 이번 토요일 저녁에 시간 되나요?

STEP 3 고수의 답변

1	서론	Okay, I will act it out.
2	전화 걸기	Hello, is this John? This is Janet. How are you?
3	목적 밝히기	I am calling to tell you some bad news.
4	문제가 된 상황 설명하기	I am sorry to tell you this. The problem is (that) I had a car accident just now. So, I can't get to Christmas dinner on time. I am so sorry.
5	대안 제시하기	I have some options for you. The first option is we have dinner a little late. Or, why don't we have dinner tomorrow? I will treat you. If it is not possible, we can cancel our plan for now and reschedule it for next week.
6	마무리	Do you have another idea?

P3_03_Q5 answer

STEP 4 나만의 답변

나만의 답변을 만들어 봅시다.

1	서론	Okay, I will act it out.
2	전화 걸기	Hello, is this _____? This is _____. How are you?
3	목적 밝히기	I am calling to
4	문제가 된 상황 설명하기	I am sorry to tell you this. The problem is (that)
5	대안 제시하기	I have some options for you. The first option is Or, If it is not possible,
6	마무리	Do you have another idea?

고수의 답변 해석 | 좋아요. 연기해 볼게요. 여보세요, John이니? 나 Janet이야. 잘 지내? 정말 미안한데, 내가 지금 자동차 사고가 나서, 크리스마스 저녁 식사에 제시간에 갈 수 없을 것 같아. 정말 미안해. 몇 가지 제안할게. 저녁을 좀 늦게 먹거나 저녁 식사를 내일로 미루면 어때? 내가 살게. 불가능하다면 오늘 계획을 취소하고 다음 주에 다시 약속을 잡을 수도 있어. 다른 생각이 있니?

04 부탁하기

| 오픽고수의 생생 Tip |
- 부탁하기에 관련된 핵심 패턴을 완벽하게 익힙니다.
- 처음 시작과 끝 마무리를 자신 있게 해야 합니다.

🎧 P3_04

| 답안 전략 |
1 전화 걸기 ⋯▶ 2 목적 밝히기 ⋯▶ 3 질문/부탁하기 ⋯▶ 4 마무리

1 전화 걸기
(전화) Hello? Is this 상대? (This is 나 자신.)
(직접) Excuse me.

2 목적 밝히기
(전화) I am calling to 하고 싶은 일(v). /
      I want to 하고 싶은 일(v).
(직접) I want to ask about 목적(n).

3 질문/부탁하기
❶ 약속 시간 묻기
   What time do you want to see me?

❷ 만날 장소 묻기
   Where do you want to see me?

❸ 상대가 하고 싶은 활동에 대해 묻기
   Do you want to do anything after 활동?

❹ 내 물건 찾기 위해 부탁하기
   Can you look for my 물건?

❺ 전화해 줄 수 있는지 여부 묻기
   Can you give me a call?

❻ 우기기 표현법
   Can you make an exception just once for me?

4 마무리
I will see you there.
Please help me.
Please grant me a favor.
Thank you for your help. I appreciate it.

| 빈출 문제 살펴보기 |

Q1 새로 개업한 식당에 같이 가자고 부탁하기

Imagine that you want to visit a new restaurant near your home and you would like to go to the restaurant with your friend. Call your friend and ask questions to go there with you.

당신의 집 근처 새로 개업한 식당으로 친구와 함께 가는 상황을 상상해 보세요. 친구에게 전화를 걸어 함께 가자고 물어보세요.

Q2 식당 예약을 하기 위해 부탁하기

There is a situation for you to act out. You want to book a table at a restaurant close to your home. Unfortunately, there is only a few tables left for VIP customers and all other tables are fully booked. Talk to the manager and give two or three reasons why you must eat at this restaurant.

당신에게 상황을 주겠습니다. 집 근처에 있는 식당에 예약을 하려고 합니다. 불행하게도 VIP 손님들을 위한 테이블만 몇 개 남아 있고 다른 테이블은 예약이 꽉 찬 상태입니다. 매니저에게 이 식당에서 꼭 식사를 해야 하는 이유를 2~3가지 말해 보세요.

Q3 물건을 두고 온 상황에서 부탁하기

I am going to give you a situation to act out. When you arrive home, you realize you have left your item at the store. Call the store, explain the situation and ask what they can do for you.

당신에게 상황을 주겠습니다. 집에 도착하니 당신의 물건을 가게에 두고 온 것을 알게 되었습니다. 가게에 전화해서 상황을 설명하고 당신에게 무엇을 해 줄 수 있는지 물어보세요.

Q4 물건을 사용할 수 있도록 부탁하기

You went to a library to use a computer. Unfortunately, the librarian informs you that you are not allowed to use a computer without making a reservation. Ask the librarian and give two or three reasons why you must use a computer and then ask what they can do for you.

당신은 컴퓨터를 사용하기 위해 도서관에 갔습니다. 불행하게도 도서관 사서가 예약 없이는 컴퓨터를 사용하지 못한다고 알려 주었습니다. 사서에게 컴퓨터를 사용해야 하는 2~3가지 이유를 말하고 당신에게 무엇을 해 줄 수 있는지 물어보세요.

Q5 좋은 장소를 추천해 달라고 부탁하기

Imagine you want to visit a new place for travel. Call a local friend and ask your friend to recommend good places for your trip.

당신이 새로운 장소를 여행하고 싶다고 상상해 보세요. 그 지역에 사는 친구에게 전화를 걸어 여행하기에 좋은 장소를 추천해 달라고 질문하세요.

Q1 새로 개업한 식당에 같이 가자고 부탁하기  P3_04_Q1

Imagine that you want to visit a new restaurant near your home and you would like to go to the restaurant with your friend. Call your friend and ask questions to go there with you.

당신의 집 근처 새로 개업한 식당으로 친구와 함께 가는 상황을 상상해 보세요. 친구에게 전화를 걸어 함께 가자고 물어보세요.

STEP 1 유형 분석하기

전화해서 부탁하기

1. 서론
2. 전화 걸기
3. 목적 밝히기
4. 질문/부탁하기
   - 질문/부탁 1
   - 질문/부탁 2
   - 질문/부탁 3
5. 마무리

Okay, I will act it out.
Hello, is this 상대 ? This is 나 자신 .
상황 설명하기 . Are you free?

질문/부탁 .
질문/부탁 .
질문/부탁 .

I will see you there.

STEP 2 표현 더하기

What time do you get off work? 몇 시에 퇴근해?
What time do you finish your class? 몇 시에 수업이 끝나?
What kind of food do you feel like eating? 어떤 종류의 음식이 먹고 싶어?
Do you mind if I bring another friend? 다른 친구를 데려와도 괜찮겠어?
Do you have a schedule after the dinner plan? 저녁 식사 후 다른 일정 있니?

STEP 3 고수의 답변

1	서론	Okay, I will act it out.
2	전화 걸기	Hello, is this John? This is Janet. How are you?
3	목적 밝히기	There is a new restaurant opened near my home. I want to go there with you tomorrow for dinner. Are you free?
4	질문/부탁하기	What time do you want to see me? Where do you want to see me? Do you want to do anything after dinner?
5	마무리	I will see you there.

P3_04_Q1 answer

STEP 4 나만의 답변

나만의 답변을 만들어 봅시다.

1	서론	Okay, I will act it out.
2	전화 걸기	Hello, is this _____? This is _____. How are you?
3	목적 밝히기	_____ Are you free?
4	질문/부탁하기	_____
5	마무리	I will see you there.

고수의 답변 해석 | 좋아요. 연기해 볼게요. 여보세요, John이니? 나 Janet이야. 잘 지내? 우리 집 근처에 새로운 식당이 개업했어. 너랑 내일 저녁 먹으러 가고 싶은데 시간 돼? 언제 볼 수 있어? 어디서 볼까? 저녁 먹고 하고 싶은 거 있어? 거기서 보자.

Q2 식당 예약을 하기 위해 부탁하기

🎧 P3_04_Q2

There is a situation for you to act out. You want to book a table at a restaurant close to your home. Unfortunately, there is only a few tables left for VIP customers and all other tables are fully booked. Talk to the manager and give two or three reasons why you must eat at this restaurant.

당신에게 상황을 주겠습니다. 집 근처에 있는 식당에 예약을 하려고 합니다. 불행하게도 VIP 손님들을 위한 테이블만 몇 개 남아 있고 다른 테이블은 예약이 꽉 찬 상태입니다. 매니저에게 이 식당에서 꼭 식사를 해야 하는 이유를 2~3가지 말해 보세요.

STEP 1 유형 분석하기

전화해서 부탁하기

1 서론
2 전화 걸기
3 목적 밝히기
4 질문/부탁하기
　질문/부탁 1
　질문/부탁 2
　질문/부탁 3
5 마무리

Okay, I will act it out.
Hello, is this 상대 ?
상황 설명하기 .
There are some reasons.
질문/부탁 .
질문/부탁 .
질문/부탁 .
Please grant me a favor for my parents.

STEP 2 표현 더하기

My family is your regular customer. 저희 가족은 거기 단골이에요.
I can't find any other restaurants like yours. 그 식당 같은 곳을 어디서도 찾을 수가 없어요.
The quality and the taste of food in your restaurant is by far the best of all.
그 식당의 음식 질과 맛은 단연 최고예요.

STEP 3 고수의 답변

1	서론	Okay, I will act it out.
2	전화 걸기	Hello, is this a restaurant?
3	목적 밝히기	I want to talk to the manager about a reservation. Your staff told me you only have a few tables for VIPs this weekend, but I want to ask if you can offer a table for me.
4	질문/부탁하기	There are some reasons. This week is my parents' wedding anniversary and my parents love your dishes. Also, your wine selections are my mom's favorite.
5	마무리	Please grant me a favor for my parents.

P3_04_Q2 answer

STEP 4 나만의 답변

나만의 답변을 만들어 봅시다.

1	서론	Okay, I will act it out.
2	전화 걸기	Hello, is this _____?
3	목적 밝히기	_____
4	질문/부탁하기	There are some reasons. _____
5	마무리	Please grant me a favor for my parents.

고수의 답변 해석 | 좋아요. 연기해 볼게요. 여보세요. 식당이죠? 예약 관련해서 담당자와 얘기하고 싶은데요. 직원이 주말에는 VIP 손님들을 위한 예약밖에 안 된다고 했는데 그래도 제가 예약할 수 있을까 해서요. 이유는 이번 주가 저희 부모님 결혼기념일인데 부모님이 이 식당 음식을 아주 좋아하시거든요. 또 엄마가 그곳의 와인을 제일 좋아하세요. 저희 부모님을 위해 꼭 예약 부탁드려요.

Q3 물건을 두고 온 상황에서 부탁하기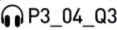

동영상 강의

I am going to give you a situation to act out. When you arrive home, you realize you have left your item at the store. Call the store, explain the situation and ask what they can do for you.

당신에게 상황을 주겠습니다. 집에 도착하니 당신의 물건을 가게에 두고 온 것을 알게 되었습니다. 가게에 전화해서 상황을 설명하고 당신에게 무엇을 해 줄 수 있는지 물어보세요.

STEP 1 유형 분석하기

전화해서 부탁하기

1. 서론
2. 전화 걸기
3. 목적 밝히기
4. 질문/부탁하기
   - 질문/부탁 1
   - 질문/부탁 2
   - 질문/부탁 3
5. 마무리

Okay, I will act it out.
Hello, is this 상대 ?
 상황 설명하기 .
I have something to ask you.
 질문/부탁 .
 질문/부탁 .
 질문/부탁 .
Thank you for your help.

STEP 2 표현 더하기

If you find my item, can you hold it for you? 만약 제 물건을 찾으면, 보관해 주실 수 있나요?
I am too busy. Can I send my friend to pick it up?
제가 너무 바빠서요. 친구가 대신 가지러 가도 될까요?
I get off work pretty late. How late are you open?
제가 퇴근을 늦게 해서요. 몇 시까지 영업을 하나요?
Can you look around the table? I think I dropped it on the floor.
테이블 주변을 봐 주실 수 있으세요? 제 생각에는 바닥에 떨어뜨린 것 같아요.

STEP 3 고수의 답변

1	서론	Okay, I will act it out.
2	전화 걸기	Hello, is this a restaurant?
3	목적 밝히기	I had dinner at your restaurant an hour ago. I figured out I left my wallet there. I was sitting near the window.
4	질문/부탁하기	I have something to ask you. Can you look for my wallet please? Can you give me a call when you find it?
5	마무리	Thank you for your help.

🎧 P3_04_Q3 answer

STEP 4 나만의 답변

나만의 답변을 만들어 봅시다.

1	서론	Okay, I will act it out.
2	전화 걸기	Hello, is this _____?
3	목적 밝히기	_____
4	질문/부탁하기	I have something to ask you. _____
5	마무리	Thank you for your help.

고수의 답변 해석 | 좋아요. 연기해 볼게요. 여보세요, 식당이죠? 한 시간 전에 거기서 저녁을 먹었는데요. 제 지갑을 그곳에 두고 왔어요. 전 창가 쪽에 앉았었어요. 부탁인데, 제 지갑 좀 찾아 주실 수 있나요? 찾으시면 연락 주실 수 있나요? 도와주셔서 감사합니다.

Q4 물건을 사용할 수 있도록 부탁하기

🎧 P3_04_Q4

You went to a library to use a computer. Unfortunately, the librarian informs you that you are not allowed to use a computer without making a reservation. Ask the librarian and give two or three reasons why you must use a computer and then ask what they can do for you.

당신은 컴퓨터를 사용하기 위해 도서관에 갔습니다. 불행하게도 도서관 사서가 예약 없이는 컴퓨터를 사용하지 못한다고 알려 주었습니다. 사서에게 컴퓨터를 사용해야 하는 2~3가지 이유를 말하고 당신에게 무엇을 해 줄 수 있는지 물어보세요.

STEP 1 유형 분석하기

직접 부탁하기

1. 서론 — Okay, I will act it out.
2. 말 걸기 — Excuse me.
3. 목적 밝히기 — 상황 설명하기 . I want to ask you for help.
4. 질문/부탁하기
   - 질문/부탁 1 — 질문/부탁 .
   - 질문/부탁 2 — 질문/부탁 .
   - 질문/부탁 3 — 질문/부탁 .
5. 마무리 — Thank you for your help.

STEP 2 표현 더하기

This is urgent. Can you please give me permission to use it? 급한 일이에요. 사용할 수 있도록 허락해 주실 수 있나요?

I will make sure to reserve a seat from next time. 다음부터는 꼭 예약하고 올게요.

Can I reserve a seat right now? 지금 예약할 수 있나요?

Is it possible to book a seat for later today? 오늘 이따가 사용할 수 있게 지금 예약 가능한가요?

STEP 3 고수의 답변

1	서론	Okay, I will act it out.
2	직접 말 걸기	Excuse me.
3	목적 밝히기	You told me I can't use a computer without making a reservation, but I see some computers are not in use now.
4	질문/부탁하기	I want to ask you for help. Can you give me an exception at this time? I have to use the computer for printing some documents out. It will not take long.
5	마무리	Thank you for your help.

P3_04_Q4 answer

STEP 4 나만의 답변

나만의 답변을 만들어 봅시다.

1	서론	Okay, I will act it out.
2	직접 말 걸기	Excuse me.
3	목적 밝히기	
4	질문/부탁하기	I want to ask you for help.
5	마무리	Thank you for your help.

고수의 답변 해석 | 좋아요. 연기해 볼게요. 저기요. 예약 없이는 컴퓨터 사용이 안 된다고 하셨는데, 지금 사용하고 있지 않은 컴퓨터들이 있네요. 그래서 말인데 이번 한 번만 그냥 사용하면 안 될까요? 몇 가지 서류만 출력하면 돼요. 오래 안 걸릴 거예요. 도와주셔서 감사합니다.

Q5 좋은 장소를 추천해 달라고 부탁하기

🎧 P3_04_Q5

동영상 강의

Imagine you want to visit a new place for travel. Call a local friend and ask your friend to recommend good places for your trip.

당신이 새로운 장소를 여행하고 싶다고 상상해 보세요. 그 지역에 사는 친구에게 전화를 걸어 여행하기에 좋은 장소를 추천해 달라고 질문하세요.

STEP 1 유형 분석하기

전화해서 부탁하기

1 서론
2 전화 걸기
3 목적 밝히기
4 질문/부탁하기
　질문/부탁 1
　질문/부탁 2
　질문/부탁 3
5 마무리

Okay, I will act it out.
Hello, is this 상대 ? This is 나 자신 .
상황 설명하기 .
I have something to ask you.
질문/부탁 .
질문/부탁 .
질문/부탁 .
Thank you for your help.

STEP 2 표현 더하기

Is public transportation convenient in the city? 그 도시는 대중교통이 편리하니?
Is public transportation easy to access? 대중교통은 편리하니?
Which transportation would you recommend me to use in the city? (subway or bus?) 그 도시에서는 내가 어떤 교통수단을 이용하는 게 나을까? (지하철 아니면 버스?)
How should I pay for the transportation fee? 교통비는 어떻게 지불해야 하니?
Are there any good attractions? 좋은 관광명소가 있니?
Will you have free time to see me during my trip? 내가 여행하는 동안 볼 수 있는 시간이 있니?

STEP 3 고수의 답변

P3_04_Q5 answer

1 서론	Okay, I will act it out.
2 전화 걸기	Hello, is this John? This is Janet. How are you?
3 목적 밝히기	I am planning to visit your city for the first time next month.
4 질문/부탁하기	I have something to ask you. Can you give me a tip on finding good places to visit? Can you recommend any restaurant? I like taking photos. Can you tell me popular vista points?
5 마무리	Thank you for your help.

STEP 4 나만의 답변

나만의 답변을 만들어 봅시다.

1 서론	Okay, I will act it out.
2 전화 걸기	Hello, is this _____? This is _____. How are you?
3 목적 밝히기	
4 질문/부탁하기	I have something to ask you.
5 마무리	Thank you for your help.

고수의 답변 해석 | 좋아요. 연기해 볼게요. 여보세요, John이니? Janet이야. 잘 지내지? 다음 달에 처음으로 네가 있는 도시에 방문할 계획이야. 부탁인데, 갈 만한 좋은 장소들을 좀 추천해 줄래? 식당도 추천해 줄 수 있어? 나 사진 찍는 걸 좋아하거든. 유명한 전망 좋은 장소들도 말해 줄래? 도와줘서 고마워.

04 부탁하기

PART 3

389

파고다북스 오픽·토스 시리즈

New OPIc IH&AL 보장
헤더리, 제시리 지음 | 정가: 17,500원

단기간 IH&AL 등급 달성을 위한 공식서

출제 빈도가 높은 32개 주제를 선정하여 자신만의 답변 전략을 세울 수 있는 공식을 제시한다. 질문마다 답변 구성을 위한 모범 답안 템플릿, 표현 아이디어를 제공하고 나만의 답변을 완성할 수 있다.

파고다 오픽의 신(神) IM2-AL 전면 개정판
이현석, 김소라 지음 | 정가: 18,000원

시험 적중률 99%를 보증하는 신의 한 수 실전서

수천 개의 기출 문제를 분석하여, 28개 주제, 300개 모범 답안, 80개 Role Play 세트를 제시한다. 저자 직강 동영상 강의와 온라인 모의테스트로 철저한 실전을 대비한다.

파고다 OPIC IM
정유민 지음 | 정가: 18,000원

핵심 패턴으로 IM 등급 달성을 보장하는 기본서

37개 핵심 패턴으로 모든 주제의 Combo Set 답변을 완성할 수 있는 방법을 제시한다. 저자가 엄선한 일반 주제, ROLE-PLAY 주제, 시사 주제의 모범 답변을 수록하고, 실제 시험의 적중률 높은 문제 세트로 실전 감각을 키울 수 있다.

토익 스피킹 벼락치기 7일 완성 Lv.6~8 개정판
Joe 류 지음 | 정가: 18,000원

파고다 1타 강사의 속성 과외, 토익 스피킹 7일 만에 끝내기!

출제 유형, 핵심 패턴, 예시 답변까지 토스 완벽 대비 방법을 세공하여 영알못도 토익 스피킹을 쉽게 시작할 수 있노록 아였다.

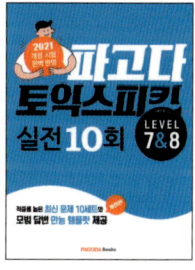

파고다 토익 스피킹 실전 10회 Lv.7&8 개정판
마리아 김 지음 | 정가: 18,000원

레벨 7&8 공략을 위한 유형별 전략 실전서

파트별 핵심 전략과 적중률 높은 최신 문제 10세트를 수록하였다. 모든 질문에는 모범 답변 만능 템플릿이 함께 제공되며, 문제 해결 TIP, 시험장에서의 유용한 표현으로 답변 완성도를 높인다.

New OPIc IM보장

- **IM 등급 획득을 위한 빈출도 높은 주제 선정**
  - 최신 업데이트된 Background Survey와 문제 반영
  - 빈출도 높은 34개의 주제 선정
  - 150개의 최신 기출 질문과 144개의 모범 답변 제시

- **채점 기준에 딱 맞는 답변 공식**
  - 답변 스토리 구성을 위한 최적의 공식 제시
  - 공식을 바탕으로 IM~IH 등급 맞춤 학습 가능

- **Role-Play 완벽 대비 답변 패턴**
  - Role-Play에서 요구하는 4가지 상황 제시와 답변 패턴 제공
  - Role-Play의 빈출 질문 유형 30개와 그에 따른 모범 답변 제시

- **저자 직강 무료 동영상 강의 제공**
  - 빈출 주제에 대한 핵심 강의 20강 제공
  - 혼자서도 단기간에 IM 등급을 달성하도록 저자의 포인트 레슨

- **온라인 모의테스트 무제한 제공**
  - 실제 시험과 100% 동일한 환경의 모의테스트 무제한 응시
  - 답변을 녹음하고 모범 답변과 자신의 답변을 비교·보완 가능

  www.pagodabook.com

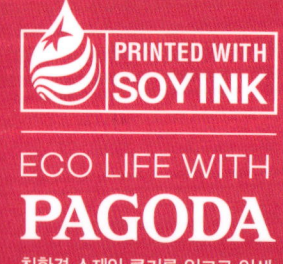

정 가 ₩ 17,000